OPEN 是一種人本的寬厚。
OPEN 是一種自由的開闊。
OPEN 是一種平等的容納。

OPEN 2/65

阿毘達磨論之研究 新譯本

作者◆木村泰賢
譯者◆釋依觀
發行人◆王春申
總編輯◆李進文
編輯指導◆林明昌
責任編輯◆徐平
校對◆鄭秋燕
封面設計◆吳郁婷

出版發行：臺灣商務印書館股份有限公司
23141 新北市新店區民權路108-3號5樓
電話：(02)8667-3712　傳真：(02)8667-3709
讀者服務專線：0800056196
郵撥：0000165-1
E-mail：ecptw@cptw.com.tw
網路書店網址：www.cptw.com.tw
網路書店臉書：facebook.com.tw/ecptwdoing
臉書：facebook.com.tw/ecptw

局版北市業字第993號
初版一刷：2018 年 2 月
定價：新台幣 400 元

ISBN 978-957-05-3127-5

阿毘達磨論之研究

木村泰賢小乘佛教思想論之先驅

木村泰賢——著
釋依觀——譯

絕對值得一讀的首次全譯本部派佛教論書文獻學權威之作

——木村教授著《阿毘達磨論之研究》中譯本的簡明相關解說

江燦騰　台北城市科大榮譽教授

一

這本《阿毘達磨論之研究》，是現代中文全譯本的第一次問世，也是近百年來整個漢語佛學界中，最少被提及同時也最少被理解的。但它卻是我極力慫恿臺灣翻譯日本佛學名著的資深專家依觀尼，將其全書翻譯出來。之後又極力推薦給臺灣商務印書館出版的。為何看來一本似乎如此冷門的書，我卻認為它其實值得現代的讀者來讀？當中的原因，我藉著這篇解說文，馬上就會告訴你。而當你讀完全文或全書時，你應該就不會懷疑我所說的，有無可信度了。

並且，這也是當它的新書，很快要在新年剛過的二月初出版上市時，負責此書編輯的徐平先生來信邀請我，替它像我過去二次為依觀尼所翻譯並在臺灣商務印書館出版的木村泰賢教授的權威名著一樣，也幫忙寫一篇介紹文時，我幾乎立刻就慨然答應了，沒有絲毫猶豫。

但是，究竟要如何寫？才是對首次接觸到此一罕見有關小乘佛教（或部派佛教）論書文獻學的權威之作，進行明白易懂的恰當介紹呢？

幾經思考後，我打算延續之前，我已兩次介紹過依觀尼在本書出版之前，有關六卷《木村泰賢全集》的第一卷與第兩卷的介紹之文的寫法，但稍作改變。首先，我要說明，它到底是怎樣的一本書？因為你手中所拿的，這本首次問世的中文全譯本，它所根據的日本版，其實是在一九三七年，首次以「增訂版」的方式，納為新編六卷版《木村泰賢全集》中之一的第四卷《阿毘達磨論之研究》，明治書院出版。

但，它的早期原型，其實是在一九二二年十一月出版，作為申請東大文學博士學位論文。也就是此次中文全譯本中的序文，以及第一部分的五篇全文。其餘的，是木村於一九三〇年以四十九歲盛年猝死後，又隔了七年，才首次編輯《木村泰賢全集》，因而增加了第二部分的各篇論文。

之後，在一九六八年三月改由大法輪閣出版「新增訂版」，但同樣是六卷版《木村泰賢全集》的第四卷。而所謂「新增訂版」，是其在卷後，新附上由水野弘元教授所寫的「解說」全文，以及由幾位學者悼念木村猝死的交誼文章，也包括木村生前著述，刊載於各種期刊的出版時地等，彙編而成的《木村泰賢博士年譜》。只是，此次年譜的部分，並沒有中譯出版。因為在日本南傳佛教論書研究的最高權威水野弘元教授所寫的「解說」，已講得夠清楚了。

不過，從二十世紀東亞佛學現代研究思潮與發展的角度來看，木村的博士論文的原型，有其特殊性，不只在當時的日本佛學研究群英中是如此，對於大陸與台灣地區的廣大佛教知識圈更是如此。它的重要性，如果將它重新放到當時的整個世界佛學思潮的激盪，乃至在當時東亞各國的佛學研究知識群的動態史的發展脈絡中來看的話，這對我們理解此書的重要性，將會更清楚。

二

有關木村教授，首次在一九二二年十一月出版，作為他申請東大文學博士學位論文審查的原貌，在目前台灣地區或大陸的各大學圖書館或研究機構，幾乎沒有被收藏過的紀錄。因此，現在唯一可以找到原書內容及其封面原貌的，只能在日本國會圖書館藏近代部的原書 pdf 掃描檔，才可上網下載此一完整資料來看。

而我應該是極少數以如此方式去找到的。可是，當我看到之後，我赫然發現：它根本不是【維基百科】上、或所有中文相關佛教文獻引述上所出現的與本書一樣是《阿毘達磨論之研究》的書名。而是《阿毘達磨論書の成立の經過に關する研究：特に主なる四、五種の論書に就つて》（《關於阿毘達磨論書之形成過程研究：特別針對主要的四、五種論書》）的書名與內容。

因此，對此一原型要進行相關理解時，我此處採取的方式，是讓我們的讀者立刻可以跟著我所全部消化過的當時歷史場景，並先重新建構出一條發展的簡明發展線索，來追蹤此一論文原型，在當初究竟是如何出現的？之後，我們會再進一步讀到我所提出的更深一層相關解說。

根據上述發展線索，我直接就切入，告訴我們的讀者說，此一原型其實是，木村在留學英國與德國期間（一九一九年七月至一九二二年五月），很快在一九二〇年間，就全文書寫完成的初稿。但是，當時，它並沒有先各篇獨自發表，而是原稿直接寄回日本後，預備作為申請博士學位的博士論文之用。

而我們根據木村在書中的自述，可以了解，其間他曾廣泛徵詢各方的批評意見，以便及時進行相關更正錯誤論斷或增補不足的引述資料。而有一位跟他治學領域相近，往來密切，也預備申請東大博士學位的學友長井真琴，集合數位同門，針對木村的原稿全文，幫忙核對所引述的文獻資料來源與資料是否有記載錯誤之處，一再反覆批判細讀，直到一九二二年十一月，當時他本人已回國任教，才作為他向日本東京帝國大學當局申請博士學位的正式論文，交由先前（同年四月）已有合作出版過《原始佛教思想論》一書經驗的丙午出版社出版。

但是，為何他當時不用《原始佛教思想論》一書，作為申請東大的博士論文之用？而是要以此書之後才出版的《阿毘達磨論書の成立の經過に關する研究：特に主なる四、五種の論書に就つて》作為審請博士學位的論文？

有關這一問題，歷來沒有學者質問過此事。更不用說要進一步探索其學術真相了。我將首次在底下稍後試圖進行解謎。因此，此一問題敘述，先在此將其暫時擱置，仍然接續先前尚未全部過程都完整交代的話題線索。

此即，他因為決定提出《阿毘達磨論書の成立の經過に關する研究：特に主なる四、五種の論書に就つて》作為審請博士學位的論文。而其後不久，也就是在一九二三年一月，他順利地獲頒東大的文學博士學位。

而他在跨過此一最高等級的博士學位門檻之後，又於一九二三年三月，升等為東京帝國大學教授，並且新擔任的正式教職，就是該校「印度哲學」課程的第一講座教授。而這在當時，等於日本國內該領域最頂尖的新權威。

換句話，他真正開始進入全盛時代，直到木村於一九三〇年以四十九歲盛年猝死為止，他都是引領當時東大的「印度哲學」課程新風潮的指標性人物。

甚至，一九二四年「第一屆東亞佛教聯合會」在日本東京芝園增上寺召開時，木村作為大會「佛教法義研究部」的主席，撰寫長篇的《佛教研究大方針》，交由大會印成單獨的小冊子，發放給參與大會所有各國佛教代表閱讀與參考之用。所以也類同東亞現代佛學研究的最高權威指導者。這是現代東亞地區從未有過的佛教學術研究的巨大共識，以及只有他才能在當時的那種場合，公開對於東亞佛學界的代表，以自身的卓越治學經驗，做出了那樣完全無私的國際分享。但是，直到木村於一九三〇年，以四九歲的盛年猝死為止，他都沒有出版預備接續前一本《原始佛教思想論》的新論述模式，撰寫出一本完整體系與內容的《阿毗達磨佛教思想論》。只是在木村死後第七年，才將他發表過不少篇「阿毘達磨」文獻學的相關論文，與博士論文一起，納入《木村泰賢全集》第四卷，取名《阿毘達磨論之研究》出版。

至於他所發表過多篇有關「阿毘達磨論思想」的論文或授課講義，也由其高徒坂本幸男及其夫人等，辛勤編輯出來的《小乘佛教思想論》一書，在一九二五年，先出單行本。之後，在一九二七年，才納入《木村泰賢全集》的第五卷，同樣由明治書院出版.

於是，我們順此建構出來事件發展主幹簡明線索，再次解說更深層面的實際發展狀況，其中也包括先前提過的：為何他當時不用《原始佛教思想論》一書，作為申請東大的博士論文之用？而是要以此書之後，才出版的《阿毘達磨論書の成立の經過に關する研究：特に主なる四、五種の論書に就つて》，作為審請博士學位的論文？這一解謎問題。

三

首先，我們要知道，木村在留學英國與德國期間很快，在一年左右就寫完博士論文全文初稿。那末，其餘的留學期間，他又做了什麼？以及為何他要做這些的原因又是為了什麼？若能弄清這些，我們之前提出的謎團就自然清楚了。

只是，我不能涉及層面太深廣，因為我此處的解說，只能直接點出核心的癥結點之所在。目的在幫助本書的讀者，能方便地理解此書的出現，其實有其不得不然的歷史背景，我的任務就達成了。不過，為了後面的解說之必要，我們此處要先知道，自從木村泰賢到東大讀書後，就與同學宇井伯壽（兩人都是曹洞宗的僧侶），一起前往本鄉森川町的栴檀寮，受業於寮主梶川乾堂門下，聽講有關《阿毘磨俱舍論》與唯識學等相當有名氣的專業講解，打下深厚的該領域知識基礎。

之後，木村在出國留學英德期間，還與東大同事荻原雲來博士共同替國民文庫刊行會論部，從玄奘的漢譯《阿毘磨俱舍論》，全部翻為日譯版《國譯阿毘達磨俱舍論》（一九二〇年十月），還加上註釋與相關文獻解說．玄奘的漢譯《異部宗輪論》，號稱最雜，最難懂的，也由木村在一九二一年三月全部翻為日譯版《國譯異部宗輪論》，同樣還加上註釋與相關文獻解說．而這些工作，都是跟他寫的博士論文內容直接相關。所以，木村的博士論文之快速產出，有其可能理解的學術邏輯。

問題是，博士論文是為何而寫？重要的學術意義何在？於是，我此處就必須回歸到木村自從一九一五年四月出版《印度六派哲學史》之後，直到一九二二年十一月出版博士論文《阿毘達磨論

書の成立の經過に關する研究：特に主なる四、五種の論書に就つて》為止，在這段期間內，木村的主要學術處境又是什麼？除非理解這一點，否則我們將無從理解他當時，為何能如此傑出又如此豐碩無比的開創性劃時代學術業績？

如今根據我接觸的當時相關資料，以及根據木村在他的公開著作中，都提到，他當時所面臨的東大學術環境的激烈競爭以及不同學術小圈子之間的相互排擠，私下批評與嘲諷等言論，都近乎到了毫不遮蓋的地步。因而，最後的倖存者，仍取決於公認學術實力最優的勝出者成績如何？

事實上，一九一五年出版的《印度六派哲學》，雖使他獲頒國家最高學術院的成就大獎，新銳的巨大榮譽光芒燦爛閃耀，各方稱譽之聲一時不絕於耳。但，實際上，並不能當作申請東大的博士學位論文來運用。而且，對於本身已在東大擔任「原始佛教」課程講授的木村來說，當時他已處在第一線的教學領域之內。若要如之前的《印度六派哲學》出版後，所獲得最高頂級光榮的國家學術成就大獎一樣，需要繼續再創高峰。

並且，就他所從事的這一行學術標準評定行規來說，特別是就他當時在東大擔任教職的最後歸宿來說，除非他在佛學研究的相關領域，有能出現巨大的學術成就，否則他是沒有機會再更上一層樓的。而且，必須能先獲得博士學位，成為正教授，否則根本沒有可能擔任當時東大「印度哲學科」第一講座的頂級權威學者。

於是，擺在他眼前的當務之急，很明顯的，他也毫無例外的，就和其他日本學界新舊菁英學者一樣，據當時大家都在面臨的國際最新佛學研究變動的相關情境，必須儘快找出最有可能的借鏡途徑。但是，他要如何思考此一問題呢？

事實上，他很清楚，在上述情境中，對他本人最有效性的借鏡途徑，就是必須先適時接軌當時以英德兩國為主的南傳巴利佛教論書的新研究成果，以及對於當時新發現的印度古代梵文論書原典，或已在藏譯佛教典籍中，新發現的部分「阿毘達磨論書」資料等等，如何進行敏銳而正確地學術解讀？以及如何搶先具有最佳的相關問題意識，以便進行對他者論點是否能為己用，即時作為最明智的精確取捨？更具體來說，他當時，其實，已掌握了兩大現有的新領域相關認知，因此必須緊快進行現代性的學術大突破，並且為期不能過長。因而，這樣的現實情境，可以部份解釋了他去留學時，為何很快就可以寫出那樣的博士論文的學術產生背景。可是，到底已掌握了兩大現有的新領域相關認知，又是怎樣的一種具體歷史情況呢？

答案之一，是他當時吸收當時東大名教授姉崎正治博士，在其不久前，已出版名著《根本佛教》一書的新成果，以及姉崎正治博士在當時日本已處於核心地位的「宗教學」相關知識及觀點，甚至連姉崎正治博士在當時首先翻譯的德國哲學家叔本華核心著作《作為意志與表象的世界》一書，也被木村率先吸收，其後即運用於他新開創的，把原始佛教中的緣起論根源，類比於叔本華核心著作所提出「盲目意志」，因而形成一種關於佛教「無明」概念本質內核的新詮釋主張。

答案之二，是木村在東大的親近學友長井真琴，也於一九一九年發表其劃時代的新論文，主張南北傳兩部重要論書中，其實北傳的《解脫道論》，是與南傳最偉大論書作者：佛音（或譯覺音）所撰述的《清淨道論》古本原型，兩者內容非常近似。

因而，佛音的偉大原創性論著，只不過是根據更早的《解脫道論》改寫本而已。亦即，當時的木村是懷著日本佛學界的最新成果與問題意識，奉准出國留學，將其在當時英德兩國的相關最權威的南傳巴利佛教研究與翻譯出版機構一些代表性的學者，或長期寄宿其家，密切接觸，或前往聽講，或拜讀最新研究發現，不能實際接觸的，就透過書信頻繁交流請益。而且，在留學期間，他所寫出的各種著作，我已在上面提過了。

根據其最親近之一的學友渡邊楳雄的日後回憶，木村當時忙碌與勞累到，所有著作，幾乎都是躺在床上頭墊著空氣枕，飛快地沾著墨汁書寫原稿，導致床單常被墨汁染髒的尷尬情況也顧不得了。

渡邊楳雄也曾根據木村妻子所說的木村在家與出門的生活習慣，她生動無比的說，木村的勤勉專注治學，可以說，到了幾乎沒有休閒娛樂的社交活動，除非治學或授課必要，他很少與人交談。他的腦筋持續專注思維的程度，可以已到不知飲食滋味好壞的漠然程度。有時吃一餐飯要中斷好幾次，以便他及時記下腦中剛剛想到新發現心得。甚至連外出走路時都在專心思考，喃喃自語，並且會將預備搭車的車票，不知不覺地就將其揉掉丟棄了。

但是，更令人欽佩的是，這樣寫出來的大量著作，如今我們在閱讀時的感覺，簡直就像木村本人常提及的、也是當時其他學者的體會心得：全書各章內容，都是用語明快簡潔易懂，有趣而流暢，就像書內的全部內容，都形成有機性的巧妙組合一樣，彼此互相牽連與協調運作。

我們如今，之所以能夠相當程度理解當中過程，主要論述的依據，就是木村日後在其出版相關新著作之前，都先有深思熟慮的對於「研究大方針」寫出長篇的完整論述。而等實際出書之時，就會出現在書中的導論或序文之中。

因此，一般讀者在閱讀時，就像他正在課堂上對著學生，很生動講解正確的相關研究方法論那樣。他也能像針對一般程度的初學者，以簡明清楚又有趣味的方式，導讀他在書中的所想治學主要目標，以及其所運用的最新相關國際學術研究視野，乃至他自己的取捨或異議的意見為何？而這是很少像他那樣等級的大佛教學者所能做到的。

但是，為何木村不用比他的博士論文出版之前早九個月，也是在一九二二年四月，他留學回國之前的一個月，他先在丙午出版社出版其堪稱是當時最新詮釋與撰寫架構的《原始佛教思想論》一書，來當他的博士論文呢？

原因很簡單，此書在寫法上創新，可是把原始佛教的「無明」當成了叔本華書中的「盲目意志」來詮釋，固然是木村的獨到之處，卻也立刻遭來其他日本佛教菁英學者的激烈反駁。在一九六八年，以「新增訂版」的方式，納為新編六卷版《木村泰賢全集》第三卷《原始佛教思想論》的卷尾，就附有長篇的木村後來答辯學界對其強烈批判的回應。只是，可惜過去中文翻譯的《原始佛教思想論》，根本就沒有收入這一學術史大爭辯的內容。其實，木村提前出版《原始佛教思想論》的原因，將其說穿了，就是先行測試當時日本學術界，是否可以接受其新論點的風向球罷了。

這同時也解釋了，為何木村沒有繼其《原始佛教思想論》一書之後，很快又寫出的《阿毘達磨佛教思想論》；反而是在他死後，才於一九二五年四月，先出單行本的《小乘佛教思想論》。之後在一九二七年，才納入《木村泰賢全集》的第五卷。

如此一來，此書對日後大陸與台灣的佛學界來說，完全喪失了當中的學術銜接點，以至於不知如何恰當地應用，在木村死後才出版的《小乘佛教思想論》。以下針對我們台灣佛學界從戰後迄今，與木村的上述著作之間，究竟有何重要相關性？我想稍作一點回顧與解說；以及實際點出，之所以有必要閱讀本書其根本理由何在？

四

為何我們現代的臺灣讀者，有必要閱讀此一新出的現代中文全譯本？

理由很簡單，這是第一次現代中文全譯本的正式出版。並且，日本南傳佛教經論研究的最高權威學者水野弘元教授，特別為本書日文版所寫的第一流的「解說」，也完整的翻譯出來。而且，我也特別為本書的現代中文全譯本，寫了此一長篇介紹。

可是，從二戰後迄今，雖然有大陸來臺的佛教高僧演培，在一九五四年翻譯了木村泰賢的《大乘佛教思想論》，又在一九五七年翻譯了木村泰賢的《小乘佛教思想論》。

可是，他完全不知道木村泰賢的博士論文《阿毘達磨論書の成立の經過に關する研究：特に主なる四、五種の論書に就つて》的存在及其相關內容。而且，來臺前，他已先透過類似講經的表達方式，以白話文寫出《異部宗輪論講記》，之後在臺期間，又以同樣的方式，出版了《俱舍論講記》。

他也同樣不知道，木村在出國留學英德期間，就曾與東大同事荻原雲來博士共同替國民文庫刊行會論部，把玄奘漢譯的《阿毘達磨俱舍論》，全部翻為日譯版《國譯阿毘達磨俱舍論》，還加上註釋與相關解說。他也同樣不知道玄奘漢譯的《異部宗輪論》，雖一直號稱最雜，也最難懂的，也同樣由木村在一九二一年三月全部翻為日譯版《國譯異部宗輪論》，同樣還加上註釋與相關文獻解說。因此，高僧演培那些費極大時間與精力出版的幾本與部派佛教論書有關的講記，可以說與現代學術的研究幾乎全脫節了。

張曼濤在一九七八年出版其所主編的《部派佛教與阿毘達磨論》論文時，雖然把民國六十年來，在各類佛教期刊目錄上找出的相關中文論述，也包括翻譯的相關文章，並且其中也有在不同時間，由不同翻譯者所翻譯的四篇，是出自木村泰賢的《小乘佛教思想論》或《阿毘達磨論之研究》之部份。而演培法師被選入的一篇，就是出自他所翻譯木村泰賢的《小乘佛教思想論》一書中，有關「部派的幾個問題」。

張曼濤主編的《部派佛教與阿毘達磨論》論文集中，只提到二戰後來臺的一代佛教義學高僧印順法師，他就是高僧演培的主要佛學導師，所出版的兩本著作：《原始佛教聖典之集成》與《說一切有部的論書與論師之研究》，是可以肯定的一點成績。不過，我卻發現，印順在一九六八年出版的《說一切有部的論書與論師之研究》中，雖有其門下第一高徒演培，早在此書之前十年，就已翻譯了木村泰賢的《小乘佛教思想論》，他卻在全書中，完全不提。反而是一開始就引用木村泰賢的《阿毘達磨論之研究》上的部分資料。

不過，由於在此之前，早有支那內學院的一代佛學大師呂澂，《內學年刊》第二輯，在一九二五年代所寫的「阿毘達磨汎論」，就提到木村泰賢在《阿毘達磨論之研究》一書上的部分資料，而呂澂的「阿毘達磨汎論」，也是與木村泰賢的《阿毘達磨論之研究》，少數列入《說一切有部的論書與論師之研究》一書的相關研究文獻。所以，我不確定，印順是否曾讀過木村泰賢的那本《阿毘達磨論之研究》日文版全書？以下我舉幾個例子來說明，我之所以不能確定的根據何在？

第一，木村曾與東大同事荻原雲來博士，共同替國民文庫刊行會，從玄奘漢譯的《阿毘達磨俱舍論》，全部翻為日譯版《國譯阿毘達磨俱舍論》，還加上註釋。在博士論文中，木村也有一章是專門討論北傳有部論書中最偉大著作，也就是世親所寫的『阿毘達磨俱舍論』中，所繼承與改寫的原型，其實就是號稱四大論書大師之一法救所寫的《雜心阿毗曇論》一書．而這一研究的巨大發現及其結論，此後已成為定論。可是，在印順整本《說一切有部的論書與論師之研究》中，雖有各別討論世親的《阿毘達磨俱舍論》，或法救的《雜心阿毘曇論》，卻完全沒有提及兩者的密切關係，也不曾提及木村的此一重要學術結論。甚至於，最崇拜此書的台灣出家女眾悟殷，在她於二〇一七年四月才出版的正式學位論文《法救思想探微》（法界出版社）中，根本不知道有法救的《雜心阿毘曇論》全文，就在《新修大正藏》的第二十八冊內，還說法救沒有完整的著作。居然像這樣的研究也可以當正式學位論文？並在大學教書？這不是很奇怪嗎？

第二，與木村同年獲得東大文學博士學位的長井真琴，也是精通阿毘達磨論的專家，他是比木村的研究，更早發表劃時代研究的，即有關北傳佛教早期翻譯的阿毘達磨論經典中，有一部很難解也少有人討論的《解脫道論》，其實就是南傳佛教阿毘達磨論典中最偉大作者覺音所撰不朽名著《清淨道論》的古本。而這是中國佛經翻譯史上，從未被發現的相關性。因此木村在書中，不但曾引述長井的最新重要發現，甚至也承認受其影響。但是，印順法師在《說一切有部的論書與論師之研究》中，雖簡單提及《解脫道論》與《清淨道論》兩者有其關聯性。但是，書中的註解，居然是根據《望月佛教大辭典》的資料，而不曾提及木村泰賢在《阿毘達磨論之研究》的相關部份。這不是很奇怪嗎？

第三，木村當時，也曾受到另一權威學者椎尾弁匡教授《六足論研究》的部分觀點暗示，因此才發現北傳的《舍利弗阿毗曇論》與南傳的《毘崩伽》及《補特伽羅施設論》，其實是由更早的、因而應是兩者共同的阿毘曇原型，所各自發展的相互關係。但是，印順在《說一切有部的論書與論師之研究》中，完全不曾提及木村在《阿毘達磨論之研究》的此一重要討論。這不是很奇怪嗎？

作者序

一、原始佛教之思想探究過後，筆者的心願是意欲就全體的阿毘達磨佛教思想論（小乘諸教派之教理）予以研究及整理。遺憾的是，筆者的研究尚未能完全達於此境。雖然如此，今姑且就作為先驅的阿毘達磨論書（小乘論部）其成立經過加以探究，以備他日所需。此因在進行思想研究之前，作為前置作業，資料的批評性研究是必須的。

二、本書並非以一一揭出南北阿毘達磨論書之成立次第作為目的。而是嘗試對此給予一般性的研究，尤其專就一般信為具有學術意義，予以整理及蒐錄而已。因此，可以說筆者是懷抱著期盼諸位先覺針對此一方面予以批判而提筆的。至於其他方面，且待他日起草全體的阿毘達磨思想論之際，再予以適當的形態說明。

三、本書總由五篇組成。第一篇是關於阿毘達磨論書成立的一般性論述。第二篇論述漢譯《舍利弗阿毘曇論》與巴利本 *"Vibhaṅga"*（分別論）、*"Puggala paññatti"*（人施設論）的關係。第三篇是有關《施設足論》之考證。第四篇是《大毘婆沙論》編纂因由之研究。第五篇是有關《俱舍論》之述作及作為其參考書的諸論書之研究。

今略述前揭五篇之內容如次：

第一篇，首先論述阿毘達磨之起源及其成立，其次就爾後數百年所出的南北阿毘達磨論書，從種種方面探其新古特徵，並略述其發展歷程。縱然只是粗雜的探究，但對於紛雜的種種阿毘達磨論書，若能釐清其歷史系統，筆者相信將頗具學術性意義，故收之於第一篇。此本是教案之整理。

第二篇，證明北方所傳《舍利弗阿毘曇論》與南方所傳《毘崩伽》、《補特伽羅施設論》是由同一原型的阿毘達磨論書分化發展而成，進而闡明《舍利弗阿毘曇論》的法相特質，並觸及其與分別論者之關係。在南北論書關係猶不明朗之今日，筆者此一研究雖非完全，但相信仍具有某種學術意義。

第三篇，考證從來學者間視為問題的漢譯《施設論》與有部《施設足論》的關係，進而嘗試探尋全體《施設足論》其原型。雖然所推定的材料中，猶有不甚完全的，但此間也有無可動搖之結論。

第四篇，對於《大毘婆沙》的編輯因由，筆者排除從來所信真諦、玄奘等所傳而從他處探求之。企盼諸位先覺對於筆者所得異於傳說之結論不吝給予批判賜教，即是筆者將此整理成為一篇之理由。

第五篇，有感於真諦、玄奘等所傳述的世親《俱舍論》述作因緣過於機械性，故筆者就此予以探究。所獲得的結論是，《俱舍論》主要是以當時流傳的有部綱要書作為種本，且是依此種本予以改訂增補而成。所得結論雖然簡單，但相信對於今後的《俱舍論》之研究，必然大有助益。

要言之，前揭五篇是由（一）總攬南北，有關阿毘達磨全體之研究；（二）可以釐清南北論部之連鎖；（三）從來中國與日本專門學者雖盛行論究，但猶未能得以明瞭的，盡力予以闡明等三者所成。其中之任一，都是筆者用諸多努力所成，期望對於今後的阿毘達磨之研究能有某些貢獻與刺激，故彙整於此，期盼諸位先覺予以批判賜教。

四、就論述體裁而言，基於本書所屬的研究論文性質，因此，在論述時，對於從來一般既明之事實，盡量精簡，但對於新發現之論證，則大量揭其引證，期使所論得以完全。從而論文中，多有對照表，故煩瑣在所難免。此外，為避免繁瑣，若只是予以引用的，固然無庸贅論，若與主要問題無直接關係的論證，皆載於腳註中，欲知其詳的讀者可以參照之。

五、如同前述，本書大體上是筆者獨自研究之所得，但在種種方面，直接或間接從先輩知友獲得不少示教與援助。尤其有關巴利文阿毘達磨的種種問題，從 Mrs. Rhys Davids. 與 Dr. W. Stede 的著作獲益良多；Prof. de la Vallèe Poussin 回函答覆筆者對於西藏譯《施設論》之詢問；以及在夏期休暇中，與筆者同宿，給予種種助言與援助的立花俊道等，可說是此論文之直接援助者，筆者在此特予致謝。此外，如同在論文中屢屢指出，本書在種種方面是承自於高楠教授、村上教授、姉崎教授、梶川乾堂師、荻原雲來等人所見。今再誌之於此，並致上無任感謝之意。

大正九年九月二十日　英國

木村泰賢識

刊行之際之追記

在即將刊行之際，筆者再次一讀本書。全篇實有太多不能令人滿意之處，更且當初在起草本論時，手邊欠缺日本刊行的種種參考書，因此，有關此一方面的材料使用，實是多所遺漏。尤其當時椎尾博士在《宗教界》雜誌所刊載的〈六足論之研究〉一文，筆者完全沒有注意到，故無法參照，此乃是筆者最深感遺憾的。由於本書的性質不容有太大改變，如今也只能以此形態付梓。若能獲得讀者毫無忌憚的批評指教，以助他日修正，自是筆者最大之願望。

本書印刷之際，最感欣幸的是，從學友文學士長井真琴、宮坂喆宗獲得種種方面協助。從對於本文所作的批判性的閱讀，乃至校正與索引等等方面，勞煩此二人的，實是不少。在此一方面，慶幸得無大過，可以說都是拜此二人所賜。在此對此二人以及讀者，致上感謝之意。

大正十一年九月十五日　於東京代代木

著者重識

目次

補遺

婆沙、俱舍、正理等
諸論中所引用的施設論之諸說

第一篇　阿毘達磨論之成立及其發展之概觀

第一章　阿毘達磨之起源及其成立

一、阿毘達磨之起源的諸說

此處所說的「阿毘達磨」（Abhidharma; Abhidhamma），若就其完成的形態而言，是三藏聖典之一，雖以經（sūtra; sutta）、律（vinaya）為其背景，卻與彼等相等，居於鼎足並立之地位。關於其起源與成立經過，古來已有種種論述。若謂阿毘達磨出自於佛說，相信不會有人提出異議，但對於佛陀是否果真以如同經或律的形態而宣說阿毘達磨，卻大有異論。從而對於阿毘達磨所具權威，其看法自然因人（派別）而異。茲略揭古來對此之若干意見如次。

首先就有關結集的傳說見之，據《智度論》[1]、《西域記》[2]及多羅那他《佛教史》[3]等所載，第一結集時，已有加上阿毘達磨的所謂的「三藏（tripiṭaka）結集」。但在律文所傳的記事[4]，以及《大史》[5]等文獻中，經與律之外，絲毫不見言及阿毘達磨。

1. 《大智度論》卷二（大正二五，六七b）。
2. 《西域記》卷九（大正五一，九二二b以下）。
3. "*Tāranātha*"; Geschichte des Buddhismus in Indien S. 7.（寺本婉雅氏譯本，頁二三）。
4. "*Cullavagga*" XI，《五分律》卷三〇（大正二二，一九〇c以下）等。《十誦律》、《四分律》、有部律等論藏中，載有結集之記事，但此應是論藏成立以後才附加的。
5. "*Mahāvaṃsa*" III（南傳大藏經六〇，頁一六六）。

若徵於諸派意見，南傳上座部將三藏都視為佛說，從而認為七論具有與經律同等之權威6，雞胤部與有部甚至認為佛陀之真意應從阿毘達磨中探求，甚至認為經或律應置於阿毘達磨之下位。對於此說，提出反駁聲浪的，是經量部（Sautrāntika or Suttavāda），彼等認為佛陀的真意應於經中探求，論典只是後世產物，不具有絕對權威。亦即十八部之中，雖同樣是承認三藏，但對於阿毘達磨之起源與信用，卻有不同見解。

進而就翻譯三藏對此的解釋見之。同樣是主張「阿毘達磨佛說論」，舊譯家承認有某種佛說阿毘達磨論的聖典存在，例如真諦譯有《佛說立世阿毘曇論》十卷，但新譯家反對舊譯派所說，新譯家認為佛所說的阿毘達磨只是片段的，予以彙整定型，是佛弟子等所為。

亦即對於阿毘達磨之起源與成立，古來論師之間既已產生異見，換言之，此一問題之研究，自古已是一大懸案。今日筆者追究此等意見，並非意在藉由釐清孰是孰非而解決此一問題。筆者只是意欲以如此諸多異論作為筆者研究之前提而已，此乃必須預先說明的。

從而今日筆者所依據的研究材料，主要是以與經律中的阿毘達磨有關的材料為基礎。亦即從古經律中，對於阿毘達磨是如何述說，如何看待，從其起源而闡明其成立。經律中雖含有後世的材料，然其原始要素較多，故以此作為材料，即可闡明阿毘達磨的原始狀態。以下將分為數項而作論述。

二、阿毘達磨真正的起源

佛陀時代果真已有阿毘達磨存在？對此，筆者首先提出如次概括性的回答。

被稱為「阿毘達磨」的佛教特有術語，在佛陀時代已見使用。佛弟子之間，對於此語之研究頗為盛行，佛陀亦獎勵其弟子對此加以研究，並予以指導。就漢譯「阿含」見之，或就巴利語的「尼柯耶」見之，——其材料雖有參差——但有頗多證據得以證明佛陀時代，至少在佛弟子之間，已頗為盛行所謂「阿毘曇論」（abhidhamma-kathā）之論究。茲試揭主要的三例證之。

首先，就《牛角沙羅林經》（*Gosiṅgasālavana sutta*）見之，某夜，佛弟子乘著月明，於花薰牛角沙羅林中經行，對於此妙園如何得以更加精神莊嚴，眾人提出種種議論，次文所揭是與筆者此文目的有關而應予以注意的論述：

> 吾友，目連！何等比丘能令此牛角沙羅林更為莊嚴？吾友，舍利弗！此處有二比丘論述阿毘曇論。彼此之答問無所凝滯，有關法之議論據此得以進行。吾友，舍利弗！此牛角沙羅林因於如此之比丘而得莊嚴。[7]

亦即將有關法義的問答，稱為阿毘達磨，由於此阿毘達磨之論究，花月兼具的妙園得以更增光彩，此中，詩趣的旺溢另當別論，佛弟子間對於阿毘達磨論之重視，據此得以窺見。巴利語的《增一阿含》中，亦有佛弟子探究阿毘達磨之記載：

> 如是我聞，一時佛世尊在波羅奈斯國鹿野苑仙人墮所。爾時諸多長老比丘行乞已竟，喫食後，

---

6. 南方七論中，《論事》（*Kathāvatthu*）顯然是佛滅後二百餘年，由 Moggaliputta Tissa 編輯所成，但佛音（Buddhaghosa）認為此論是依佛陀懸記所作，仍應視為佛說，因此主張七論全是佛說（參照 "*Atthasālinī*" pp.5–6）。
7. "M." 32（text Vol. I, p. 214. 南傳九，頁三七六），《中阿含》一八四（大正一，七二七b）。在巴利本中，是舍利弗與目乾連子的問答，而漢譯本是迦旃延子與舍利弗。今所引用是依據巴利本，但就其法義的內容而言，漢巴之間並無顯著不同。

作圓座而坐，論究阿毘達磨論。時長老象首舍利弗（Citta Hatthisāriputta）與諸長老比丘論究阿毘達磨論之際，時時於其間（從旁）穿插己見。時長老大拘稀羅告長老象首舍利弗曰：長老象首舍利弗！諸長老比丘論究阿毘達磨論中，勿時時穿插己見。若有所見，應於論議結束後。如是語時，長老質多之同伴諸比丘告長老大拘稀羅曰：長老大拘稀羅！勿責長老質多。長老質多是賢者，相對於其他諸長老比丘，彼乃適合論究阿毘達磨論之人。無知者難知其心行故。8

諸比丘以圓陣方式進行阿毘達磨之論戰，質多（象首長老）在一旁插嘴，大拘稀羅長老予以叱責，對於大拘稀羅長老之斥責象首，象首的同參道友提出抗議，如此的場景似乎活生生地浮現在眼前。

隨著有關法議的阿毘達磨論於佛弟子間逐漸發展，自然產生不一致的意見。對此，應如何予以調和？巴利語的《中阿含》第一〇三經的"*Kinti sutta*"，載有佛陀所揭示之方法。全文相當長，茲引用其前半之文如次：

比丘！為汝宣說吾所悟之法。即：四念住、四正斷、四神足、五根、五力、七覺支、八正道。是故一切比丘相和相欣無爭，此應學。比丘！汝等相和合相欣一致學習之中，若二比丘於阿毘達磨意見有別，汝等以為長老間於義有異，於文有異，此際，汝等應親近二人之中，能熟達文句之比丘。必須作此說：

「汝等長老之間於義於文有異。須知汝等於義於文有異，長老之間不可有異說。」9

亦即對於阿毘達磨的意見相左時，第三者的調停者先是請熟達議論之一方先作反省。其次再請另外的拙方也作反省，眾僧從中尋求共同點，此即是佛陀之調和法。此一段經文清楚地呈現佛陀如何於其弟子間獎勵阿毘達磨之研究，同時，亦如何苦心排除意見之相左。

亦即依據此文所載——其阿毘達磨論（abhidhamma-kathā）之具體解釋暫且不論——總之，在佛陀時代，阿毘達磨論於佛弟子間已頗為盛行，此乃無可懷疑之事實。而且佛陀非常重視此一論究法，佛弟子之中，赫赫有名的，以舍利弗、目連為首，無論是迦旃延子或大拘稀羅，在某種意義上，可以說是阿毘達磨論師（但如後文所將述及，此並非意味彼等已有某種整理的論書。此處僅從經中所表現論究法之傾向而作此判定）。就此而言，可以認為阿毘達磨之起源，最遲在佛陀的直傳弟子之間業已存在，而且是獲得佛陀認可的。

進一步言之，佛陀本身是否曾以阿毘達磨的方式說法？就此，不得不說是頗為難解。當然佛陀的說法中，已帶有阿毘達磨的傾向，亦即佛陀曾採用分類其關係的說法方式，此乃不能否定的事實。但認為佛陀已作種種分別，且名之為「阿毘達磨論」，至少就文獻而言，欲予以肯定將是頗為躊躇的。《大毘婆沙論》第一卷中，作為阿毘達磨是佛說之證明，曾引用如次經句：

> 此筏蹉氏及善賢外道並梵壽婆羅門，皆於長夜，其性質直無諂無誑，諸有所問，皆為了知不為嬈亂。我以甚深阿毘達磨，恣彼意問。10

---

8. "A." III, pp. 392–393. 漢譯《中阿含》八二之〈支離彌梨經〉（大正一，五五七c）。象首舍利弗（Citta Hatthisāriputta）之出家經過載於"D. N." 9 "*Potthapāda Sutta*"，《長阿含》二八之〈布吒婆樓經〉。其人曾一度退墮還俗之記事，見於漢譯《增一阿含》第四十六卷。
9. "M." 103, text III, pp. 238–239.（南傳一一上，頁三一〇–三一一）。
10. 《大毘婆沙論》卷一（大正二七，三a）。

徵於漢譯《阿含》，此文與《雜阿含》第三十四如次所載相當：

> 爾時世尊作是念：此婆蹉種出家，長夜質直不諂不偽。時有所問，皆以不知故。非故惱亂，我今當以阿毘曇律納受於彼……。[11]

亦即《大毘婆沙》是引用此經句作為證明。就此而言，似乎可作為「阿毘達磨佛說論」的有力證據。但若與巴利經典對照，未必能成為充分的證明。此因此經之相當經典，顯然是 "*M. N.*" No. 73 的 "*Mahā Vacchagotta Sutta*"，在此經中，完全沒有「阿毘達磨云云」之經句。大體上，漢譯《阿含》含有較遲於巴利本之要素，故前引《雜阿含》之句欠缺巴利本支持，至少就今日的研究法而言，其獨立的證明不足。就筆者所知，巴利本方面，有關佛直接述說阿毘達磨之記事，僅見於後世成立的註釋書類中，古聖典的紀錄中，一處也不得見。更且此一記事若就其歷史事實觀之，也是頗為奇怪的架空之說。亦即據其所述，佛陀初成道後的第四週，佛所思惟的，是《法集論》（*Dhammasaṅgaṇi*）、《大品類論》（*Mahāpakaraṇa*）等七論的內容，思惟已竟，才從事布教，三個月間，上三十三天，於經律之外，為佛母摩耶夫人及諸天宣說阿毘達磨，此即阿毘達磨之起源與成立之因由[12]。如此之記事不僅完全不能令人接受，其實更能夠作為後世若不造此傳說，則無法立證其「阿毘達磨佛說論」的反證，也可作為古經律本文欠缺此一記事的反證材料。亦即在屢屢言及佛弟子間曾作阿毘達磨論的巴利古聖典中，關於「阿毘達磨佛說論」完全沒有言及，從而漢譯方面，既然與此有關之記事只有一、二處，則不能以此作為阿毘達磨是佛說之證明。就此而言，筆者認為至少在文獻上，以「阿毘達磨論」之名作論究的，仍是始自於佛弟子，不能溯自於佛陀。作如此之斷定才是安全之結論。

如前所述，佛陀的說法中，已帶有阿毘達磨的傾向，而且佛陀獎勵其弟子進行阿毘達磨論，故其起源當然可歸於佛陀，雖然如此，但若論及具有與經律，亦即與法（dhamma）、毘那耶（vinaya）並立意味的阿毘達磨，其起源必然是始自於佛弟子而後才逐漸發展。此依次文所述，依當時所說的阿毘達磨意義之證明就得以明白。

三、阿毘達磨的原始意義與任務　概括而言，原始時代的「阿毘達磨」之字義，仍是對法，亦即玄奘所譯的「對法」之義。然所謂的「對法」，其所含意義或任務，不如後世阿毘達磨論師所說之複雜深奧[13]。所說的「對法」之「法」，要言之，是對於佛陀所說之法義，特別是指「對於毘那耶以外的規定，揭示其內在精神修養」的法義。如此的法義，既然是構成經（sutta）之內容，則將所謂的「對法」，理解成是指對於經內主要法義之研究大抵無妨。此徵於經文及律文之中，「阿毘達磨」與「阿毘毘那耶」屢屢並用之事實即可知之[14]。亦即相對於稱有關毘那耶之研究為「阿毘毘那耶」

11.《雜》三四（大正二，二四六b）。

12. "*Atthasālinī*" pp. 13–16; "*Jātaka*" Vol. IV, p. 265.（Sarabhamiga Jātaka aṭṭhakathā）

13. 關於 abhidharma（巴利 abhidhamma）之字義，後世產生種種解釋。試揭其主要的若干例子如次：
佛音（Buddhaghosa）認為 abhi 為勝（ati）之義，從而 abhidhamma 是勝法或特殊法（dhammātireka, dhammavisesaṭṭhāna）之意（"*Atthasālinī*" p. 2）。佛護認為阿毘是現前之義，引領一切善法，令覺分現前，故名阿毘達磨。覺天認為阿毘為增上義，故阿毘達磨為增上法之義。左受認為阿毘為恭敬義，應恭敬尊重之法，故名阿毘達磨（佛護等所述，見於大毘婆沙論第一卷，大正二七，四b）。《婆沙》、《俱舍》等的阿毘達磨觀是將阿毘達磨之本體視為無漏智慧，論書只是其方便之阿毘達磨。《俱舍論》作出如次定義：「淨慧隨行名對法，及能得此諸慧論。」

14. "*Aṅguttara*" vol. I, p. 288; ibid. p.288; ibid. p. 291; "*Vinaya Mahāvagga*" I, 36, 12（vol. I, p. 64）; "*Vinaya*" I, p. "X–XI"，漢譯通常譯為阿毘曇律，實則應譯為阿毘曇・阿毘毘那耶。

或「對律」（？），將有關法義，亦即有關經之內容的研究，稱為「阿毘達磨」（對法），換言之，基於經與律之對立而對立看待阿毘達磨與阿毘毘那耶。到了後世，阿毘毘那耶沒有特別發展，但阿毘達磨卻有異常發展，被給予種種深奧的解釋，雖是如此，但早先「阿毘」（對）一語，不只用於法，也用於律，此乃是不容忽視的。就此而言，毘那耶之英譯者路易士・戴維斯及歐登柏格將阿毘毘那耶譯為「與律有關的」（what pertains to vinaya），將阿毘達磨譯為「與法有關的」（what pertains to dhamma），雖嫌籠統含糊，然其譯法頗能表現其原始意義。

若是如此，有關對法，亦即法義之研究是如何研究？大致而言，阿毘達磨論之目的有二。其一是簡單彙整法義要領，以便憶持。亦即對於佛陀在種種場合為種種人所說的種種法義，一一予以憶持並不容易，故其弟子有必要摘其要領，組織成所謂「教義問答」（Katechismus）之形式。因應此一必要的論究法，就是阿毘達磨論。從而就此而言，佛陀常予以提示的諸法分類的、法數的說明（例如四諦、五蘊、七覺支、八正道之類），可以說已經是一種阿毘達磨憶持法。第二是揭示種種法義之間的關係，藉以瞭解潛藏於其間的內在意義。佛陀說法並非後世大乘家所說那般，佛陀說法是相當隨機的，對於同樣事物，常有廣說或略說之別，因此闡明其間之關係，進而探索佛陀真意之舉，也是自然之數。所謂的「阿毘達磨論」，實際上，就是佛弟子間的此類論究，用於前揭法數說明的此一論究法，是初期阿毘達磨論之主要任務。簡言之，當時是將佛陀所提示法義，問答往來其要領，以及將其間相互的關係予以適當分類等，進而將不明確的表現與術語附上確定意義的研究法，稱為阿毘達磨論。此如同學生在課堂裏聽教師講課後，二、三人相集，予以更廣泛深入的解釋，討論其要領，又將此作成 sub-note，作成表一般。佛弟子或於月下，或於飯後，對座討論阿毘達磨論之舉，不外於意欲簡單明確會得佛陀講述之內容。從而佛陀時代的阿毘達磨，完全附屬於佛陀之說法，若將佛所說法的彙集視為經，則經典之外，並無其他。佛陀雖獎勵其弟子對此作研究，但佛以「阿毘達磨」之名義說法的形跡不得見之所以，完全因於此一理由。換言之，所謂阿毘達磨，就是佛弟子將佛的說法予以適當憶持整理的論究方法，故佛陀沒有對此再作論述之必要。此又如在教室或研究室中，教師為學生講課之後，沒有必要再為學生述說其論究法。佛陀獎勵指導其弟子作「阿毘達磨論」之舉，就如同親切的教師為令其學生正確理解自己的學說，因此在講課之後，獎勵學生自習，並時時加以關心注意，二者的意義是相同的。在佛陀時代，阿毘達磨之研究已施行於佛弟子之間，是無可懷疑之事實，但應切記此一類之研究完全是經說之從屬，並無與經典並立或獨立之意味。在有關結集的古紀錄中，對於第一結集，除了經律，並無有關阿毘達磨結集之記事，其因全在於此。總而言之，第一結集時代（就有第一結集而言）尚未有特殊的阿毘達磨之彙整，故得以與經律相對的，並不存在。就此而言，筆者對於佛說阿毘達磨論之主張，或佛陀有片段性述說之主張——就與經律相對的而言——並不贊成。

四、阿毘達磨論所以獨立的理由

若是如此，具有如此意義的阿毘達磨，是基於何等理由而趨於與經律並立的地位？其理由有種種，最顯著的是，與分派的問題有關。大體上，分派的起源是基於對於法的意見有別，或基於對於律的意見不同，尤其是對於佛說的解釋產生歧異。無庸贅言，其不同意見的表現形態，就是所謂的阿毘毘那耶、阿毘達磨。從而對於主張阿毘毘那耶、阿毘達磨的一派而言，彼等才是了知佛之真意的標準，換言之，依準阿毘毘那耶、阿毘達磨，才能瞭解律或經中佛陀之真意。同樣的律卻分成種種理由，即是因於依不同的阿毘毘那耶觀結集所致，而阿毘達磨其論究之題目亦逐漸從經說，亦即從狹義的法義擴及於與律有關的問題，最後終於具有與經律不可分的重要性。此阿毘達磨觀之不同，既然是分派之原因，是各派存在之理由，則阿毘達磨占有與經律並立之地位，即不足為奇。進而何以於經律之外，產生重視阿毘達磨之部派，其理由亦得以理解。

要言之，阿毘達磨之獨立與部派之興起互有關聯，阿毘達磨之研究促進部派興起，部派興起亦促使阿毘達磨趨向獨立之地位，最後作為部派具有獨立資格之條件，經律之外，足以代表該派指導性精神的特有的阿毘達磨終於形成。就此而言，阿毘達磨逐漸趨向於獨立的氣運，是在佛滅後百年前後，亦即是在第一次分裂前後。在此之前，縱使阿毘達磨之研究頗為盛行，但猶如佛陀時代，只是經律的附屬而已。從而《島史》（*Dīpavaṁsa*）等「第一次分裂時，六阿毘曇（南傳的）既已完備，且是大眾部徒任意改造」的傳述，不能說是傳述事實真相[15]。縱使佛滅後的百年內，後世所見的種種阿毘達磨其原型已經成立，然其彙整的定型恐是佛滅後百年左右才開始，爾後隨著分派盛行，部派色彩濃厚的阿毘達磨遂逐漸出現。

五、三藏之一的阿毘達磨　最後，此阿毘達磨真正作為三藏之一的文獻的證據，其最早的年代，剋實而言，是相當困難探查。此因縱使有言及三藏之文獻，然其成立年代亦頗難以瞭解。

首先就阿含部的聖典觀之，就筆者所見，巴利本中，經律論並述的，並不得見，唯漢譯本得以見之。《中阿含》第八十五經〈真人經〉曰：

復次或有一人誦經、持律、學阿毘曇，諳阿含慕多學經書。[16]

《雜阿含》第二十五卷曰：

彼即於我法中出家學道通達三藏。17（為優婆毱多懸記之文）

就律藏見之，漢譯之律藏中，經律論並述的情形非常多，值得注意的是，巴利本亦得以見其形跡。例如 *"Suttavibhaṅga"* XCV 曰：

> 經許問，卻問毘那耶或阿毘曇者，是波逸提罪；毘那耶許問，卻問經及阿毘曇者，是波逸提罪；阿毘曇許問，卻問經及毘那耶者，是波逸提罪。18

亦即最遲，在現今漢譯《阿含》或巴利律藏成立當時，縱使未明顯將阿毘達磨視為三藏（tripiṭaka, **tipiṭaka**）之一，但與經律並立看待的風習既已生起，此乃無可懷疑的事實。經律二藏本身雖含有諸多古老要素，但現今所傳體裁是部派成立之後，經由某派或數派之手彙整而成，故前揭記事也包含在內。無論漢譯《阿含》，或巴利律藏，彼等於何時彙整成現今體裁猶有不明，故前揭記事終究對於年代的確定沒有太多幫助。漢譯的「通達三藏」云云之句，出現於佛陀懸記優婆毱多（Upagupta）出生的故事中，而巴利本，是在對主要文句解釋之處表現前揭記事，無可懷疑，都是其主要部分完成之後才附加的，故其年代的確定更為困難。總之，此等聖典的成立時代不能確定，因此對於前揭的重要文獻，只能作出某經某律言及「三藏」之語的結論而已。

---

15. *"Dīpavaṁsa"* V, 37.（南傳六〇，頁三四）。
16. 《中》八五之〈真人經〉（大正一，五六一b）。
17. 《雜》二五（大正二，一七八a）。
18. *"Vinaya"* IV, p. 344. 但歐登柏格認為此段經文是後世插入的（*"Text"* Vol. I, p. XII）。

若有第三次結集，且一如南傳所述，經、律、論作為三藏而被確定看待的此時，必然是佛滅後第三世紀的阿育王時代。依據先前所揭第五項所述理由，筆者認為此時才是最恰當的時期。但若徵於確實文獻，則無法如此肯定。此因第三結集的傳說欠缺北方所傳支持，阿育王碑文中亦不得見有關三藏之語。文獻上稍微得以確定，有「三藏」一語的，恐是 "*Milinda Pañha*"（text p.17）的 **tepiṭaka**，此應是最早的文獻，然《彌鄰陀問答經》是西元後之產物，將此時代視為是三藏被公認之時期，不免有相當遲之感。何況隨處可見「三藏」一語的《大毘婆沙論》等，依據筆者的研究[19]，是西元第二世紀中葉之產物，故此一文獻終究不能作為將「三藏」一語，亦即將阿毘達磨視為聖典，給予確定地位之證據的最早紀錄。此乃筆者最為苦惱之處，依據道理推測，如前項所述，阿毘達磨與經律並立，占有聖典的地位，應是始自於佛滅後一百年左右，佛滅後二百五十年前後已頗為圓熟，然其文獻的證據卻是在非常遲的時代。部派興起後，各派的阿毘達磨雖代表該派實際的指導的精神，但得以與經律並立，而被視為所謂的「三位一體」，恐是經過相當長的歲月，雖然如此，從另一方面言之，也有可能只是缺少此間之文獻。在此一方面上，勢必需要再加以研究，但無論如何，可以確定的是，阿毘達磨獲得事實上之勢力，是始自於較早的時代，然其占有聖典上三者之一的地位，大約是在西元前後。

19. 參照本論第四篇第二章。

第二章　阿毘達磨文學發展之大要

關於阿毘達磨文學之發展，從其體裁，大體上可以分為四期而作觀察。第一期，取契經之形態表現。第二期，以經典之文句為基礎，作阿毘達磨式的解釋。第三期，於經文之外作論述，是獨立的。第四期，諸論之綱要書。今稍述其特質如次。

第一期：採取契經之形態　依據後世傳說，在佛陀直傳弟子間，已有獨立的阿毘達磨論書。例如舍利弗有《集異門足論》（或說是大拘稀羅所作），目乾連有《法蘊足論》（或說是舍利弗所作），迦旃延子有《施設足論》（或說是目乾連作）[1]。但如此之傳說終究不足信，並無論述之必要。佛弟子的阿毘達磨論（abhidharma-kathā），都是片段的，斷然不能彙整成前揭諸論。若是如此，初期的阿毘達磨是以何等形態流傳？此依前章之起源論所述可以推測，只是附屬於佛說，也被認定是契經，是具有阿毘達磨傾向的諸經或諸經集，後世的經與論雖採用不同體裁，但在初期，只是具有如此傾向，嚴格予以區別頗為困難，因其性質頗為相近。所有的阿毘達磨論書於其獨立之前，都是攝於契經中而流傳。此不僅只是佛陀直傳弟子所作的所謂「阿毘達磨論」。相當後世的佛徒的「阿毘達磨論」——雖假托為佛陀或其直傳弟子所作——亦攝於其中。不只如此，現今所傳的經藏雖編輯於某一時

1.《俱舍光記》卷一，Yaśomitra's Abhidharmakośavyākhyā.

期，但終究是在佛教教團盛行阿毘達磨的論究法與分類法之時，從而各各經文之整理，或其編輯方針帶有阿毘達磨的色彩，此乃無可懷疑之事實。就此而言，大體上，將現在的經藏視為是半經半論的混合體，並不是不正確。

若是如此，具有如此體裁的阿毘達磨其年代如何訂定？筆者目前認為是在佛陀時代至佛滅後百年左右。此一時期，佛教內未見分派，所謂的阿毘達磨論都是就佛所說予以解釋，且此即是第二結集（若有第二結集）中的九分教之一，換言之，是攝於廣義的經藏中[2]。此乃與阿含部聖典成立史有關的問題，阿含部聖典的成立在形成今日所見形態之前，是在佛滅後數百年，因此將收入此中的論書訂於佛滅後百年，嚴格說來，不免過分獨斷。但大體上，今只是暫就其主要時期而立言，此乃預先必須予以說明的。

依據前述見地，筆者認為初期阿毘達磨論之體裁應求之於現存聖典，此依二方面得以觀察。亦即從編輯方面與各各經文之說明而作觀察。

首先就編輯方面，此係以所謂四阿含之分類法為基礎而作觀察（巴利文的小部，有必要另作處理），大體上，四阿含的編輯方針中，其阿毘達磨的傾向最為顯著的，可以說就是《增一阿含》，亦即巴利文的 "*Aṅguttara Nikāya*"。就爾後完成的阿毘達磨論書體裁見之，將諸法從一法而至十法乃至百八法，作法數的列舉的說明是其特色，故《增一阿含》具有作為其先驅之體裁。縱使不能說其編輯者的腦海內已有阿毘達磨的分類法，是以此作為編輯方針，但至少可以認為編輯者是將古經的增一式的說明法大為擴大，最後形成阿毘達磨式的說明法的一種形態。此因漢譯《增一》與巴利 "*Aṅguttara*" 之間，相較於其他部類有顯著不同。無論如何，此部在編輯之際，既然是依準阿毘達磨的方針，阿毘達磨既然已具有部派的分化性質，以此為基礎而編輯的阿含因不同所傳而有顯著不同，亦不足為奇。繼此《增一阿含》而有阿毘達磨傾向的，是《雜阿含》與巴利文的《相應部》（*Saṁyutta Nikāya*）。依據中國的佛教學者所述，此乃雜然之編輯，故名「雜阿含」，顯然不是阿毘達磨的，但若如南傳的「相應」之名所表現，其編輯方針是在種種題目之下，彙集小經而成，故其全體仍是由所謂問題中心的阿毘達磨的精神所貫串。學者之中，有人認為《雜阿含》是最原始的聖典集，但至少就編輯的立場而言，筆者認為它應是在《中》、《長》之後，從而此中雖含有原始成分，但也含有相當後世的產物。總之，有關此中所含各篇經文是另外的問題，其之編輯帶有阿毘達磨的傾向，是無可懷疑的。進一步言之，《中阿含》、《長阿含》其編輯方式極為廣泛，故其全體雖無法窺見阿毘達磨的精神，但在部分方面，仍具有如此的編輯方針。例如南方《中阿含》（*Majjhima N.*）總稱分別品（vibhaṅga）的八經（no. 135–142）即是[3]。此中含攝有關業（Cūḷakamma,

---

2. 依據佛音所述，第一結集時，在三藏之分類中，阿毘達磨攝於論藏；在五尼柯耶中，是攝於《小部》（*Khuddaka N.*）；在九分經中，是攝於毘迦羅那（Veyyākaraṇa, Atthasālinī pp. 27–28）。筆者認為此中「Veyyākaraṇa」與「Abhidhamma」的關係，就初期聖典而言，應特加注意。
3. 八經之名稱以及其相當之漢譯。
No. 135 "*Cūḷakamma vibhaṅga*" 《鸚鵡經》，《中》，四四。（一七〇）
No. 136 "*Mahākamma vibhaṅga*" 《大業經》，《中》，四四。（一七一）
No. 137 "*Saḷāyatana vibhaṅga*" 《六處經》，《中》，四二。（一六三）
No. 138 "*Uddesa vibhaṅga*" 《觀法經》，《中》，四二。（一六四）
No. 139 "*Araṇa vibhaṅga*" 《拘樓瘦無諍經》，《中》，四三。（一六九）
No. 140 "*Dhātu vibhaṅga*" 《六界經》，《中》，四二。（一六二）

Mahākamma）、禪定（Uddesa）、六根（Saḷāyatana）、六界（Dhātu）、四諦以及不苦不樂之中道（Saccavibhaṅga, Araṇavibhaṅga）等重要問題，又以分別品為名，顯然就是以「分別」作為論究精神，亦即全篇是以阿毘達磨的精神作為貫串。此如溫特尼茲之所指出。[4] 阿毘達磨的精神雖於巴利本的《長阿含》不得見之，但在漢譯方面，不容忽視其中含有極為重要的具有阿毘達磨精神的契經。亦即於其第四分，被稱為「世記經」（第十八卷至第二十二卷）的十一經，完全是巴利本所不得見。主要是揭示世界之種類、形狀，及其生住滅狀態，其內容本身已是阿毘達磨的，名之為「世記經」，且編輯為一群，就其編輯精神觀之，不得不說就是「世間品」的。後世阿毘達磨論書中的世間品，大抵脫化自此，如《施設足論》中的世間施設（Lokaprajñapti），完全是此經之整理。[5] 真諦譯的《佛說立世阿毘曇論》（十卷），也脫化自此。此「世記經」，雖說是後世將佛教的世界觀（已相當阿毘達磨化）附加經名而成，但既然將此當作經典看待，必然是基於阿毘達磨的精神而編輯成為《長阿含》中的一品。

其次依據各經之立場，探求其所含阿毘達磨傾向，此完全是就其內容之述說而論。亦即阿毘達磨流的論述方式，且與爾後的阿毘達磨有關之經文而論述。篇幅所限，無法從無數的經文一一揭出，故暫且揭舉作為代表的若干例子以推知其一斑。

就各篇經文之立場而言，如前所述，佛說之中帶有阿毘達磨傾向的，數量相當多。而其中最為顯著的，且應予以注意的是，佛弟子代替佛陀的說法。例如《中阿含》中的 “*Mahāvedalla sutta*” 與 “*Cūḷavedalla sutta*”（M. N. no. 43–44）二經，就漢譯而言，前者是《大拘稀羅經》，後者是《法樂比丘尼經》，二者都收錄於第四十八卷。就前者而言，大拘稀羅是問者，舍利弗是答者，二人共論法門，[6] 在內容上，首先是就有智（paññavat）與無智（duppañña）之區別而論述，提出智慧、受、想、正見、三有、四禪等問題，進而論述五根與五境之關係，根與壽煖識之關係，最後以滅盡定、三解脫門等禪定的問題作終結。就後者而言，亦即就《法樂比丘尼經》（*Cūḷavedalla sutta*）而言，是法樂比丘尼（Dhammadinnā）為其前夫毘舍佉居士（Visākha）揭示對法之義，亦即就五取蘊論、有身見論、八正道與三學的廣狹關係、有為無為之區別、滅盡定與三受關係、涅槃當體等種種問題予以論究。此二經係比丘與比丘尼所說，更且無論問題所在或論究方式，其阿毘達磨的特質都極為顯著地發揮，此徵於前揭小解說即可知之。無庸贅言，後世的阿毘達磨正是受此等影響。進而從《長阿含》求其例證，先前所述的《世記經》，以及爾後諸論部常引用的《沙門果經》（*Sāmaññaphala sutta*）、《梵網經》（*Brahmajāla sutta*）等姑且不論，可視為其代表的，有相傳是舍利弗代佛所說的《十上經》（*Dasuttara s.*）、《眾集經》（*Saṅgīti s.*）等二經。[7] 此等都是就一法至十法等法門予以概括的說明，換言之，可以說是《增一》之縮小。不只如此，《眾集經》最具阿毘達磨的特色，從而其與後世阿毘達磨之製作關係頗深，南傳的《補特迦羅施設論》（*Puggala paññatti*）即是

No. 141 "*Sacca vibhaṅga*"《聖諦經》，《中》，七。（三一）

No. 142 "*Dakkhiṇā vibhaṅga*"《瞿曇彌經》，《中》，四七。（一八〇）

4. Winternitz；"*Geschichte der Indischen Literatur*" II, S. 135.

5. 參照本書第三編施設足論之考證。

6. 在漢譯中，舍利弗是問者，大拘稀羅是答者，雖然如此，但法義之內容，大體上一致。

7. "*D.*" 33–34，《長阿》第八至第九卷。

依循其體裁而成，此如摩利（Morris）之所指出[8]，尤其是有部「六足論」之一的《集異門足論》（*Saṅgītiparyāya-śāstra*），完全是此經敷衍的說明，最後終於有舍利弗造《集異門足論》的傳說出現。前揭之外，諸如此類的經典其數眾多，今基於例證之意，僅引用前揭四經，對於見於此等的佛弟子的阿毘達磨觀以及不同傾向等等的研究，暫且擱置，留待後敘。就表現於經文而言，佛弟子所思大抵相同，唯其間猶有微細差異，其差異是系統上的，此與爾後產生的種種阿毘達磨書大有關係。今尚無餘裕予以研究，且也相當繁瑣，故略述至此，作為爾後的問題之一，茲附記之。

據上來所述，可知無論從編輯體裁，或各篇經文內容，阿毘達磨文學初期的產物是含藏於修多羅之中。若忽視之，則不能正當理解阿毘達磨文學之發展，此即筆者將此配於第一期之所以。

第二期：作為經之解釋的論書　第一期的阿毘達磨論是半經半論的混合物，至少在體裁上，是所謂的契經，猶未形成論書之形態。相對於此，在體裁上，逐漸從經典獨立出來，具有論書特有形態，但尚未完全脫離經典，亦即常引用特定經句，以此經句作為背景而向論書的形態推進的，筆者稱之為第二期之產物。亦即就與阿毘達磨的內容有關的經句予以敷衍及廣說之論，換言之，是趨向完全論書的過渡期產物。從而其論述方法或說明，猶見寬鬆，尚不具有後世純然的阿毘達磨論所具形式，未依諸門分別而分類諸法，也未如後世阿毘達磨那般——只注重骨架卻忽略血肉——枯燥無味。就其思想傾向而言，雖因不同的解釋者而有不同意見，從而帶有某種程度的部派色彩，但也未如後世完全的阿毘達磨論書所呈現那般，亦即尚未達到可稱為純然部派教科書的程度，此為其特徵。就此而言，是無部派時代至部派時代的過渡期產物。其年代方面，若第一期是佛陀時代至佛滅後一百年之間，則此即是佛滅後一百年至二百餘年之間。此一時代，在分派方面，是各部派之成立尚未完全固定之時期；在聖典方面，可稱為經藏之骨架的，已有某種程度的整理，相對於此，「論」也即將產生之時期，是前文所述的論書產生之時期。

若是如此，現存論藏中，何者是此一種類的代表論書？意欲嚴格予以指定，極為困難。此種論書在性質上，難以流傳至後世，後世所傳的，大抵已經過再三整理。但與此最為相近的，筆者認為可作為例證的，南北二傳合計有三、四種。首先就南傳聖典而言，可收入於此一部類，且最具代表性的，是《無礙道論》（*Paṭisambhidāmagga*）與《摩訶尼泥沙》（*Mahāniddesa*）。此二者都屬於經藏五尼柯耶中的「小部」（*Khuddaka N.*），就三藏之分類而言，不屬於論藏，但就性質而言，最接近論藏。佛音所以將初期的論部攝於五尼柯耶中的小部[9]，其因無非在此。擷取種種阿毘達磨的題目，予以定義的說明，顯然具有阿毘達磨之形態，然其主要仍是依存經句，完全是依據經句之解釋而構成之論書，故頗能發揮此一時期之特徵。今暫揭《無礙道論》初品第四的根論（Indriya kathā）之論述，例證其一端。

> 如是我聞，一時佛在舍衛城逝多林給孤獨苑精舍。爾時佛告比丘眾曰：比丘！（比丘）答曰：世尊。爾時佛告曰：比丘！有五根。何等為五？謂信根、勤根、念根、定根、慧根。……（論曰：）如此五根依幾何相而清淨。如此五根依十五相而清淨。退避不信者，服侍尊重敬恭信者，觀察珍貴經文。依此三相而令信根清淨……。[10]

---

8. *"Pāli text Puggala paññatti"* 序文。
9. 參照前項的註2。
10. *"Pāli text"* vol. II, p. I.

如是，本論論述十五相，從種種方面論究五根，雖是如此，然猶未及於界繫分別或三性分別、三斷分別，因此，在論究法上，顯示出其猶未得以被視為是深度的阿毘達磨。從內容而言，若是進一步的阿毘達磨，其在根論方面，通常是論述二十二根，而此論僅述及五根，故頗能表現其作為過渡期的特質。

其次，漢譯方面，可歸於此部類的，有數種。在所謂六足論中，相傳目乾連所作的《法蘊足論》十二卷（大正二六）、舍利弗或大拘稀羅所作的《集異門足論》二十卷（大正二六），都可歸於此中。《法蘊足論》或《集異門足論》等提供材料給《發智論》與《大毘婆沙論》，雖含有有部的材料，然其本身可說只是未有顯著有部色彩的初步的阿毘達磨。茲試揭一例，以見《法蘊足論》中神足品之體裁。

> 一時薄迦梵在室羅筏，住逝多林給孤獨園。爾時世尊告苾芻眾，有四神足。何等為四？謂欲三摩地勝行成就神足，是名第一；勤三摩地勝行成就神足，是名第二；心三摩地勝行成就神足，是名第三；觀三摩地勝行成就神足，是名第四。……

完全是引用佛陀的說法。進而又曰：

> 心三摩地勝行成就神足者，云何心？云何三摩地？云何勝？云何勝行？而名心三摩地勝行成就神足耶？……。11

一一予以解釋的，即是論。其論究法類似《無礙道論》與《尼泥沙》（*Niddesa*），故同樣是過渡期之產物。

要言之，（一）此一時期（種類）之論書，已脫離契經形態，是以阿毘達磨論書的型態表現，但猶未完全脫離經說，只具有註釋書之地位；（二）在論究法上，雖已處理阿毘達磨的題目，但尚未推進至諸門分別；（三）其思想傾向方面，雖已有宗派色彩，然猶未顯著，故較近似諸派共通之論書。從而若依南北傳的阿毘達磨書具有基於同一原型的歷史關係而言，則其原型應是成立於此一時期之初期，且於此時期之中期分化，其次，其略為固定之結果即是現在所見的不同的南北傳論書。遺憾的是，今日所傳論書都是特定部派所傳，無法發現其原型，雖是如此，但不得不認為南北論書之分化必是如此。

第三期：阿毘達磨之獨立　亦即作為論本身所具的獨立意義。擁有所謂三藏聖典之一的地位，即始自於此類的阿毘達磨。其年代，如前章所述，大約是在佛滅後二百年前後，亦即分派已趨固定，佛滅後二百年前後至三、四百年之間，恐是此類主要阿毘達磨之成立時期。

此一時期的阿毘達磨，其特色可從二方面見之。第一，是形式方面，第二是與思想內容有關的方面。形式方面，換言之，就是論究之形式，首先是將種種問題，以論母（mātikā，問題集）之形態，分類的予以總攝，其次就其一一問題，給予簡單的定義性說明，進而從種種立場予以分類，探其相互關係，幾乎是滴水不漏，四方張網，作諸門分別以闡明其性質等等，正是完成期的阿毘達磨論書之特色。特別是最後的分別正是其最大特質，離此則無所謂的阿毘達磨之研究。就此而言，佛

11.《法蘊足論》第四至第五卷（大正二六，四七一c–四七三c）。

音（Buddhaghosa）對於阿毘達磨之特質，有如次述說：

經中對於五蘊，僅只有一次說明，沒有充分說明。在阿毘曇中，依經分別、論分別、問答分別之方法，給予充分說明。十二處、十八界、四聖諦……亦然。[12]

對於諸門分別之狀況，詳加說明的，即是龍樹，雖有煩瑣之虞，然揭之如次：

——如說五戒，幾有色，幾無色；幾可見，幾不可見；幾有對，幾無對；幾有漏，幾無漏；幾有為，幾無為；幾有報，幾無報；幾有善，幾不善；幾有記，幾無記。如是等，是名阿毘曇。復次七使，欲染使、瞋恚使、有愛使、憍慢使、無明使、見使、疑使，是七使。幾欲界繫，幾色界繫，幾無色界繫；幾見諦斷，幾思惟斷；幾見苦斷，幾見集斷，幾見盡斷，幾見道斷。幾遍使，幾不遍使。

十智，法智、比智、世智、他心智、苦智、集智、滅智、道智、盡智、無生智，是十智。幾有漏，幾無漏；幾有為，幾無為；幾有漏緣，幾無漏緣；幾有為緣，幾無為緣；幾欲界緣，幾色界緣，幾無色界緣，幾不繫緣；幾無礙道中修，幾解脫道中修。四果得時，幾得幾失。如是等分別一切法，亦名阿毘曇。[13]

亦即在第二期，言及五戒、十智、七使，一一說明其相，是阿毘達磨之任務，但在完成期，如前揭之例示，一一相既已述之，故專就諸門予以分別的，正是阿毘達磨的主要任務。

其次在思想內容上，此時代的阿毘達磨其特質是逐漸明確表現一家或一派的特殊意見。且其所持意見，起初是就定義、分類、諸門分別等，作含蓄的主張，但隨著逐漸進展而有明顯批判他派意見及揭示自家立場的傾向。相對於經與律，其具有論書的獨立地位完全是此特殊思想之開展。從而若佛教有十八部之分派，原則上，各派構成各自特有之論部實成於此一時期。惜其大部分今已散佚，無法一一依其事實予以證明，然留存下來的宗派的論書，其主要的，大抵於此時期至少已完成其架構，或是基於其架構，後世予以更完備的整理。亦即南方所傳七論，以及北方所傳有部七論中，《集異門足》與《法蘊足》除外的五論，或相傳犢子部所傳的《舍利弗阿毘曇》，乃至相傳正量部所傳的《三彌底部論》皆是。若非論部散佚或學派衰滅，則《論事》（*Kathāvatthu*）及《宗輪論》所批評介紹的——以阿毘達磨之形態所提出的諸部主張與說明，都可流傳至今日。

要言之，無論形式或內容，阿毘達磨得以真正發揮其特色，完全在於此一時期。始於佛陀的分類的數目的說明法，以及其中所含的種種思想內容，至此而得其所應至。但也因於對教法作過分機械性的處理，過分煩瑣，因此在理解佛教真髓上，失去佛陀所具的最為重要的活潑精神。簡單而富於情味的大乘佛教所以興起，實乃不能忽視某一方面正是對此枯燥的阿毘達磨佛教所提出的反抗運動。

第四期：阿毘達磨論之綱要書　在前一時期成立作為各派本典之論部，但若將此視為教科書，則猶有不足。第一，繁簡不得宜。第二，同一派所傳論書因問題的不同處理方式，偶爾會有不同立場。第三，雖是同一派，由於論書眾多，學習上有所困難。因此有「以前期阿毘達磨為背景，簡單的綱要

12. "*Atthasālinī*" p. 2.
13.《大智度論》卷二（大正二七，七〇a以下）。

的教科書」的要求出現，也是自然之數。因應此一要求而起的，即是阿毘達磨綱要書，就年代而言，此屬於第四期的產物。從而就阿毘達磨而言，此無疑是第二次的改變。至少就今日而言，此一時期或此一種類的阿毘達磨，有不少是頗為重要的，在阿毘達磨文學之發展上，可以說不可或缺。

可攝於此一種類的，數量不少，其中最為主要的，南傳方面，是五世紀佛音所整理的《清淨道論》（*Visuddhimagga*）[14]、八世紀至十二世紀的阿耨樓陀（Anuruddha）的《對法要論》（*Abhidhammattha saṅgaha*）。北傳方面，無庸贅言，與有部有關的最多，以《大毘婆沙論》為中心而造的法勝的《阿毘曇心論》、法救的《雜阿毘曇心論》、悟入的《入阿毘達磨論》都可納入，世親的《俱舍論》若視為有部之論，亦應納入此一種類，基於此論而撰的眾賢的《正理》、《顯宗》二論亦然。

此一時代或此一種類的阿毘達磨論書，其在形式上應予以注意的是，將論文大要彙整為偈頌之風習。雖然未必都是如此，但至少在北傳方面，《阿毘曇心論》、《雜心論》、《俱舍論》、《正理論》與《顯宗論》等，皆採此一形式。此係綱要書之一般形式，正如同《新奧義》以韻文整理古散文的奧義書思想，且予以發展[15]，自在黑（Īśvarakṛṣṇa）基於古數論之著作，以偈頌整理其大綱所採取的方式[16]。在判定某一論書的新古或性質上，此乃應予以留意的，故特予以指出。

此一時期，亦即綱要書出現之時代，在性質上，直至後世都還持續著，然其正當之時期，應是佛滅後五百年至千年之間，亦即從西元前後至西元五、六世紀之間。此間所出綱要書，完全意在闡明自派宗義，且是由該派所屬大論師所為，故具有阿毘達磨之權威。

上來揭出四期或四種類的阿毘達磨文學發展次第。剋實言之，對於現存的阿毘達磨論書，筆者尚未作全盤研究，故材料方面未能囊盡。不只如此，縱使是熟知的，但對於究竟何所攝屬，並不是毫無困惑。例如《大毘婆沙論》究竟應納入第三期或第四期，或是橫跨兩方？頗為難以決定。但無論如何，阿毘達磨的作者未必是基於時期考量而述作，因此於後世對彼等作時期或種類的區分，難免有無法解釋的情形發生。但若依據如此區分而作觀察，對於龐然雜然的阿毘達磨文學之種類或時期，仍得以開闢出簡單的分類之道，在今後總體的研究上，多少有所裨益，此即雖不夠完善，但筆者仍予以嘗試之所以。

14.《清淨道論》是以修道法為主要的綱要書，就南傳論部全體綱要書而言，略嫌不足，但用以作為南傳代表的綱要書，將是無可懷疑。此《清淨道論》與漢譯《解脱道論》有密切關係，此如長井文學士之所證明（見大正八年度《哲學雜誌》三八九號 1920 J. P. T. S）。

15.《印度哲學宗教史》第四篇。

16.《印度六派哲學》第三篇。

第三章　論書的問題之處理方式的變遷

前章業已片段的觸及於此，但在此仍有再予以彙整而論究之必要。此因前章主要是就外形方面，概觀阿毘達磨文學之發展，無暇就論究題目予以秩序性的論述。然而在阿毘達磨之發展上，問題處理方式之變遷極為必要，故在此擬簡單予以論述。

一、**經典的處理方式**　首先就阿毘達磨論究對象的經典處理方式述之，無庸贅言，論典出自於經典，如《大毘婆沙》所說「經者，論之根本所依」，經對於論，具有絕對的權威。至少阿毘達磨的目的，如前所述，是以教義問答（Katechismus）的方式組織經典所給予的教理，從種種方面予以論究，故若脫離經典，即無法自立。雖然如此，若因此而認為論是服從經，絲毫不敢超越，則是非常大的誤解。初期時期，論的確是服從經，但是它逐漸發展，逐漸脫離經說範圍，最後終於呈現以論支配經之氣勢。此徵於諸派互爭之問題中，有「佛所說經中，有否所謂不了義經」，此一重要問題之事實即可知之。以上座部自任的說一切有部等明顯地允許不了義經存在，在敵者引述經說反駁有部所說之際，有部動輒以「不了義經」斥之，藉以徹底擁護自說的情形並不罕見。尤應注意的是，在《大毘婆沙》等論書中，設有「著文沙門」之稱呼，將只執著經典文句，寸步不敢違越的人斥為愚人。亦即於其第五十一卷曰：「有沙門執著文字，離經所說終不敢言。」[1] 如是，彼等以「雖無經說，然所說契合法性之理，能得佛之真意」而樹立其宗義。從而在基於如此立場的阿毘達磨書中，有顯著發展經典所未表現的教理之舉，也是自然之數。例如有部認為四緣論是佛所說，然就筆者所見，此說不得見於巴利「尼柯耶」或漢譯「阿含」之中。甚至其所明言的「六因論是迦陀衍尼子聞天神之聲而感悟為佛說」[2]，簡直就是承認「論（不見於經說）的特有之說」。此外，物質觀中的極微說、五位中的不相應行法，都是遠遠超越經說的，且是有部教理的主要特徵。如前文所述，諸派之論書大抵皆已散佚，故無法瞭解，若今日猶存，相信無論大小，必然或是超越經說，或以自派方式解釋經說，此徵於《宗輪論》及《論事》，可知已是無可懷疑之事實。尤應注意的是，有部以論書為主，反之，經量部以經說為標準，然其主張比有部更是超越經說。就此而言，不能忽視的是，在對於發展中的阿毘達磨的經說之態度中，也略有所謂大乘的人，彼等努力從經典的文句裏窺見佛陀真意。筆者所以認為經典以外，阿毘達磨之研究有所必要，且依此研究能有經說以外之所得之所以，即在於此。對於只研究南方阿毘達磨的人，此乃有必要特別告知的。南傳的阿毘達磨是分別說部（Vibhajja-vādin）之論藏，就其論書而言，其進展不如北傳，其論究法以外，大多不出於經說，故學者之中，動輒或有輕視論部哲學之價值者。甚至對於南傳論部之研究與翻譯頗為用心的 Mrs. Rhys Davids，亦如此宣稱[3]。

二、題目的處理方式　其次擬就阿毘達磨所處理的題目（Aufgabe），一窺其處理方式——當然此處不是指教理的問題本身——依論書之種別，處理方式未必一定，但就發達史見之，其間對

1.《大毘婆沙》卷五一（大正二七，二五九b），北道派主張教理得以採用新說（「K.」V. 21, 1）。
2.《大毘婆沙》卷一六（大正二七，七九b）。
3. Hastings；參見 "*Encyclopaedia of Religion and Ethics.*" I, pp. 19–20.

於問題之重視多少有所變遷。亦即總的說來，在初期時期，是以與修養有關的問題為主，但到了後期，則重視事實（尤其是心理之解剖）之探討。此依種種阿毘達磨書之題目即得以瞭解，此處擬揭出南北二傳共計三論，予以闡明。首先，可稱為最原始的阿毘達磨書是南傳的《無礙道論》（*Paṭisambhidā-magga*，無礙道論由三品三十項所成）。

初品　大品（*Mahā vagga*）

一、智論（ñāṇa kathā）
二、持息論（ānāpāna kathā）
三、見論（diṭṭhi kathā）
四、根論（indriya kathā，信、勤、念、定、慧）
五、解脫門論（vimokkha kathā）
六、趣論（gati kathā，就有情之命運而論述）
七、業論（kamma kathā）
八、誤論（vipallāsa kathā，揭示想誤、心誤、見誤）
九、道論（magga kathā）
十、莊嚴論（maṇḍapeyya kathā，有關教誡、攝受、梵行）

第二品　雙論（*Yuganandha vagga*）

一、止觀論（yuganandha kathā）
二、四諦論（sacca kathā）
三、菩提分論（bojjhaṅga kathā）
四、慈論（mettā kathā）
五、離欲論（virāga kathā）
六、四無礙論（paṭisambhidā kathā）
七、法輪論（dhammacakka kathā）
八、出世論（lokuttara kathā，三十七道品、四沙門果、涅槃等）
九、五力論（bala kathā）
十、空論（suñña kathā，論述我及我所之空）

第三品　智慧論（*Paññā vagga*）

一、大智慧論（mahāpaññā kathā，關於無常、苦、無我、欲離、涅槃）
二、神足論（iddhi kathā）
三、通達論（abhisamaya kathā）
四、離生論（viveka kathā）
五、行論（cariyā kathā）

六、示導論（pāṭihāriya kathā）
七、首頭論（samasīsa kathā，於一切法滅所起之智慧）
八、念住論（satipaṭṭhāna kathā）
九、觀論（vipassanā kathā）
十、論母（mātikā kathā）

今無暇就其一一予以說明，然擬就前揭三十項所涉題目名稱略作論述。此中尚未得見與心理解剖、萬有之要素、因果理法等有關的論述。都與實際修養有關，完全沒有觸及理論的問題。以如此的題目論究是初期阿毘達磨主要的任務。

另一方面，與此《無礙道論》同樣程度，但完全可視為阿毘達磨的，是《法蘊足論》，雖以同樣的問題為其主題，但只是就論而作處理，故相較於《無礙道論》，彼更是推進事實的問題。同樣僅就其題目見之。

一、學處品
二、預流支品
三、證淨品（四種證淨）
四、沙門果品
五、通行品（四種通行）
六、聖種品
七、正勝品（四正斷）

八、神足品
九、念住品
十、聖諦品
十一、靜慮品
十二、無量品（四無量）
十三、無色品
十四、修定品
十五、覺支品
十六、雜事品（煩惱論）
十七、根品（二十二根）
十八、處品（十二處）
十九、蘊品（五蘊）
二十、多界品（十八界及其他）
二十一、緣起品

亦即相較於前揭《無礙道論》之品題，此論其第十五覺支品之前，大體上德目是相同的，但第十六雜事品以下就不相同。《無礙道論》的初品第八是誤論，論述煩惱，所述極為簡單，但雜事品所述頗為詳細。《無礙道論》雖有根論，但僅只提出信、勤、念、定、慧等五根，反之，《法蘊足論》揭出阿毘達磨根品之定型的二十二根，又以《無礙道論》所不得見的五蘊、十二處、十八界、緣起等題目，揭出有情之成立，可以說對於事實方面的解釋，有相當程度的注意。雖然如此，進展成以德目問題為先，事實問題為後的阿毘達磨的證據猶未得見。更進一步言，縱使南傳的《毘崩伽》（*Vibhaṅga*）與北傳的《舍利弗阿毘曇論》，彼等所處理的題目雖然相同，但仍異於先以五蘊、十二處、十八界的所謂三科論，闡明有情成立要素與活動樣式，然後才推進修養問題的方式。

如是，以與經說有連絡的題目而嚴密解釋五蘊、十二處、十八界、二十二根等，是其最初任務，同時，一方面，為揭示心身之組成要素，尤其心的活動狀態，遂發展出有關心所（**caitasika; cetasika**）的觀念，另一方面，為揭示諸法動態的連絡而發展出緻密的因緣觀，將此視為重大問題，即是最進步的阿毘達磨的問題處理方式。南傳的“*Dhammasaṅgaṇi*”、“*Dhātu kathā*”、“*Paṭṭhāna pakaraṇa*”，都是將此事實問題置於重點；北傳的《品類足論》、《發智論》、《界身足論》、《識身足論》、《施設論》等，也屬於此一性質之論書。茲揭出世友的《品類足論》所載項目，藉以與前揭作為對照。

一、辨五事品（揭示色、心、心所、心不相應、無為等所謂五位的部分。如此的分類法可說是科學性的）。

二、辨諸智品（論述十智的部分）。

三、辨諸處品（揭示十二處的部分）。

四、辨七事品（論述十八界、十二處、五蘊、五取蘊、六界、十大地法、十大善地法、十煩惱地法、五煩惱、五觸、五見、五根、五法、六識身、六觸身、六受身、六想身、六思身、六愛身等）。

五、辨隨眠品（論述煩惱）。

六、辨攝等品（從關係與分類之立場，闡明諸法）。

七、辨千問品（以往返之問答分別諸法）。

八、辨決擇品

首先應予以注意的是，相較於前揭《無礙道論》與《法蘊足論》，被此論視為主要題目的種種德目，表面上看不到。此等事項之任一，實較前揭更為詳細，但全都攝於辨攝等品及辨千問品之中，並非獨立的品題，至少在問題處理方式上，與前二者有顯著的對照。反之，就所給予的事實解釋而言，其辨五事品中的五位之分類、辨七事品的三科與諸心所之說明等，是被當作最重要的題目，成為論書的招牌。阿毘達磨的問題逐漸變化之一斑，藉此得以推知。

阿毘達磨的特色原非以事實的探索為其目的，雖然如此，但隨著思想進展，論師被「宇宙人生的實相若不首先予以闡明，終將難以入手到達最終歸趣之道」的思想支配，遂產生如此學風。從佛陀依苦集（事實觀）滅道（理想觀）之法則而教化的精神推之，可知此仍是其所應至之論究法。當然論部的事實觀最後仍應資於修養，迷悟、善惡完全是探究事實之標準，其心理論，主要仍是倫理學的心理學，此乃不容否定之事實。但就問題所在而言，初期只是以修養問題為主，但經由中期而至終期，則以事實問題為先，修養問題為後，在阿毘達磨之發展上，此一事實絕不能忽略之。

三、關於問題之分擔

最後有必要另就諸論書的問題之分擔略作說明。如上來所述，阿毘達磨以整然之形，以論究事實之問題及理想問題為其任務，雖然如此，但未必所有論書都是如此。處理全體問題的，當然不少，但隨著問題逐漸分化，有必要作深入考察，因此部分的研究遂大為發展，終至成為獨立的論書，或被視為獨立之論書。例如依據南傳所分類，《施設論》（*Paññatti*）由六品所成。即：蘊施設（*khandha paññatti*）、處施設（*āyatana p.*）、界施設（*dhātu p.*）、根施設（*indriya p.*）、聖諦施設（*sacca p.*）、人施設（*puggala p.*）。[4] 其前五施設恐是攝於《毘崩伽》（*Vibhaṅga*）等之所處理的，唯其第六的《補特伽羅施設論》（*Puggala paññatti*），作為獨立之一論，在南方七論中遂占有一席之地。就北方所傳的《施設論》（*Prajñaptiśāstra*）而言，此原是牽涉各種問題之論書，至少在譯本方面，藏譯有世間施設（*loka prajñapti*）、因施設（*kāraṇa p.*）、業施設（*karma p.*）等三品，而漢譯只有世間施設與因施設等二品，且欠缺世間施設之譯，唯只以「因施設」一品作為「施設論」。[5] 類此之例，除此之外，尚有其他，避免繁瑣，茲略過不談，總之，就諸論言之，無論是處理全體的，或以部分為主的，或從全體的部分而獨立的，或統一諸部分而成為一論等，都是經由種種經過而彙整成現今形態，此乃不爭之事實。

若是如此，如此的關係，亦即問題之分擔，在歷史上，究竟是如何？總的說來，第一期，所謂的阿毘達磨論，是就種種的問題予以片段的探究。此依前章所揭巴利語的《中阿含》的二部“*Vedalla sutta*”得以知之。更進一步，以經典為背景，且其本身採取阿毘達磨形式的初始時代，亦即第二期，是涉於主要問題之全部（當然是就當時的而言）。《無礙道論》、《法蘊足論》、《集異門足論》等，是非常適當的例子。其問題處理方式不完全，但與當時之主題的修養有關之事項大抵網羅，此依前揭所列品目得以知之。更進一步，到了中期，問題的研究逐漸朝向分化，隨著部分部分的研究盛行，出現與此有關的種種論書。例如《補特伽羅施設論》（*Puggala paññatti*）中有關學人種類之研究、《法集論》（*Dhammasaṅgaṇi*）的心理解剖、《立世阿毘曇論》的世界論、《識身足論》的心理論等，都屬此類。最後更進一步，在所謂的完成期，更予以總合，所有方面皆完備，阿毘達磨論師最為努力的，南傳方面，恐是《毘崩伽》（*Vibhaṅga*）；北傳方面，是《品類足論》、《發智論》等。《舍利弗阿毘曇論》亦應納入此一時期。剋實而言，所有論部未必皆循此順序，必需承認此間含有若干例外，但大體上，應是依此順序而作。同一部派所以出現種種論書，其因在此。初期的不完全的、中期的部分的、後期的完全總合的，都作為該派之論部而相傳下來，此即於一部派中有種種論書之所以。

---

4. 參見 "*Puggala paññatti*" p.1.
5. 參照本書第三篇。

第一章　總說

第一節　從來對於南北論書之關係的觀點與本論文所具之意義

筆者在前篇暫將南北傳阿毘達磨視為同一潮流之產物，幾乎是同等看待。但如此的處理方式需完全以概說為主時，才得以適用，若進一步言，南北所傳阿毘達磨論其相互關係的問題，絕非只是「同一潮流產物」如此籠統的關係而已。大體而言，南北二傳對於同樣的題目是以同樣態度論究，故可視為同一潮流之產物，雖然如此，但若進而追溯其間的歷史關係，則一直是諸多學者苦惱的一大問題。無論經或律，南北所傳雖頗有差異，然若從其間的諸多共通點探索，或許得以推察其原型。雖然如此，就阿毘達磨而言，依據先前的研究，南北二傳不能視為同型，從而不是探尋其關係之線索。尤其乍見之下，似乎極具誘惑，但實際上終將失望的，是南傳的七阿毘曇與有部所傳七論之間的關係。都是七論，更且就各各題目觀之，南傳是《補特伽羅施設論》（*Puggala paññatti*），北傳是《施設足論》；南傳是《界論》（*Dhātu kathā*），北傳是《界身足論》；南傳是《大品類論》（*Mahā-pakaraṇa*=*Paṭṭhāna pakaraṇa*），北傳是《品類足論》，乍見之下，其間似有最接近的歷史關係。但實際上，若予以對照，阿毘達磨的一般特徵暫且不論，此間完全沒有特殊的淺近關係。此如高楠教授之所斷定[1]，更且依筆者所作研究結果，也是可以明確如此斷言。如是，南北二傳的論書完全是各別發展，二者的關係非常遠，於其間得出最淺近的連絡幾近不可能。蒲仙教授（Prof. de la Vallèe Poussin）如次斷言：

巴利阿毘曇並不是所有部派（十八部）共通的古傳承——雖未必意為錫蘭所作——筆者曾實際探索印度本土之佛教聖典，無論經或律，都可看出彼等或從屬於巴利文學，或系統上與此有密切關係，但終究無法從其間窺見巴利阿毘達磨之雛形。[2]

亦即直言之，巴利三藏中的經與律，至少其原型是本土的，從而與北方所傳有密切連絡，然其論部，縱非錫蘭島所出，但終究是巴利語佛教文學之特產，並不是立於與北傳論部共通的原型之上。蒲仙此一觀點可以說是現今大部分學者所見之代表。

但果真是如此？

如前篇所述，縱使無直接連絡，但南北二傳論書之間有極為相似之處，是不爭之事實。對於同樣題目，以相同態度，有時還運用相同章節的區分方式，作同樣說明，此依前篇所舉的種種例子即得以知之。如是，縱使無直接連絡，但僅以基於共通的經典，或是遠基於佛弟子的阿毘達磨論如此迴遠的關係，終究無法說明二者之間的類似。總之，如前篇之所推測，應有一經過相當彙整的原型阿毘達磨存在，南北二傳都是由此而發展，除此之外，別無其他解釋之道。遺憾的是，原型論書或因於脫離特定部派所傳，故今皆已散佚；或因於原型論書本身逐漸產生變化，其本來形態沒有留存，故無法直接作證明，前揭之推測恐是「現存已部派化的南北傳論書之間有近於其原型」的一種希望。而此絕非只限於有部七論。在南傳方面，可視為基本的，七論以外，並無其他；但在北傳方面，有部之外，還有他派論書，故有必要再深入探查。總之，有關南北二傳的阿毘達磨發展之研究還在半途的今日，蒲仙所作決定性的斷案，似稍嫌草率。筆者認為有部七論與南方七論雖然不一致，但應更取種種漢譯論部與南傳七論作比較，從中找出最近似之處。特別是學友長井學士所發表的巴利《清淨道論》（*Visuddhimagga*）與漢譯《解脫道論》之關係[3]，縱使無直接幫助，至少也給予不少刺激，更直接言之，筆者對此下了相當大的努力。值得慶幸的是，在此一方面，筆者發現極為重要的線索。此即漢譯《舍利弗阿毘曇論》（三十卷）與南傳系統最為相近，特別是與《毘崩伽論》（*Vibhaṅga*）頗為類似，又，其中的一品之中，有與《補特伽羅施設論》（*Puggala paññatti*）相當的。此《舍利弗阿毘曇論》並無譯自巴利語之形跡，猶如有部諸論，都起源自梵本，故對於筆者今日之目的具有莫大的意義與價值。非起源自巴利，且與巴利論部有特殊之類似，藉此可溯及雙方之本源的原型論書，進而是闡明阿毘達磨南北開展的有力線索。筆者在前篇將南北傳論部視為同一潮流之產物，給予同等看待，實言之，正出於有此事實支持。

雖然如此，剋實而言，筆者對此的研究猶在半途。巴利聖典會雖已出版《毘崩伽》的原典，然尚未及於其之註釋"*Sammohavinodanī*"，從而頗難瞭解其本文。至於《舍利弗阿毘曇論》，從來的阿毘達磨學者不甚重視，與此有關的優秀參考書亦不得見，僅只依據大藏經版所載閱讀，亦有頗為

1. J. R. A. S. 1905 January pp. 160~162; J. P. T. S. 1905 pp. 73–74.
2. de la Vallèe Poussin : "Vasubandhu et Yaśomitra" p. V.（London 1914–1918.）
3. 《哲學雜誌》三八九號 J. P. T. S. 1920.

難解之處。何況有關南北兩傳的種種史料之蒐集，以及闡明其成立分化順序的原因，其材料頗為貧弱，故未能獲得確實。從而據此所成的本書可說極不成熟，剋實言之，其發表的時機猶未至。但另一方面而言，對於南北二傳的阿毘達磨研究處於猶極為幼稚時代的學界，縱使只是指出二者之間有某些同型，相信仍具有學術上的意義。至少對於從來學者所苦的問題能給予些許光明，對於草率斷定南北傳的論部不具密切關係的現狀，此實具促使注意的價值。就研究者言之，縱使事情頗為簡單，但為達此一地步，筆者已付出相當的努力與忍耐，因此最為盼望的是，筆者所提出的研究成果正確與否能獲得判定，藉此對爾後的完全研究有所助益。此乃筆者自知研究猶未成熟，卻膽敢撰述本書且予以發表之所以。

《印刷之際的追記》本書稿成之日，從學友羽溪學士處，聽聞椎尾博士的〈六足論之研究〉一文，揭載於雜誌《宗教界》（第十卷一—八號），時為大正九年十月，深感遺憾的是，筆者當時客居牛津，在撰述本書之際，無從參照。雖火速請東京若干學友郵寄之，但載有該文的雜誌已告售罄，故終究無法入手。椎尾博士所研究之事項中，與筆者所論交涉之處想必不少，但延至今日，猶然無得以對照參考之機會，煞是遺憾。今逢本書刊行之際，方始得以閱讀椎尾博士之所論。在種種方面，所得不少，尤其在讀至《舍利弗阿毘曇論》與南傳諸論之間關係匪淺之一段（十卷五與八），筆者既悔且恨不能盡早讀之。從而，可以說最早論及《舍利弗阿毘曇論》與南傳論部有深厚關係的，實是椎尾博士，筆者只是追循其跡而已。椎尾博士在該論文中，主要是論述有部六足論之發展與成立，《舍利弗阿毘曇論》只是副論，從而其論證，概括而言，是暗示性的。從而筆者對此雖表示莫大敬意，但猶感欣慰的是，博士所論之外，本書所論較詳且更深入論究問題，故仍具有獨立的學術意義。

職是之故，本書所以仍依稿樣貌印刷，一方面固然是本書在性質上不許改變，另一面即是基於前述理由。印刷之際，聊記本篇成立以後諸事，除了向椎尾博士表達敬意，同時也意在訂正筆者誤以為此一問題之論究首創自筆者本人（大正十一年七月十五日於東京）。

第二節　關係諸論的一般組織

為闡明《舍利弗阿毘曇論》與《毘崩伽》（*Vibhaṅga*）、《補特伽羅施設論》（*Puggala paññatti*）之間有極密切關係，首先有必要簡單說明諸論書的組織與地位。

首先就《毘崩伽》觀之，無庸贅言，此論位於南傳根本論部中之第二。亦即南傳七論的“*Dhammasaṅgaṇi*”（法集）、“*Vibhaṅga*”（分別）、“*Dhātu kathā*”（界論）、“*Puggala paññatti*”（人施設）、“*Paṭṭhāna*”（發趣）、“*Yamaka*”（雙論）、“*Kathāvatthu*”（論事）等的第二位，是《發趣》及《論事》之外，份量最大的。其論書之組織極具包括性，作為阿毘達磨之問題而處理的題目——與業論與人論有關的除外——大抵都包含。其論究法完全與阿毘達磨之典型相符，往壞的方面說，是相當機械的；往好的方面說，是秩序整然，一絲不亂。從學術方面而言，相較於《法集論》（*Dhammasaṅgaṇi*）的心理的研究、或《論事》（*Kathāvatthu*）的異說之批評，完全無法相提並論，但至少從典型的阿毘達磨立場而言，可以說本論是七論之代表。佛音撰《清淨道論》時，常利用本論，從而本論與其他諸論有密切關係，其諸門分別之項目大部分與《法集論》之品目有關連，其品目又與《界論》所分類的對象有關連，至少前揭三論是以此論為中心而互有關連。不只如此，在論文組織方面，如

Vidaḍḍhavāda 派[4]，主張本論的第十八法心品（*Dhammahadaya Vibhaṅga*），原是獨立的一論；另就筆者所見，被視為獨立論書的《補特伽羅施設論》則是其中一品。總之，在南傳論部之中，本論占有最重要的地位。今試揭其品目如次，藉以一窺其內容一斑。在譯語上，為配合《舍利弗阿毘曇論》所載，故仍沿用舊譯。頁數則依據巴利協會本。

一、陰分別（*khandha vibhaṅga*）	pp. 1~69
二、入分別（*āyatana vibhaṅga*）	pp. 70~81
三、界分別（*dhātu vibhaṅga*）	pp. 82~98
四、聖諦分別（*sacca vibh.*）	pp. 99~121
五、根分別（*indriya vibh.*）	pp. 122~134
六、緣分別（*paccayākāra vibh.*）	pp. 135~192
七、念處分別（*satipaṭṭhāna vibh.*）	pp. 193~207
八、正勤分別（*sammappadhāna vibh.*）	pp. 208~215
九、神足分別（*iddhipāda vibh.*）	pp. 216~226
十、覺支分別（*bojjhaṅga vibh.*）	pp. 227~234
十一、道分別（*magga vibh.*）	pp. 235~243
十二、禪分別（*jhāna vibh.*）	pp. 244~271
十三、無量分別（*appamañña vibh.*）	pp. 272~284
十四、學處分別（*sikkhāpada vibh.*）	pp. 285~292

十五、無礙分別（*paṭisambhidā vibh.*）　pp. 293~305
十六、智分別（*ñāṇa vibh.*）　pp. 306~344
十七、小事分別（*khuddakavatthu vibh.*）　pp. 345~400
十八、法心分別（*dhammahadaya vibh.*）　pp. 401~436

亦即就五蘊、十二處、十八界等所謂的三科，依十八個題目，以同型的論究法予以闡明。一一題目皆名以毘崩伽（Vibhaṅga），亦即名為「分別」之所以，即因於其論究法主眼在於分別諸法，故將論之全體都稱為毘崩伽，亦即「分別論」。此論成立於何時或何處，得以斷定之證據今猶不得見，但至少可以確定其頗為整然之形態，在印度本土既已如此，此依其與《舍利弗阿毘曇》之類似即可知之。其年代，若依第一篇所述理由，恐是在佛滅後二百五十年左右。若實有所謂的第三結集，亦即阿育王結集，則於佛滅後二百五十年前後，以《論事》（*Kathāvatthu*）殿後的南方七阿毘達磨其原型至少都已完成。但現今所見的組織與體裁之成立則非常晚，恐是傳於錫蘭，經由諸多論師之手，依循分別說部（Vibhajja vāda）之宗義，予以整理所成。南傳論部是傳於錫蘭之後，更經過整理與增補而成，此徵於《論事》中——就佛音（Buddhaghosa）之註釋而言——觸及後世成立的學派與學說即可知之。就此言之，本論的完成期似乎還要晚，恐是在佛滅後三百年，或者更晚，是在西元前後，剋實而言，絲毫沒有得以確定的線索。南傳諸論代表分別說部之說，但若與北傳，尤其有部論書相

4. Vidaḍḍha vādī，或書作 Vidaṇḍa 或 Vitaḍḍha。在錫蘭佛教中，此為 Abhayagiri 或 Jetavana 中的一派（Maungtin, The expositor I, p. 5 foot note）。

比較，較缺乏教相的特色，從而其完成或不完成，可說是專屬與其組織體裁有關的問題，難以判知其年代。

其次稍就《補特伽羅施設論》（*Puggala paññatti*）述之，本論在南傳論部中，位居第四，主要是以迷悟為標準而揭出學人的種類。亦即並不是就補特伽羅，亦即並不是就「人」而論述生命的問題或靈魂的問題。又如前篇第三章所述，此係依據南傳之分類，就蘊、處、界、聖諦、根、人等六種施設（**cha paññattiyo**）中，論述位列最後的「人施設」，此於論書卷首已有明言[5]。從而其篇幅極小（巴利協會本有七十四頁），剋實而言，如同其他五施設，只可視為是《毘崩伽》的一部分，此依《舍利弗阿毘曇論》中有與其相應的「人品」，即可知之。雖然如此，就其論究法而言，終究是獨立的，稍異於《毘崩伽》，亦即異於《毘崩伽》的以「分別」為旨趣，而是追循《長阿含》的《眾集經》（*Saṅgīti sutta*）之體裁，依據一法至十法之分類法，組合學人各各種類，予以簡單的說明。就此觀之，同樣以《眾集經》為基底的漢譯《集異門足論》氣脈與此相通，但在內容上，二者完全不同，絲毫不具任何直接關係。其成立經過與年代等仍無法得知，大體上，可視為與《毘崩伽》同一時期。

相對於前揭二論，漢譯《舍利弗阿毘曇論》，依據《大智度論》即真諦的《部執異論疏》[6]等所述，是屬於犢子部（**Vatsīputrīya**），亦即南傳所說的跋闍子部（**Vajjiputtaka**）所傳。尤其依據真諦所述，舍利弗解釋佛陀所說的九分毘曇，名之為法相毘曇，傳予羅睺羅，進而將此傳予可住子（犢子之異譯），作為其所依之論。如此的傳說當然不能全盤接受，但可以確定的是，此論屬於犢子部，且其傳來頗早（雖有認為此論屬正量部（**Sammitīya**）者，但比起視為犢子部所屬，此說更不確實。……

參考《三論玄義》之卷首。佛教大系本，頁二二五二）。

此論譯成漢文之時期，依據隋《眾經目錄》第五所載，是在弘始十年（四〇八）[7]，依據《開元錄》[8]、《大唐內典錄》[9]所載，是弘始十六年（四一四），總之，是譯於《鞞婆沙》、《八犍度》（三八三）與《阿毘曇心》（三八四）等有部論書之後。其譯者是罽賓三藏曇摩耶舍（Dharmayaśas，漢譯為法稱或法明），進而又有天竺三藏曇摩崛多（Dharmagupta）之補譯，而形成四分三十三品（現在三十卷）之譯[10]。從組織與內容觀之，此論恐是由屬於不同傳持的二論所成，起初的二分二十卷或三分二十四卷是耶舍所譯，其後的二分十卷或一分六卷由崛多譯出。此依前後之間在種種方面有所差異即可知之。此中與南傳論部有密切關係的，是前面的部分，亦即主要是二分二十卷，最多是三分二十四卷之前，其後分完全沒有，據此看來，前者是主要部分。

關於譯者之經歷，應予以注意的是，耶舍來自於罽賓，亦即有部中心地的迦濕彌羅，依《開元錄》

---

5. "*Puggala paññatti text*" p.l.
6. 《大智度論》卷二（大正二五，七〇a），《部執異論疏》所述是依據《三論玄義》卷首所載（佛教大系本，頁五三四）。
7. 隋《眾經目錄》第五（大正五五，一四二a）。
8. 《開元釋教錄》第四（大正五五，五一七b）。
9. 《大唐內典錄》第三（大正五五，二五二b）
10. 依據經錄所載，本論譯者應歸於曇摩耶舍或曇摩崛多。如《大唐內典錄》第三（大正五五，二五二b）云：「舍利弗阿毘曇論三十卷。或二十卷。祐云毘婆沙出。長房，檢傳乃是耶舍，故改正之。見寶唱錄。晉安帝世，罽賓三藏法師曇摩耶舍譯。」然於其第七卷（大正五五，三〇一a）云：「舍利弗阿毘曇論二十二卷五百九十九紙。後秦弘始年間曇摩崛多於常安譯。」一般認為本論由此二人共譯所乘，今依循此說。

第四所載，耶舍甚得《十誦律》之譯者弗若多羅知遇[11]，可知其人也是屬於有部系。亦即此論雖非有部論書，但亦流傳於有部之中心地，且由與有部有因緣的學者譯出，可知至少本論大成於北方，且如後文所述，論文中含有有部色彩的教理。就此而言，實可謂重要的材料。

關於其成立年代，依從真諦所說，佛滅後三世紀初，從有部分出可住子弟子部，亦即犢子部，此部派以此論為其所依。據此看來，似乎在當時此論已具現今形態，但《宗輪論》所傳的「有部出犢子部」之說，終究不能接受。又如後文所述，隱約之間，此論所述之法相具有種種立場，故未必僅侷限於犢子部一家所傳，從某種意義而言，應有一部「以犢子部為中心，以有部、大眾部、化地部，尤其是以有部論者所說的分別部等宗義」而成立，且與南傳阿毘曇共通的原型論書。故不能將犢子部的成立時代直接當作此論的成立時代。筆者認為此論之原型，在北方所傳諸論中最具普遍性，然其形成現今所見形態，恐是在種種部派思想雜然興起之後，即佛滅後五、六百年左右，亦即西元一、二世紀。雖猶不能明確斷言，但應是在龍樹（西元三世紀）以前，此徵於龍樹對於本論——龍樹所說的「舍利弗阿毘曇」與此論具有相同內容——所論，即可知之。為揭示本論所具組織，茲揭其品題如次。此處暫記其四分三十三品之全部。

第一　問分

一、入品（十二處論）　第一卷，《大正》二八　pp.525c~534b

二、界品（十八界論）　第二卷，《大正》二八　pp.534b~542c

三、陰品（五蘊論）　第三卷，《大正》二八　pp.542c~552c

四、四聖諦品（四諦論）	第四卷，《大正》二八	pp.552c~560a
五、根品（二十二根論）	第五卷，《大正》二八	pp.560a~568a
六、七覺品	第六卷，《大正》二八	pp.568a~570a
七、不善根品	第六卷，《大正》二八	pp.570a~571a
八、善根品	第六卷，《大正》二八	pp.571a~572c
九、大品（四大或六大論）	第六卷，《大正》二八	pp.572c~573c
十、優婆塞品	第六卷，《大正》二八	pp.573c~575b

第二　非問分

一、界品	第七卷，《大正》二八	pp.575b~579b
二、業品	第七卷，《大正》二八	pp.579b~584c
三、人品	第八卷，《大正》二八	pp.584c~589c
四、智品	第九~第十一卷，《大正》二八	pp.589c~606a
五、緣品（十二因緣論）	第十二卷，《大正》二八	pp.606a~612b

11.《開元錄》第四（大正五五，五一七b）。

五、行品　第二十七卷，《大正》二八　p.694b~c

六、觸品　第二十七卷，《大正》二八　pp.694c~697b

七、假心品　第二十七卷，《大正》二八　pp.697b~700a

八、十不善業道品　第二十七卷，《大正》二八　p.700a~c

九、十善業道品　第二十七卷，《大正》二八　pp.700c~701a

十、定品　第二十八～第三十卷，《大正》二八　pp.701b~719a

此中第一的問分，是以問答法作諸門分別。第二的非問分，只作說明，不作諸門分別。第三的攝相應分，揭示諸法之攝法與各法之相應關係。第四的緒分，將前揭種種思想，稍進一步，依不同分類而闡明之。此中與筆者所論有關的，如前所述，是起初的二分二十一品，其後的緒分十品並無直接關係，此乃必須預先予以說明的。

第二章　類似的例證、差異點之性質及其歷史關係

進而闡明《舍利弗阿毘曇論》與南方二論一致之處（及其相異），即是此篇之目的。但若一一予以論證，將是煩瑣不堪。故今僅揭其四、五例證，藉以推知其一般之道。首先擬揭出《舍利弗阿毘曇論》與《毘崩伽》之品目及其論究法之類似，其次就兩論所揭十二處品，例示二者一致之處，進而揭出《舍利弗阿毘曇論》之煩惱品（非問分第十一）與《毘崩伽》之小事分別（第十七）之類似，最後指出《舍利弗阿毘曇論》之人品（非問分第三）與《補特伽羅施設論》之類似，亦即先就二者一致之處而作論證。其次是揭出二者相異之點，進而揭出《舍利弗阿毘曇論》的特殊法相，藉以窺見所以分為南北兩論之開端。

第一節　品題及論究法之類似

就《舍利弗阿毘曇論》與《毘崩伽論》之間的類似而言，首先最容易注目的是，其品題之類似。剋實而言，筆者所以得以發現二者之間的類似，完全出自於此。將前節所揭兩論之題目作比較，任何人皆得以注意到。亦即依據前表所揭，可知《舍利弗阿毘曇論》前二十一品（或二十三品）中，其名目與《毘崩伽》不相符的，是問分的不善根品、善根品、大品、優婆塞品等四品，以及非問分

的業品、人品、煩惱品等三品。合計只有七品，其他十四品完全與《毘崩伽》共通。就《毘崩伽》而言，其十八品中，《舍利弗阿毘曇》所無的，是第十三至第十五的無量分別、學處分別、無礙分別等，以及第十七的小事分別、第十八的法心分別，其他的十三品悉與《舍利弗阿毘曇》共通。僅只於此，已有相當的類似，進而其名目雖不相符，但內容上，與南方所傳頗為接近的，亦可見之。就《毘崩伽》觀之，於其無量分別中，所述雖略有差異，但仍可見於《舍利弗阿毘曇》的道品之中；其無礙分別也見於《舍利弗阿毘曇》的道品；學處分別與優婆塞品頗為一致；小事品則如後文所揭之例得以證明，是與煩惱品相應，其餘的，只是第十八法心分別一品。若勉強對配，似乎可以與《舍利弗阿毘曇》第三分攝相應分對應，但由於差異太大，故暫予以保留。更且如前所述，錫蘭的某一派將此品視為獨立的一論，故可以將之與《毘崩伽》抽離開來，從而其與《舍利弗阿毘曇》之不相應，絲毫無害於證明二者之類似。故就《舍利弗阿毘曇》看來，表面上與《毘崩伽》不同的，是善根品、不善根品、大品、業品、人品等五品，但若對照二者的內容，則善根、不善根見於緣分別（*Paccayākāra vibhaṅga*）中，大品見於《毘崩伽》之界分別中，其餘的只是業品與人品等二品。人品雖不見於《毘崩伽》，但如前文屢屢述及，是與《補特伽羅施設論》相應，故存餘的，只有業品。就筆者所見，其與南傳論部相應之處雖無法窺見[1]，但筆者確信必然是以某種形態存於其中，若果真不得窺見，也有可能曾傳於南方，是後世才散佚不存的。此因實無法相信與南傳論部有密切關係的《舍利弗阿

1.《無礙道論》（*Paṭisambhidāmagga*）其業品（*kammavagga*）中的論述，異於《舍利弗阿毘曇》業品所述，故不能看出二者的特殊關係。

毘曇》，其如此重要的一品卻不傳於彼地。總之，《舍利弗阿毘曇》的品題與《毘崩伽》（補特伽羅施設論）的不相符，前者而言，是業品；後者是法心分別，其他諸品則以各種形態而彼此有連絡，彼此有驚人的一致。今試以《舍利弗阿毘曇》所載為準列表如次（舍利弗阿毘曇的品目之編號，暫依問分非問分所載）。

舍利弗阿毘曇之品目	毘崩伽之品目
一、入品	二、入分別
二、界品	三、界分別
三、陰品	一、陰分別
四、四聖諦品	四、聖諦分別
五、根品	五、根分別
六、七覺品	十、覺支分別
七、不善根品	六、緣分別之一部分
八、善根品	
九、大品	三、界分別之一部分
十、優婆塞品	十四、學處分別
十一、界品	三、界分別之一部分
十二、業品	？
十三、人品	○補特伽羅施設論
十四、智品	十六、智分別

十五、緣品	六、緣分別
十六、念處品	七、念處分別
十七、正勤品	八、正勤分別
十八、神足品	九、神足分別
十九、禪品	十二、禪分別
二十、道品	十一、道分別 十三、無量分別 十五、無礙分別
二十一、煩惱品	十七、小事分別
二十二、攝品 二十三、相應品	十八、法心分別？

二者的類似真是頗為驚人。在對配上，固然有二、三種略見怪異，但如此之類似，終究不能否定並非偶然。僅就品目而言，漢譯《法蘊足論》其品題之建立，稍稍與此類似，然其處理方式完全不同[2]，縱使其間有迴遠之關係，然其密切程度遠不如《舍利弗阿毘曇》與《毘崩伽》，此乃必須預先說明的。此外，不可忽略的是，《舍利弗阿毘曇》與《毘崩伽》二者的相符，不只是品題，在論文格式上，亦即在論究法上也有一致之處，相較於品題之類似，此更為重要。

若是如此，其論究法究又是如何？就通則而言，《毘崩伽》的各品都由三段所成。亦即第一段

2. 參照本論文第一篇第三章。

是經分別（*suttantabhājaniya*），第二段是阿毘達磨分別（*abhidhammabhājaniya*），第三段是問答（*pañhāpucchaka*）。第一的經分別，是就某一問題的說明，引用重要經句，作解剖性的說明，換言之，是依準初期時代的阿毘達磨形式。第二的阿毘達磨分別，是更為阿毘達磨的，對於一一要素，從各各方面規定其性質。最後的第三的問答，例如五蘊中有多少色法、多少非色法、多少有漏、多少無漏，就種種問題，作所謂的諸門分別。相對於此，《舍利弗阿毘曇》未必有此三段之區分，但從全體見之，仍是立於與《毘崩伽》相同的論究法之上，此乃無可懷疑之事實。亦即此中有契經的說明，有阿毘達磨流之組織，尤其問分中的諸分別之標準，如次節所表示，實與《毘崩伽》的問答（*pañhāpucchaka*）有顯著的一致。論究法是第三期阿毘達磨的特徵，有此特徵的，即具有阿毘達磨的意義。二者的品題類似，且又都具有此一特徵，僅只於此，已是兩論具有深厚關係的重要證明。

第二節　作為兩論之類似的第二例，關於處品

以五蘊、十二處、十八界等三科作為闡明萬有成立之要素，至少是第三期以後的阿毘達磨的一般特色。無論《舍利弗阿毘曇論》或《毘崩伽》，皆無例外，此依二者都將此當作論書初三品之事實，即可知之。例如此處所例示的十二處，在三科中，位居中位，從主觀客觀的立場對萬有作分類，分成眼、耳、鼻、舌、身、意等六識與色、聲、香、味、觸、法等六境而作說明，可說與先前的說明完全不同。雖然如此，各各阿毘達磨依其不同立場，故其詳細的說明法未必一致。若就兩論予以比較，可以發現都是極為深入的解釋，其間或有不同，但大體上，頗為一致的，其數實是不少，甚至也有

不少連文句都相符的。首先作為例證，揭出二者有關眼處以及法處的說明如次。

毘崩伽（頁七〇—七一）

云何眼入？

眼由四大所依淨色所成，我之所攝，不可見，有對。依此不可見，有對之眼而可見，有對色已見、今見、當見、（何時）得見（passe）。此即是眼。此即眼入。此即眼界。此即眼根。此即世界（loka）。

此即是門（dvāra）。此即是海（samudda）。此即是淨（paṇḍara）。此即是田（khetta）。此即是物（vatthu）。此即是導者（netta）。此即是目（nayana）。此即是此岸（orimantīra）。此即是空路（suññagāma）。

名此為眼入。

舍利弗阿毘曇卷一（大正二八，五二五c）

云何眼入？眼根是名眼入。云何眼入？眼界名眼入。……若眼我分攝去來現在四大所造淨色，是名眼入。云何眼入？我分攝、已見色、今見色、當見色、不定。

若眼我分攝色光、已來、今來、當來、不定，是名眼入。

眼我分攝、色已對眼、今對、當對、不定，若眼無礙，是眼入。

是眼根，是眼界，是田，是物，是門，是藏，是世，是淨，是泉，是海，是沃燋，是洄澓，是瘡，是繫，是目，是入我分，是此岸，是內入。

眼見色，是名眼入。

兩者的文句雖略見參差，但可視為幾乎頗為一致。尤其與passe的可能動詞相當的「不定」一語，原文的形跡與譯者的苦心得以窺見。二者都有「此即是眼界，是眼根，是門，是海」等，可說是極為有趣的一致。嚴格說來，前揭的說明法當然未必僅限於《毘崩伽》與《舍利弗阿毘曇》。就南傳的阿毘達磨而言，此常用於作為型句的說明[3]，北傳方面，其說明則與《法蘊足論》相似[4]，尤其《大毘婆沙論》[5]中，與根的問題有關連而作的「此即是海，是世」解釋等，與前文所揭一致，故未必依此得以證明兩論的特殊關係。然其相符，不只如此，除此之外，其數不少，故如此之一致，就此一問題而言，實具有重要意義。

更揭出有關法入（dhammāyatana）之定義的例示如次。

舍利弗阿毘曇卷一（大正二八，五二六c）	**毘崩伽（頁七二）**
云何法入？ 法界是名法入。 云何法入？受想行陰，若色不可見無對若無為，是名法入。	云何法入？ 屬於受陰、想陰、法入之不可見，無對觸諸色法，即並無為界即是。

文句相符之外，法相上，都是將不可見無對觸之色法視為法處所攝。對於此之所屬，如後文所述，兩論之間，在解釋上當然略有差異，然其無對色之說，在各派色法觀，是應特別予以注意的。兩論共持此說，即暗示二者之間有深切關係。

片段的符合，只是少許，進而就諸門分別之標準作對照。如前文所述，諸門分別是圓熟的阿毘達磨論究法之特徵，然其所立標準未必相同。例如同樣是有部論書，世友的《品類足論》以二十一門分別十二處，世親的《俱舍論》以二十二門分別十八界，雖是如此，然其所謂的門（標準）的性質各異。今就兩論所載見之，可說都屬尚未整然之產物，其所立標準頗為亂雜，甚至某些難以區別的，也被視為獨立之標準，但大體上，兩者之間有顯著的類似，乃是不爭之事實。《毘崩伽》中的標準有四十七種（嚴格說來，其數更多），《舍利弗阿毘曇》為四十種，茲試依其順序並附上編號，對照如次。

毘崩伽（頁七三—八一）

一、三性門。（kusala, akusala, avyākata）

二、三受相應門。（sukhāya-dukkhāya-adukkhama-sukhāya vedanāyasampayutta）

三、報、報法門。（vipāka, vipākadhamma）

四、已取、當取門。（upādiṇṇa, upādāniya）

五、被纏能纏門。（saṁkiliṭṭha, saṁkilesika）

六、有尋有伺門。（savittaka, savicāra）

七、喜、樂、捨共行門。（pīti sahagata, sukkha s., upekhāsahagata）

舍利弗阿毘曇卷一（大正二八，頁五二六c—五三四a）

三十四、善、非善、無記門。

三十六、報、報法、非報非報法門。

3. 例如 "*Dhammasaṅgaṇi*" no. 597.（text p. 134）
4. 《法蘊足論》第十（大正二六，四九八b以下）。
5. 《大毘婆沙論》第七十三（大正二七，三七九a）。

八、見修斷門。（dassanena pahātabba, bhāvanāya-pah）	三十七、見斷、思惟斷門。非見斷非思惟斷。
九、見斷因、修斷因門。（dassanena pahātabbahetuka, bhāvanāya pahātabbahetuka）	三十八、見斷因、思惟斷因門、非見斷因非思惟斷因。
十、流轉、還滅門。（ācayagāmin, apacayagāmin）	
十一、學、無學門。（sekha, asekha）	三十五、學、無學門。
十二、小、大、無量門。（paritta, mahāgata, appamāṇa）	
十三、小緣、大緣、無量緣門。（parittārammaṇa mahaggatārammaṇa, appamāṇārammaṇa）	
十四、劣、中、勝門。（hīna, majjhima, paṇīta）	
十五、善惡報定不定門。（sammatta niyata, micchatta niyata, aniyata）	十三、有報、無報門？
十六、道緣、道因、道增上門。（maggārammaṇa, maggahetuka, maggādhipatin）	
十七、生、已生門。（uppanna, uppādin）	
十八、過、未、現三世門。（atīta, anāgata, paccupanna）	四十、三世門。
十九、三世緣門。（atītārammaṇa, anāgatārammaṇa, paccupannārammaṇa）	

二十、內外門。（ajjhatta, bahiddhā）

二十一、有見有對門 / 無見無對門（sanidassana sappaṭigha / anidassana appaṭigha）

二十二、因、非因門。（hetu, nahetu）

二十三、有因、無因門。（sahetuka, ahetuka）

二十四、有因緣 / 無因緣門。（sappaccaya, apaccaya）

二十五、有為、無為門。（saṁkhata, asaṁkhata）

二十六、有見、無見門。（sanidassana, anidassana）

二十七、有對、無對門。（sappaṭigha, appaṭigha）

二十八、色、非色門。（rūpa, arūpa）

二十九、世間、出世間門。（lokiya, lokuttara）

三十、所知、非所知門。（viññeyya, naviññeyya）

三十一、漏、有漏、無漏門。（āsava, sāsava, anāsava）

三十二、結、被結門。（saṁyojana, saṁyojaniya）

三十三、繫、非繫門。（gantha, ganthaniya）

三十四、流、軛、蓋門。（ogha, yoga, nīvaraṇa）

三十五、染、被染門。（parāmāsa, parāmaṭṭha）
染、無被染門。（noparāmāsa, aparāmaṭṭha）

十二、內外門。

二、可見、不可見門。
三、有對、無對門。

二十一、因、非因門。

二十二、有因無因門。

二十四、有緣、無緣門。

二十五、有為、無為門。

二、可見、不可見門。

三、有對、無對門。

一、色、非色門。

四、聖、非聖門？

二十六、知、非知門。
二十七、識、非識門。

五、有漏、無漏門。

二十三、有緒、無緒門。

三十六、有所緣無所緣門。（sārammaṇa, anārammaṇa）

三十七、心、心所、共心、不共心門（citta, cetasika, cittasaṁsaṭṭha, cittavisaṁsaṭṭha）

三十八、內外、業生、被業生門。（ajjhattika bāhira / upādā, upādiṇṇa）

三十九、取、當取門。（upādāna, upādāniya）

四十、煩惱、共惱、被惱門。（kilesa, saṁkilesika, saṁkiliṭṭha）

四十一、見斷、修斷門。（前八）

四十二、有尋、有伺門。（前六）

四十三、喜、樂、捨門。（前七）

四十四、欲、色、無色三界繫門。（kāmāvacara, rūpāvacara, arūpāvacara）

四十五、導、不導門。（niyyānika, aniyyānika）

四十六、有上、無上門。（sa-uttara, anuttara）

四十七、有諍、無諍門。（saraṇa, araṇa）

十六、緣、非緣門。

十四、心、非心門。
十五、心相應、心不相應門。
十七、共心、非共心門。

十八、業、非業門。
十九、業相應、非業相應門？

八、當取、非當取門？
九、有取、無取門。

三十九、三界繫門、不繫門。

十、有勝、無勝門。

六、有愛、無愛門。

七、有求、無求門。

十一、愛、非愛門。

二十、共業、不共業門。
二十八、解、非解門。
二十九、了、非了門。
三十、斷智知、非斷智知門。
三十一、斷、非斷門。
三十二、修、非修門。
三十三、證、非證門。

亦即就《毘崩伽》言之，四十七門中，與《舍利弗阿毘曇》相符的，有二十六門；不相符的，有二十一門；就《舍利弗阿毘曇》言之，與《毘崩伽》相符的，四十門中，約有三十門；不相符的，有十門。剋實而言，在作對配時，其中或有不能確定的，或不能對配的，《舍利弗阿毘曇論》之原典若能入手，相信可以對配的，必然不少。例如有愛、無愛、有求、無求、愛、非愛等，必然與《毘崩伽》中的 **saraṇa araṇa**、**parāmāsa aparāmāsa**、**saṁyojana saṁyojaniya** 之任一組相符，雖然如此，何者應配何者，仍不能確定，故無法予以對配。兩論皆未確立嚴格的分別標準，而難以區別的，亦予以別立，兩論對此亦毫無說明，再加上欠缺原典，故雙方之對配，非常困難。此上所揭種種，因《毘崩伽》的註釋 "***Sammohavinodanī***" 的出版得以重作對配，故大體上，可以認為相符的，將近三分之二。就筆者所知，樹立如此諸多亂雜標準而作諸門分別之論書，漢譯不得見，因此三分之二的相符，實具有莫大的歷史意義。

第三節　兩論類似之第三例，小事分別與煩惱品

《毘崩伽》第十七小事分別（*khuddakavatthu vibhaṅga*）與《舍利弗阿毘曇論》非問分第十一煩惱品，二者的品題雖不相同，但內容極為接近，此如前述。今以之為第三例，實含有就事實而予以證明之意味。

對於煩惱的分類法，兩論都是依據增一法，從一法增至十法乃至六十二。從而其數眾多，故無法一一列舉予以比較，今試就其一法中的「恃」，亦即新譯的「憍」（mada），以及五法與十法等三項，予以證明。所以選擇一、五與十，是為求材題公平，相信據此得以推知其他。

一、一法（特就 mada 觀之）

毘崩伽（*mātikā* pp. 345~346 / *bhassa* pp. 351~352）	**舍利弗阿毘曇第十八（大正二八，六四六 a）**
一、jātimada（憍生）	一、恃生
二、gottamada（憍姓）	二、恃姓
三、ārogyamada（憍健康）	八、恃無病
四、yobbanamada（憍青年）	九、恃年壯
五、jīvitamada（憍生命）	十、恃命
六、lābhamada（憍所得）	十四、恃得利養
七、sakkāramada（憍善事）	五、恃貴

八、garukāramada（憍尊重）	六、恃尊勝 十五、恃得恭敬 十六、恃尊重 其中之任一？
九、purekkhāramada（憍先取權）	
十、parivāramada（憍徒眾）	二十、恃徒眾 二十一、恃覺侶
十一、bhogamada（憍財）	四、恃財
十二、vaṇṇamada（憍容色）	三、恃色
十三、sutamada（憍多聞）	十二、恃多聞
十四、paṭibhāṇamada（憍應辯）	十三、恃辯才
十五、rattaññumada（憍熟練）	二十二、恃長宿
十六、piṇḍapātikamada（憍常乞食）	三十、恃乞食
十七、anavaññattimada（憍謙讓）	
十八、iriyāpathamada（憍威儀）	
十九、iddhimada（憍神通）	二十四、恃神足
二十、yasamada（憍名譽）	
二十一、sīlamada（憍戒）	十九、恃戒
二十二、jhānamada（憍禪定）	二十五、恃禪
二十三、sippamada（憍工巧）	十一、恃工巧
二十四、ārohamada（憍高？）	
二十五、pariṇāhamada（憍廣？）	

二十六、saṇṭhānamada（憍地位）	七、恃豪族（？）
二十七、pāripūrimada（憍完備）	十七、恃備足
	十八、恃師範
	二十三、恃力
	二十六、恃無求
	二十七、恃知足
（ekāsanika mada）	二十八、恃獨處
（āraññaka m.）	二十九、恃阿蘭若
（paṃsukūlika m.）	三十一、恃糞掃衣
（khalupacchābhattika m.）	三十二、恃我能離荒食
（sapadānacārika m.）	三十三、恃一受食
（sosānika m.）	三十四、恃塚間
（abbhokāsika m.）	三十五、恃露處
（rukkhamūlika m.）	三十六、恃樹下
（nesajjika m.）	三十七、恃常端坐
（yathāsanthatika m.）	三十八、恃隨敷坐
（tecīvarika m.）	三十九、恃但三衣

據此觀之，《舍利弗阿毘曇》所揭之「恃」，與《毘崩伽》不相符的，多達十五項，其第二十八「恃獨處」以下，屬於所謂的十二頭陀行，除了恃常乞食，《毘崩伽》不將憍頭陀行視為煩惱，反之，《舍

利弗阿毘曇》全部列出，故感覺上似有較多不相符。要言之，此乃作為一群而附加的，故無論是《毘崩伽》或《舍利弗阿毘曇》，所揭的「恃」，除了二、三項，其他大都相符。

二、五法（全部）

毘崩伽（頁三四八&三七七—三八〇）	**舍利弗阿毘曇卷十九（大正二八，頁六五一c—六五二c）**
一、五下分結（pañcorambhāgiyāni）	三、五下分煩惱
二、五上分結（pañcuddhambhāgiyāni）	四、五上分煩惱
三、五嫉妬（pañcamacchariyāni）	十七、五嫉妬
四、五煩惱（pañcasaṅgā）	
五、五箭（pañcasallā）	
六、五心荒（pañcacetokhilā）	六、五心荒
七、五心纏（pañcacetasovinibandhā）	七、五心纏
八、五蓋（pañcanīvaraṇāni）	二、五蓋
九、五無間業（pañcakammāni ānantarikāni）	十、五無間
十、五惡見（pañcadiṭṭhiyo）	
十一、五犯戒（pañcaverā）	十一、五犯戒
十二、五失（pañcavyasanā）	
十三、五惡意（pañca akkhantiyā ādīnavā）	八、五怖（九、五怨）
十四、五怖畏（pañcabhayāni）	

十五、五現法涅槃觀（pañcadiṭṭhadhamma nibbāna vādā）

注意 五法各項所含名目若一一列舉，將是極為煩瑣，故僅揭出其項名。兩論之對照，主要是在內容上，此乃必須預先說明的。以下的十法亦然。

五、五道
十二、五非法語
十三、五不樂
十四、五憎惡
十五、五瞋恚本法
十六、五憂本法
十八、五緣睡眠
十九、犯戒五過患
一、五欲
二十、五不敬順

三、十法

毘崩伽（頁三四九、三九一—三九二）

一、十煩惱事（dasa kilesavatthūni）
二、十惱事（dasa āghātavatthūni）
三、十不善業道（dasa akusala kammapathā）
四、十結（dasa saṁyojanāni）

舍利弗阿毘曇第二十（大正二八，頁六五五b）

六、十惱
七、十不善業道
一、十煩惱使
二、十煩惱結

五、十邪法（dasa micchattā）	五、十邪法
六、十事邪見（dasa vatthukā micchādiṭṭhi）	三、十想
七、十事邊見（dasa vatthukā antaggāhikādiṭṭhi）	四、十覺
	八、十法成就墮地獄速如攢鋒（殺生乃至邪見）

據前揭之對照觀之，就五法與十法而言，二者雖有不一致的，但相符的，其數相當多，可以說相符的是過半數。尤其如「恃」（憍）之所顯示，如此詳細分類，就筆者所知，巴利論書中，僅見於《毘崩伽》，而漢譯也僅見於《舍利弗阿毘曇》，故如此顯著的一致頗具意義。《舍利弗阿毘曇》的煩惱品與《毘崩伽》小事分別，二者之間所具特殊關係，終究是無法予以否定。

前三節所揭雖非完全，但以例示《舍利弗阿毘曇》與《毘崩伽》之類似，最後擬再揭出頗有趣的一例。此即《毘崩伽》中的一句與《舍利弗阿毘曇》所揭完全一致，甚至就譯語而言，《舍利弗阿毘曇》還有頗為可笑的訛誤。

Idha bhikkhu pātimokkhasaṁvarasaṁvuto viharati ācāragocarasampanno aṇumattesu vajjesu bhayadassāvī samādāya sikkhati sikkhāpadesu, indriyesu guttadvāro bhojane mattaññū, pubbarattāpararattaṁ jāgariyānuyogam anuyutto, sātaccaṁ nepakkaṁ bodhipakkhikānaṁ dhammānaṁ bhāvanānuyogam anuyutto……（Vibhaṅga XII, p. 244. cf. Sāmaññaphala sutta 42）

謂比丘愛護解脫戒。成就威儀行，已行處。愛護微戒，懼如金剛。受持於戒，斷邪命行正命。善知識，善親厚，善眾。攝諸根門，飲食知足，勤行精進。初不睡眠，離障礙法。……（舍利弗阿毘曇第十四卷，大正二八，六一九c以下）

兩者都有禪品卷首所載之句，顯然是基於《沙門果經》等，用以揭示入禪定之方便。可笑的是，《舍利弗阿毘曇》中的「愛護微戒，懼如金剛」之句。雖可解為「若犯微戒，則有金剛杵擊身之怖」，但總是頗為難解。若就巴利本見之，與此相當之句是「即使微罪，亦應怖之」。據此看來，譯為「金剛」，無疑是將 vajja（過失）誤以為 vajira or vajra（金剛）所致。不知是寫本有誤，或是憶持之際所造成的過失？總之，是頗值得注意的一例。在兩論頗為相符的情況下，譯本上既有如此錯誤，即不能全然視為一致，故特別予以揭出。

第四節　舍利弗阿毘曇論中的人品與補特伽羅施設論所揭之類似

如前所述，《補特伽羅施設論》（*Puggala paññatti*）是從種種立場說明學人種類。其所採用方法是一法至十法，亦即所謂的增一法，大約有百三十七組攝於其中。亦即一法有五十。二法有二十六。三法有十六。四法有二十九。五法有十。六法有一。七法有二。八法有一。九法有一。十法有一。剋實而言，一法的五十組是其基本，其後所揭大抵是其組合，故若捨之不論，大體上可視為有八十種學人。相對於此，《舍利弗阿毘曇論》的人品同樣是依據增一法而揭出學人種類，然有別於《補特伽羅施設論》所揭，其法數的區別不甚明瞭。大體上，仍以八十種區別為基礎，就此作種種組合，因此，就此而言，是與《補特伽羅施設論》相同的。今試以《補特伽羅施設論》所揭第一法的五十作為標準，對照《舍利弗阿毘曇》所揭如次。《補特伽羅施設論》所列編號是依據巴利協會本，《舍利弗阿毘曇》之編號一如先前，是筆者所附加。

補特伽羅施設論（pp. 2~3……*mātikā* pp.11~811…*bhassa*）	舍利弗阿毘曇論第八（大正二八，頁五八四cf.）
一、Samayavimutta（時解脫）	
二、Asamayavimutta（不時解脫）	
三、Kuppadhamma（動法）	
四、Akuppadhamma（不動法）	
五、Parihānadhamma（退法）	六十一、有退人
六、Aparihānadhamma（不退法）	六十二、無退人
七、Cetanābhabba（思法）	六十三、思有人
八、Anurakkhaṇābhabba（護法）	六十四、微護人
九、Puthujjana（凡夫或異生）	一、凡夫人
十、Gotrabhū（性人）	三、性人
十一、Bhayūparata（離怖者）	
十二、Abhayūparata（怖畏者）	
十三、Bhabbāgamana（進道者）	七十五、乘進人
十四、Abhabbāgamaṇa（不進道者）	

十五、Niyata（定聚）6
十六、Aniyata（不定聚）
十七、Paṭipannaka（四向之人）
十八、Phale ṭhita（四果之人）
十九、Samasīsa（首等之人或齊首補特伽羅）
二十、Thitakappin（住劫者）
二十一、Ariya（聖者）
二十二、Anariya（非聖者）
二十三、Sekha（有學）
二十四、Asekha（無學）
二十五、Nevasekha nāsekha（非學，非無學）
二十六、Tevijja（三明者）
二十七、Chaḷabhiñña（六通者）
二十八、Sammāsambuddha（正覺者）
二十九、Paccekasambuddha（緣覺）
三十、Ubhato-bhāga-vimutta（共解脫）
三十一、Paññāvimutta（慧解脫）
三十二、Kāyasakkhin（身證）

二十一、正定人 ⎫
二十二、邪定人 ⎭ 6
二十三、不定人
七十二、首等人
七十一、住劫人
十八、學人
十九、無學人
二十、非學非無學
三十八、六通人
七、正覺人
六、緣覺人
五十九、共解脫人
四十三、慧解脫人
四十四、身證人

三十三、Diṭṭhipatta（見至）	四十五、見得人	
三十四、Saddhāvimutta（信解脫）	四十六、信解脫人	
三十五、Dhammānusārin（隨法行）	四十八、堅法人	
三十六、Saddhānusārin（隨信行）	四十七、堅信人	
三十七、Sattakkhattu-parama（極七生之人，即預流）	三十九、七生人	三十九、五此竟人
三十八、Kolaṅkola（家家）	三十九、家家人	
三十九、Ekabījin（一間或一種）	三十九、一種人	
四十、Sakadāgāmin（一來）	三十九、斯陀含	
四十一、Anāgāmin（不還）	三十九、阿那含	
四十二、Antarāparinibbāyin（中般涅槃之人）	四十、中般人	四十、五彼竟人
四十三、Upahacca parinibbāyin（生般涅槃之人）	四十、速般人	
四十四、Asaṅkhāra parinibbāyin（無行般涅槃之人）	四十、無行般人	
四十五、Sasaṅkhāra parinibbāyin（有行般涅槃之人）	四十、有行般人	
四十六、Uddhaṁsoto akaniṭṭhagāmin（上流至阿迦膩陀天）	四十、上流般人	

6.《人施設論》的 Niyata，含有正邪二決定（定聚）。其文曰：

pañcapuggalā ānantarikā ye ca micchādiṭṭhikā niyatā aṭṭha ca ariyapuggalā niyatā (text p. 13)

《舍利弗阿毘曇》曰：

若人上正決定是名正定人。若人入邪定是名邪定人……。（大正二八，五八六 a）

四十七、Sotāpanna, Sotāpatti-phala-sacchikiriyāya paṭipanna（須陀洹，趣須陀洹果證人）

四十八、Sakadāgāmin Sakadāgāmi-phala-sacchikiriyāya paṭipanna（斯陀含人，趣斯陀含果證人）

四十九、Anāgāmin Anāgāmi-phala-sacchikiriyāya paṭipanna（阿那含人，趣阿那含果證人）

五十、Arahat, Arahattāya-paṭipanna（阿羅漢人，趣阿羅漢果證人）

Dve puggalā dullabhā lokasmi（text p. 4）
於此世界，有二人難得云云（二法）7

Andha
Ekacakkhu　（三法）8（text. p. 4）
Dvecakkhu

九、須陀洹人
八、趣須陀洹果證人

十一、斯陀含人
十、趣斯陀含果證人

十三、阿那含人
十二、趣阿那含果證人

十五、阿羅漢人
十四、趣阿羅漢果證人

二、非凡夫人

四、聲聞人

五、菩薩人

十六、自足人
十七、他足人　7

二十四、盲人
二十五、一眼人
二十六、二眼人　8

二十七、慈行人
二十八、悲行人
二十九、喜行人
三十、捨行人
三十一、空行人

三十二、無相行人
三十三、無願行人
三十四、不惱行人
三十五、勝入行人
三十六、一切入行人
三十七、修八解脫人
四十一、一分解脫人
四十二、二分解脫人
四十九、斷五支人
五十、六支成就人
五十一、一護人
五十二、四依人
五十三、滅異緣實人
五十四、求最勝人
五十五、不濁想人
五十六、除身行人
五十七、心善解脫人
五十八、慧善解脫人

7.《補特伽羅施設論》的一法中，並無與「自足他足」相當的。然其所揭二法中，暗含有意義與此相當的。此因《舍利弗阿毘曇》對於自足、他足等二人，特附加「世二人難得」之說明，而《補特伽羅施設論》中有 dve puggalā dullabhā lokasmiṁ 之語。

8. 在《人施設論》的三法中，是成為一組，但在《舍利弗阿毘曇》是各別列出。

六十、非共解脫人
六十五、思不退人
六十六、不思退人
六十七、護不退人
六十八、不護退人
六十九、有緣射人
七十、法不發起人
七十三、度塹人
七十四、壞塹人
七十六、無沾污人
七十七、惰慢人

乍見之下，《舍利弗阿毘曇》所揭七十七種中，不相符的，超過四十六種，亦即不相符的不足半數，反之，《毘崩伽》所揭五十種之中，與人品相符的，超過三十八種，十分之七以上相符。更就與《舍利弗阿毘曇》不相符的部分見之，第二十七的慈行人以下十種，主要是修行時觀法內容的分類，全是後世附加的。而慧善解脫、心善解脫乃至思不退人、不思退人、護不退人、不護退人等，都是相符的，故其不相符不如表面所呈現那般的不一致。就筆者所知，此將學人種類作如此種種分類提示，除了《補特伽羅施設》與《舍利弗阿毘曇》的人品之外，他處概不得見，因此在分類精神上，二者可說相符。另一方面，若非兩論的關係有其歷史必然性的結合，如此類似的理由則無從解釋。

第五節　舍利弗阿毘曇論與毘崩伽差異點的性質

據上來四節所述，《舍利弗阿毘曇論》與南方二論書，尤其與《毘崩伽》有顯著的共通點，從而具有歷史的密切關係，此已是無可懷疑的事實。但其間仍有顯著差異，不能忘記兩論的某些類似，只是基於阿毘達磨的一般特質。簡言之，前四節所揭類似之例中，也有頗為相異的，何況兩論的全體若作比較，二者相符的，是四分之一；不相符的，為四分之三。尤其是特殊的法相問題，無論是《毘崩伽》或《補特伽羅施設》，都不具顯著的特徵，反之，如後文所述，《舍利弗阿毘曇論》隱約包含種種特殊的教理，其中還包含不少南方上座部視為異端，而在《論事》（*Kathāvatthu*）中予以論破。雖然如此，筆者認為兩論之間具有特殊的歷史關係，且提出此一主張之所以，完全是基於兩論的架構以及貫串此架構的意匠相同。其相異之處，可以說只是骨架上的皮肉或衣服的差異而已，從而無法因不相符之處不少而否定二者的根本關係。前四節所揭例證之趣意——若可能的話，包括皮肉、衣裳的類似——正顯示其架構有同一形態。

若是如此，具體上，在某些方面，兩論相同；在某些方面，二者有別，總而言之，其問題所在相同，對此的定義性的說明也相同，但在細述方面，兩者之間屢見歧異。一般而言，《舍利弗阿毘曇》所述較《毘崩伽》更為詳細、複雜，是造成兩論差異的最大原因。雖略嫌煩瑣，但試揭二例如次。

在前文第二節中，揭出法處定義的說明，作為二者相符之證明，同樣的，今亦揭出二者細述相異之例。

毘崩伽（頁七二）

云何法入？受陰、想陰、行陰、法處所攝不可見無對色即無為界。

云何受陰？有一種受陰，與觸相應。有二種受陰，有因的、無因的。有三種受陰，或善，或不善，或無記。……乃至如是有十種受陰，有如是多種受陰，名此為受陰。

其次云何想陰？有一種想陰……

云何行陰？有一種行陰……

乃至

云何無為界？貪盡、痴盡、瞋盡，稱為無為界。

舍利弗阿毘曇論（大正二八，頁五二六c）

云何法入？受、想、行陰。若色不可見無對，若無為，是名法入。

云何法入？受、想、思、觸、思惟、覺、觀、見、慧、解脫、無貪、無恚、無痴、順信、悔、不悔、悅、喜、心進、心除、信、欲、不放逸、念、定、心捨、疑、怖、使、生、老、死、命、結、無想定、得果、滅盡定、身口非戒無教、有漏身口戒無教、有漏身進、有漏身除、正語、正業、正命、正身進、正身除、智緣盡、非智緣盡、決定、法住、緣、空處智、識處智、不用處智、非想非非想處智。是名法入。

亦即初段完全相符，但到了次段，幾乎是完全不同的解釋。更且《舍利弗阿毘曇》的解釋較《毘崩伽》所述更為複雜，徵於此例即可知之。

兩論的四諦品中，有關滅諦的解釋如次所揭：

毘崩伽（頁一〇三）

云何苦滅聖諦？

舍利弗阿毘曇論（大正二八，五五三bf.）

云何苦滅聖諦？

渴愛無所殘留、捨離、放棄、解脫、無宅之境。

此渴愛於何處全然捨去，於何處全滅？於一切世界妙色、好色，渴愛全捨全滅。

云何世界妙色……

彼愛無餘、離欲、滅、捨、出、解脫、無宅、已斷不復生，是名苦滅聖諦。

云何苦滅聖諦？智緣盡是名苦滅聖諦。是苦滅聖諦，真實如爾，非不如爾。不異、不異物，如如來正說聖人諦，是謂聖諦。云何智緣盡？若法智盡彼法盡，是名智緣盡。……云何智緣盡？四沙門果。須陀洹果、斯陀含果、阿那含果、阿羅漢果，是名智緣盡。云何須陀洹果。……

如同前揭，初段完全符合，但到了次段細述的部分，兩者採取不同方向。類此之例實不勝枚舉，但沒有必要全部予以揭出，故僅揭此二例。要言之，《毘崩伽》從始至終都是以一種方式進行論述，反之，《舍利弗阿毘曇》則採取種種解釋方式，期使內容更為豐富，此即導致兩論相異的主要原因。必須注意的是，如前揭二例所顯示，《舍利弗阿毘曇》其後段的解釋相較於初段，是顯著的朝向教理性的。亦即第一例其第二段中的受、想、思、觸、思惟……生、老、死……乃至非想非非想處智等之論述，在《毘崩伽》未得見之，如後文所述，此實是納入有部宗不相應行法之觀念。在第二例的後段，其所說的智緣盡（擇滅）、不異、不異物等，也是《毘崩伽》所不得見的進一步解釋，至少可說是採取進一步的表述方式。亦即《舍利弗阿毘曇》原具有與《毘崩伽》、《補特伽羅施設論》同一的架構，但隨著逐漸生長，遂長出不同的皮肉與披上不同的衣裳，終於在表面上出現相當大的差異。其生長之場所，就《毘崩伽》、《補特伽羅施設論》而言，恐是在南方，尤其是在錫蘭，反之，

《舍利弗阿毘曇》是在北方，尤其是在迦濕彌羅附近。雖然如此，此猶未能明確予以斷定。總之，表面上，兩論之間，相同點少於相異點確是事實。然其相異點之性質，以及所以如此之經過，若依據上來所作分析，絕對不能以此作為兩論非由同一原型開展之反證。

第六節　有關兩論分化之起源的傳說

如上來所述，《舍利弗阿毘曇論》與《毘崩伽》（以及補特伽羅施設論）原是基於同一論書而發展，若是如此，彼等因於何等理由而分化，其後又有如何的經過而形成現在的體裁，即是其次之疑問。剋實而言，此一問題非常煩瑣，對於此一問題，筆者尚未有完全的準備。此即前文所述，是此一研究不得完善的主要理由，也可說是筆者最深感遺憾的。但無論如何，作為推進今後研究之準備，有必要在此一方面打開某些頭緒，故對於此一問題，試就若干傳說見之。

首先應予以注意的傳說雖極為籠統，但《智度論》所載富含某種暗示。

有人言：佛在時舍利弗解佛語故，作阿毘曇。後犢子道人等讀誦，乃至今名為舍利弗阿毘曇。摩訶迦旃延佛在時解佛語故，作蜫勒（蜫勒秦言篋藏）乃至今行於南天竺。（第二卷，大正二五，七〇a）

此中，關於蜫勒，先前荻原雲來已作過詳細考證。書作「蜫勒」（Peṭaka，篋藏）是誤記，所謂Peṭaka，主要是指流行於南方的分別部論部[9]。若果如此，前揭《智度論》所傳，亦即將《舍利弗阿毘曇》與南傳的《阿毘曇》分別歸於佛住世時代的二大論師，其流行之地分為南北。將此歸於佛在世的二大論師之舉，當然是錯誤的，但終究是認為兩論之間具有如同舍利弗與迦旃延的兄弟關係，且將此分為南北二地，故對於此一問題的解決，含有某些暗示。蜫勒是南傳的論部，是南傳論部之代表，如前文所述，即是《毘崩伽》，故與《舍利弗阿毘曇》具有兄弟關係，此即前揭的「有人說」。總之，最遲在龍樹時代（三世紀左右），《舍利弗阿毘曇論》已成立——未必與現今本一致——且其與南傳論書有密切關係，僅只可以如此確定，雖然如此，在解決此一問題之際，前揭之傳說不得不說是可以考慮的材料。

其次，應予以注意的是，有關上座部其分派經過的傳說。依據《異部宗輪論》等所載，說一切有部是上座部諸派之總本家，但依據南傳，是從根本上座部（Thera vāda）同時分出跋闍子部（Vajjiputtaka）與化地部（Mahimsāsaka），更由跋闍子部分出四派，從化地部分出有部（Sabbatthi vāda）。此中，與今之問題有關而應予以注意的，正是南方的傳說。若《舍利弗阿毘曇論》是所謂犢子部所傳，此若是南方之名稱，則此正是跋闍子部所傳，此與傳說為根本上座部所傳的《毘崩伽》有最密切的歷史關係。亦即南方所傳的分派觀若屬實，則上座部，亦即分別說部（Vibhajja vāda）與跋闍子部，亦即犢子部，具有直接的親子關係，從而其所傳論部所以相似，不足為怪。換言之，《舍利弗阿毘曇論》是跋闍子部將上座部之論部改造所成，因此在架構上相類似，但最後在種種方面上二者有別，以及二者同異的原因據此可以得知。

9.《哲學雜誌》第二十二卷，頁六二四（明治四十年度號）。

不只如此，與前揭分派觀有關連而應予以特加注意的是，第三種傳說。此即《島史》（*Dīpavaṃsa*）所傳第二結集之際所召開的大結集（Mahāsaṅgīti）。依據傳說，佛滅後一百年前後，耶舍所引起的十事非法的問題解決之後，乘此機緣，諸長老發起第二次的三藏結集，當時拒絕參列此次會議的比丘另起結集會議，並名之為大結集，在此會議中，三藏之文句或順序乃至內容都被任意更改。[10]與今之問題有關而特別應予注意的是，阿毘達磨品類（abhidhammapakaraṇa）或順序或文句或意義被任意更改之記事（v. 37），以及有關跋闍子比丘，就北傳而言，是有關犢子道人（v. 30）之記事。此一傳說若是事實，則此時依據其後南方所傳正統毘曇而被改造的，正是被視為犢子部所傳的《舍利弗阿毘曇》。如後文所述，《舍利弗阿毘曇論》含有頗多大眾部流之思想，故此時之大結集實是大眾部之源泉，換言之，可以說跋闍子比丘之自由思想滲入於被改造的論書之中。

如此的傳說與前揭有關分派之傳說，乍見之下，對於根本性的闡明兩論分化之起源，似乎解決之鍵鎖已能掌握。但分派之系統果真如南方所傳，《舍利弗阿毘曇》果真是跋闍子部（亦即犢子部）所傳？第二結集之實情不能確定，且《島史》所傳此時已有五尼柯耶、律、（六）阿毘達磨等之記事亦難以接受，因此，意欲基於此一傳說而解決問題，可說是相當草率且過分大膽。至少在種種方面上，還欠缺嚴謹，不能據此即導出結論，如此才是忠於學術之道。

但就另一方面而言，對於此一傳說的解釋不依據其字面所示，而是解釋成「對於曾經於某時某處發生之事實，後世錫蘭分別說部之徒依據自派立場而予以改造」，想必應是可以接受。部派不同而有不同的經律論，至少起初必然有如此的過程，從而原是同型的《舍利弗阿毘曇》與南方二論書，其逐漸產生歧異的分歧點應在某處。亦即其場所仍在摩訶陀，年代恐是佛滅後二百年前後。改造基本論書，爾後在北方接觸種種教理而大成的《舍利弗阿毘曇論》，相對於其基本論書，在教理上沒有太大的改正，但傳入錫蘭後，經過整理的，即是《毘崩伽》與《補特伽羅施設》……。筆者是基於如此的理解，而作出依據前揭傳說所得的結論。

要言之，前揭三種傳說都將《舍利弗阿毘曇論》視為犢子部所傳，大體而言，可以推知其與南傳論書之關係，但若更深入予以追究，則如前文所述，仍無法導出更適確的結論，此即此一研究中，最讓筆者苦惱之處。雖然如此，縱使猶矇朧不清，但若得以開啟他日真正解決之端緒，更且從來究竟是傳說或歷史無法分辨的分派與結集之紀錄，依此關係而獲得產生新的意義，也是不能否定之事實。職是之故，此乃筆者雖尚未能正確斷定，但仍不割愛此節之所以。

又，對於前揭分歧點之瞭解若有助益之傳說，以及可以獲得對於兩論之形成現在形態之經過的任何暗示，都是筆者在蒐集相關材料時，特加注意的。遺憾的是，任何線索都無法獲得，此乃必須於此處明言的。

---

10. *"Dīpavaṁsa"* V, 30–38.（南傳六〇，頁三四）。

第三章　闡明舍利弗阿毘曇論的法相地位及其與「分別論者」之關係

依據上來的論述，對於與此問題有關的形式方面之研究，大致可以了知。進而此下擬稍就其法相上的問題推進，尤其對於《舍利弗阿毘曇》的特殊法相，擬從二、三方面予以探查。雖然此論文之目的不在於論究教理問題本身，但據此探究，關於其與《毘崩伽》之同異將更為明瞭，尤其是有關《舍利弗阿毘曇》之地位及其成立經過，若無此探究，則不能予以闡述。基於方便論述，此下將分成如次數項。

一、**舍利弗阿毘曇與毘崩伽**　就問題之性質而言，順序上，首先擬從《舍利弗阿毘曇》與《毘崩伽》其法相上之特質論述——總的說來，就法相的立場而言，南方論部的特色極薄。通常只是將經典所說予以整理與分類，據此而作成諸門分別，故其所說大抵不超出經典所說。從而南方論部遂將意欲超越經典所說或開展其教理的，視為異端，《論事》（*Kathāvatthu*）所揭二百一十七論題，即是揭出此等異端之說而予以評破的。可以說南方論部的法相其特質是消極的，如彼二百有餘之論題所示，特殊相以及組織契經之說除外，欲舉其特徵相當困難，說得難聽點，是平凡，說得好聽點，是正統。此乃路易士・戴維斯夫人等人認為阿毘達磨之教理對於原始佛教哲學無任何積極貢獻之所以[1]。相對於此，《舍利弗阿毘曇論》的組織與《毘崩伽》同型，就一般的立場而言，當然是與南方的此論最相近，雖然如此，但如先前所述，對於南方派所不承認的種種特殊教理，彼卻予以含蓄的開展，此乃彼與《毘崩伽》大為不同之處。

此下即依準各各部派的立場予以探究。

二、舍利弗阿毘曇與犢子部　首先擬從《大毘婆沙論》等所引用的某些犢子部（跋闍子部）之論述，比較二者之間的異同。據《大毘婆沙》第一百零八卷所載，犢子部與分別論者承認「聲之異熟生」，有部認為聲只具長養性與等流性，不承認異熟生[2]，徵於《舍利弗阿毘曇》，此論將「聲」分為有報（異熟生）與無報二種[3]，是承認「異熟生」的。但從另一方面予以觀察，此論果真屬犢子部？其所主張確實是犢子部特有之教理？大致而言，犢子部教理之最大特徵是承認「非即非離蘊我」，此乃諸傳共同的教理[4]。就筆者所見，《舍利弗阿毘曇論》對於此一問題不僅沒有觸及，反而如同一般部派，對於「無我論」多所述及。作為犢子部之論典，此乃何等不可思議之舉，因此，所謂的「犢子毘曇」真的可以與《舍利弗阿毘曇》等同視之？不只如此，若依據《智度論》所載，

---

1. Hasting; *Encyclopaedia of Religion and Ethics vol. I*, pp.19–20.
2. 《大毘婆沙論》第百十八（大正二七，六一二c）。
3. 《舍利弗阿毘曇論》第二十六（大正二八，五三二c）。
4. 犢子部有我論之主要文獻。
   "*Kathāvatthu I*", I. *Vajjiputtaka* 之部
   《毘婆沙論》第五十六卷（大正二七，二八八b）。
   《大智度論》第一卷。
   《異部宗輪論》犢子部之條。
   《俱舍論》第三十卷破我品中。
   《成唯識論》第一—二卷，破執之條。

有部取五道之說，反之，犢子部（婆蹉弗路部＝Vatsīputrīya）採取六道之說，而《舍利弗阿毘曇》如同有部，是採用五道之說[5]。論曰：「何謂五道？地獄、畜生、餓鬼、人、天。是名五道」。因此，若依據《智度論》所載，可以說《舍利弗阿毘曇論》完全沒有發揮犢子部之特徵。因此，欲將此訂為犢子部所傳，是相當困難。若硬要視為犢子部所傳，則有可能是其教理尚未充分圓熟之前，亦即教理還在整理的期間，但若從其他方面的發達的思想觀之，是否可以作如此的假設值得懷疑，總而言之，若不能就犢子部思想發達經過予以探查，將是無法斷定。

因此，此一問題暫且擱置，進而擬從其他立場，探查《舍利弗阿毘曇》之法相，值得注意的是，其與各各部派都有些許連絡。

三、舍利弗阿毘曇與有部　暫且先從有部見地觀之，首先引起筆者注意的是，有部用以作為「三世實有說」之經證的經句，此論始終引用之：

云何色陰（受想行識）？若色（受想行識）過去、未來、現在、內外、麤細、卑勝、遠近是名色陰（受想行識）。

以常見之句型，就五陰之一一予以說明。此乃脫化自 "*M. N.*" III, 16 以及 "*S. N.*" III, 47 之句，《毘崩伽》始終予以引用，但《毘崩伽》沒有作論理的歸結，而此論雖不如有部那般極端，但仍將重點置於「若過去，若未來，若現在」，將此視為三世實有的意義。最能表現其特徵的是，對於色法的看法。《毘崩伽》承認「細色」（sukhuma rūpa），認為是不可見（anidassana）、無對觸（appa igha），但就實質的意義而言，其所說的「細色」是指「女根乃至段食」（itthindriyaṁ pe kabaḷinkāro āhāro）[6]，是微細的生理的組織（?），而《舍利弗阿毘曇》則解為「身口非戒無教，有漏身口戒無教」[7]，視為無表色（avijñaptirūpa）。所謂「非戒無教」，是惡律儀無表之意；所謂「戒無教」，是律儀無表之義，換言之，對應善惡業，將有某種物質的影響固著於吾人身心組織，此即稱作「不可見無對之細色」。從而《毘崩伽》將無表色判為三性門中之「無記」（avyākata），進而在異熟非異熟門中，此無表色既非異熟（vipāka），亦非異熟法（vipākadhamma），完全只是物質[8]，反之，《舍利弗阿毘曇》認為在三性門中，色法遍及善、惡、無記，在異熟非異熟門中，無表色既是異熟也是非異熟[9]，既是物質的，同時也是一種精神的。更強調此無表色，將一切都解釋為實在的，此乃有部教理的一大特色，爾後經量部對此特為反對。就對於無表色的觀點而言，《舍利弗阿毘曇》的立場與有部相似。亦即相較於《毘崩伽》，彼與有部的思想更為相近。

其次應予以考察的是「無為觀」。《毘崩伽》雖立三無為，但僅只視此三無為是貪滅、瞋滅、痴滅之位[10]，反之，《舍利弗阿毘曇》除此之外，更有「智緣盡」、「非智緣盡」之說。所謂的「智緣盡」、「非智緣盡」，即相當於新譯的「擇滅」（pratisaṁkhyā nirodha）與「非擇滅」（apratisaṁkhyā

5. 《舍利弗阿毘曇論》第二十六（大正二八，六九〇b）。
6. "*Vibhaṅga*" p. 2; ibid. 70.
7. 《舍利弗阿毘曇》第一（大正二八，五二六c）。
8. "*Vibhaṅga*" p. 62.
9. 《舍利弗阿毘曇》第三（大正二八，五四六c以下，五四九a以下）。
10. "*Vibhaṅga*" pp. 72–73.

nirodha），若再加上「虛空」（ākāśa），即成三無為。種種徵證顯示，《舍利弗阿毘曇》也承認最後的虛空無為。將此三無為攝於法處法界中，即是有部之法相，今《舍利弗阿毘曇》亦持此說，故可以認為相較於《昆崙伽》，彼與有部更為相近。

相較於此，與有部思想關係更深的是，潛藏於法處、法界思想中的教理。其文獻於前章第五節中曾有引用，極為重要，故再度引用於此。

云何法入？受、想、思、觸、思惟、覺、觀、見、慧、解脫、無貪、無恚、無痴、順信、悔、不悔、悅、喜、心進、心除、信、欲、不放逸、念、定、心捨、疑、怖、使、生、老、死、命、結、無想定、得果、滅盡定、身口非戒無教、有漏身口戒無教、有漏身進、有漏身除、正語、正業……。

（大正二八，五二六c）

此中，應特加注意的是，附上底線的「生、老、死、命、結、無想定、得果、滅盡定」等名稱，無可懷疑的，此乃有部宗義之特徵，與所謂的「不相應行法」（cittaviprayukta-saṁskāra-dharma）有關係。所謂「不相應行法」，無庸贅言，意指「非心非物」，換言之，是將屬於中間的關係與狀態等予以實在化，依據世友（Vasumitra）《品類足論》第一卷所述，此有「得、無想定、滅盡定、無想事、命根、眾同分、依得、事得、處得、生、老、住、無常性、名、句、文」等十七種[11]。亦即此論的「生、老、死、命、結（蓋、眾同分）、得果（三得）」等，雖未如世友所述那般的明確，但至少與「不相應行」之說相近，此依其名稱與性質看來，已是毫無懷疑之餘地。

若是如此，此論究竟是受有部影響？或是有部發展中的產物？此實難以遽下判斷，但總的說來，彼帶有有部的成分，終究是不能否定之事實。更且是法相上，異於《毘崩伽》等的一大特徵。

四、舍利弗阿毘曇論與大眾部、分別部

從有部的立場看來，確是如前所述，但若從其他方面觀之，《舍利弗阿毘曇》中，與有部立場恰好相反的法相其數量極多，此亦不容忽視。最為顯著的是，大眾部或所謂分別論者之立場所持的論述。首先就「心性本淨」之說觀之。

該論第二十七卷假心品曰：

心性清淨為客塵染。凡夫未聞故，不能如實知見亦無修心。聖人聞故，能如實知見亦有修心。心性清淨，離客塵垢。凡夫未聞故，不能如實知見亦無修心。聖人聞故，能如實知見亦有修心。[12]

此即《大毘婆沙論》第二十七的「或有執，心性本淨，如分別論者。彼說心本性清淨，客塵煩惱所染污故，相不清淨」[13]，又與《異部宗輪論》大眾部之條下的「心性本淨，客塵隨煩惱之所雜染說為不淨」相當。對於此一論述，無論是《毘婆沙》或《宗輪論》，都是作為有部評破對象而提出，是主張「相應善」、「相應惡」的有部所不能相容之教理。雖然《舍利弗阿毘曇》所揭的此句屬於其後分，今以前分為主立說卻予以採用，似乎有些失當，但此後分既然也是《舍利弗阿毘曇》的一

11.《品類足論》第一卷（大正二六，六九二c），《婆沙》、《俱舍》等所揭的十四不相應法是其彙整。
12.《舍利弗阿毘曇》第二十七（大正二八，六九七b）。
13.《大毘婆沙》第二十七（大正二七，一四〇b）。

部分，則視其法相之立場與前分貫通，亦未嘗不可，亦即就全體而言，此「本淨說」可以視為《舍利弗阿毘曇》中頗為顯著的大眾部的教理。

從前述對於法處法界之處理看來，或從不相應行法之立場看來，雖是屬於有部，但若從無為的立場看來，與其說是有部，不如說與大眾部的觀點較相近。《宗輪論》在論述大眾部的無為說時，曰：

> 無為法有九種：一擇滅，二非擇滅，三虛空，四空無邊處，五識無邊處，六無所有處，七非想非非想處，八緣起支性，九聖道支性。14

徵於《舍利弗阿毘曇論》，對於「法入」的說明，有如次之文句：

> 云何法入？受想思觸……乃至正語、正業、正命、正身進、正身除、智緣盡、非智緣盡、決定、法住、緣、空處智、識處智、不用處智、非想非非想處智。是名法入。15

二者予以比較，《舍利弗阿毘曇論》的「正語」以下至「正身除」，相當於《宗輪論》的第九「聖道支性」，「智緣盡」與「非智緣盡」，如前所述，相當「擇滅」與「非擇滅」，「決定、法住、緣」相當於「緣起支性」，「空處」以下相當於四無色處。亦即大眾部的九無為之中的八無為，《舍利弗阿毘曇論》不只有其名稱，更且在他處（雖未一一列其名目）亦明白揭出「九無為」之名稱16，無可懷疑，彼應是主張虛空無為含括在內的「九無為」。從而《宗輪論》中所說的「大眾部」，可以認為指的就是本論的立場，若是指某一論書，本論以外，恐無其他持九無為之說的論書。

雖略嫌煩瑣，但擬就反對有部思想的本論之立場稍作論述。此與後文所將觸及的「分別論者」

的立場之解決大有關係。

就《大毘婆沙論》觀之，始終是在駁斥分別論者之說。應予以注意的是，其大多數是本論所持立場。前揭二例即是，此下再揭一、三例示之。《大毘婆沙論》第百八十五卷，作為分別論者之說，揭出如次論述：

分別論者說齊有頂阿羅漢故。彼說世尊弟子生非想非非想處，於命終時，煩惱、業、命，三事俱盡。不由聖道得阿羅漢果。17

依據有部立場，不依聖道，不能得阿羅漢果，但分別論者主張得不還果者，於其命終，自然得涅槃，名此為「齊有頂阿羅漢」。徵於《舍利弗阿毘曇》，此與其「人品」所揭的「首等之人」相當，《舍利弗阿毘曇》更作如次解釋：

云何首等人？若人未行道，若有漏，若壽命一時俱斷。復次斷漏無間命得斷，是名首等人。18

亦即雖無明記「非想非非想」之條件，然其意完全與《大毘婆沙論》所述符合。應予以注意的

14.《異部宗輪論》（大正四九，一五c）。
15.《舍利弗阿毘曇》第一（大正二八，五二六c）。
16. 同上第二（同上，五二九b）。
17.《大毘婆沙》第百八十五（大正二七，九二九b）。
18.《舍利弗阿毘曇》第八（大正二八，五八九b）。

是，如同前揭「人品」與《補特伽羅施設論》之對照所顯示，《補特伽羅施設論》也揭出 Samasīsī（Samasīrṣin），更且《補特伽羅施設論》的解釋大體上也相同[19]。亦即就此而言，本論的立場與南方所持論點一致，是有部的相反。

再揭一例示之，依據《大毘婆沙論》第八十三卷所載，分別論者主張無色界亦有色法[20]。今就《舍利弗阿毘曇》見之，在說明「細色」（sūkṣmarūpa）時，其所指的是色界繫、無色界繫之細色，而欲界繫之色被稱為「粗色」[21]，據此看來，顯然是認為無色界亦有「色」。亦即就此而言，其所說與《婆沙》中的分別論者所述相當（但舍利弗阿毘曇與毘崩伽的法相立場並不相同。此因毘崩伽不承認無色界中有色法。（cf. *Vibhaṅga* p.59））。

類此的差異不勝枚舉，但都只是小問題而已，最後擬揭出較為顯著的一例。此即有關「中般涅槃」（antarāparinibbāna）的解釋。承認「中有」（antarābhava）之存在的有部，其所說的「中般涅槃」是指在中有之位入涅槃，反之，若依據《大毘婆沙論》所載，不承認中有之存在的分別論者，認為此乃是在「中天」或在「中間」入涅槃。

> 分別論者通第二經言：有中天住彼入滅。由此經說中般涅槃。
> 又捨欲界已，未至色界而入滅者，名中般涅槃。
> 或生色界壽量未盡而入滅者，名中般涅槃。[22]

亦即將經中所說的「般涅槃」分成三段而闡明其字義，其之所述，與中有並無關係，再就《舍利弗阿毘曇》見之，其對於中般涅槃之解釋，誠然與此相符。

云何中般涅槃人？若人五下分煩惱斷、身見、疑、戒盜、欲愛、瞋恚，以聖道一時俱斷。彼聖五根利用最勝，信根、進根、念根、定根、慧根。若此道樂速解，若修彼道已得阿羅漢果。彼有留難現身，不得阿羅漢果，或多諸緣行慈愍親屬，宿業必當生受一天身於彼有不適意，生不適意住不適意行不適意，於彼天身中般涅槃。

何謂中般涅槃？於欲界命終，若生色界天上於彼天壽中於彼斷法中般涅槃。是名中般涅槃[23]。

相較於前揭《婆沙》之引文，論述雖有繁簡之差異，但意義大致相同，《婆沙》所引此文是分別論者所說。

亦即據此看來，相傳《舍利弗阿毘曇》屬犢子部，但在教相上，卻與各各部派有所相通[24]，尤其與分別論者之立場最為接近，此乃不能否定之事實。如前所述，此等大抵——除了首等人五道說等——被視為南方派之異端，故此一事實顯示《舍利弗阿毘曇》仍是由其原型論書所分化，更且逐

---

19. 認為煩惱與壽命同時盡的首等人（*Puggala paññatti* p.13）。
20. 《大毘婆沙》第八十三（大正二七，四三一b）。
21. 《舍利弗阿毘曇》第三（大正二八，五四三b）。
22. 《大毘婆沙》第六十九（大正二七，三五七b）。
23. 《舍利弗阿毘曇》第八（大正二八，五八七b）。
24. 此《舍利弗阿毘曇》之法相似與化地部（Mahīśāsaka）之宗義相通。例如九無為或齊頂羅漢等之說，依據《宗輪論》所載，也是化地部之主張。若依據南傳，化地部與犢子部（亦即 Vajjiputtaka）有雙生之關係，更且《舍利弗阿毘曇》若是犢子部所屬，則在確認其歷史關係上，有應予以注意之處。

漸朝向與《毘崩伽》不同方向而發展的。

最後的問題是，在法相上，本論應隸屬何派？剋實言之，迄今筆者對此猶不能提出適確答案。此因筆者不能確定是否有立於混合犢子部思想、有部思想、大眾部、分別部思想等立場而成的部派存在。勉強而言，本論的立場應與《婆沙》、《俱舍》等所述的分別論者最為接近，但頗感困難的是，所謂的「分別論者」究竟是意指何派？就其原語觀之，《婆沙》、《俱舍》所載的「分別論者」，其原語應是 "Vibhaja vādin" 或 "Vibhajya vādin"，此徵於十四卷《鞞婆沙》常將此音譯為「毘婆闍婆提」即可知之。亦即與南方所傳的「正統上座部」有相同的名稱。但就其教義立場言之，其大部分是南方派所不承認的，反而與大眾部較多相似。《異部宗輪論》大抵是將《婆沙》所揭的分別論者之說，直接視為大眾部所說。若是如此，《婆沙》所揭的「分別論者」，是否即是大眾部之異名？此倒也未必。此依《婆沙》一百七十三卷並舉主張「佛身無漏說」[25]的大眾部與分別論者，即可知之。職是之故，中國的註釋家認為此應是依情況而定之名稱，有時是指說假部，有時是指化地部，有時是指正量部乃至多聞部，因而產生分別論者與特定部派關係曖昧不清的解釋[26]。對此，筆者未必持反對態度，但究竟是基於何等理由而提出如此會通？要言之，此不外於是將《俱舍》、《婆沙》等所見的片段的分別論者之說對照諸派教理，認為某某說相當於某甲派所說，某某說相當於某乙派所說，故其解釋未必可以信用。加之，南方將此視為正統上座部之異名，但在北方，主要是指與大眾部（與上座部正好相反）相近之立場。總之，此仍是不可解的難題。如是，有關《婆沙》、《俱舍》所載的「分別論者」之正體的問題，正是阿毘達磨研究者最為苦惱的，尤其對於研究南方佛教的筆者而言，更有難解的歷史謎題之感。不幸的是，直至今日，仍是一大謎團，無法知其正體。但可以確定的是，就論書而言，《婆沙》所載的分別論者之說，彙整最多的，是《舍利弗阿毘曇》，其之所揭提供了若干解決之線索。尤其《舍利弗阿毘曇》與南方之教科書的《毘崩伽》（分別論）之論書顯然有密切關連，對於此一問題的解決，至少有莫大之暗示。若實情得以如同次文所示：

> 將《舍利弗阿毘曇》當作該派教科書的某一部派，原與南方所謂的分別說部有密切關連，爾後雖然二分，但仍維持其分別的態度，甚至是更為強調，給予更自由的解釋，又任意採用他派意見，藉以莊嚴自說，自稱獲得佛之真意的分別說（批判的精神）之要諦，有部等予以評破時，也引用分別說之名。此分別論所以含有類似種種部派之說，完全是因於此自由的態度所造成，尤其是大眾部最多利用，遂有分別說與大眾部相近的情形產生。……

則此一謎團至少有一半得以解決。可惜的是，此僅只是推測而已，在達到如此推測之前，仍有許多不容易解決的種種障礙。此因《大毘婆沙》等所載的分別論者之說，雖然有不少與《舍利弗阿毘曇》所載相同，但不一致的也有，甚至與它相反的也不少，既然此等事情不能釐清，則不能將《舍利弗阿毘曇》的立場直接視為與分別論者所述同一。盼望他日對此能更加研究，並得以提出確實之結論，總之，上來所述，相信多少有助益對於此一問題之解決，因此，作為日後研究之準備，暫且提出如此之推論。

25.《大毘婆沙》第百七十三（大正二七，八七一c）。

26.《成唯識論述記》卷四（大正四三，三五四a）；《唯識了義燈》卷三（大正四三，三〇七a）；《三論玄義檢幽鈔》及其科註、頭註等（佛教大系本，頁五一四－五一六）。

第一章　問題之所在及其研究法

一、問題所在

《施設論》是有部的六足論之一，在有部的教理上，占有極為重要的地位。《大毘婆沙論》所引用的諸論中，本論的引用數量相當多，可能其數量還在《品類足論》之上，《俱舍》、《順正理》等亦然。尤其對於任何經論幾乎不予以言及，不予以引用的法救《雜阿毘曇心論》，也以「施設經」之名引用一次[1]，在有部宗中，可說是頗受重視的論書。加之，若依據《大毘婆沙論》所載，犢子部與分別論者在證明「聲之異熟果」時，作為聖教量而引用的，仍是此「施設論」，且以「由聖言」示之[2]，又分別論者為了將「沙門果」解釋成「無為果」，同樣也是引用本論予以證明[3]。亦即本論也被有部以外的部派視為權證而頗受重視。更且與他部之論書對照時，從南方上座部有所謂的《補特伽羅施設論》，耆那教中也有具有「施設」之名的論書等等觀之，在六足論中，本論最富含學術意義，乃是不爭之事實。

雖是如此，但本論的傳譯，在六足論中，卻是最不完全。以其他的五足論為首，《發智》、《婆

1.《雜心論》第十（大正二八，九五八a）。
2.《大毘婆沙》第百十八（大正二七，六一二c）。
3. 同上，第六十五卷（同上，三三七a）。

沙》、《俱舍》、《順正理》、《顯宗》，甚至連悟入的《入阿毘達磨論》也予以譯出的玄奘，在染筆本論之前，即告示寂。到了宋代[4]，法護（Dharmarakṣa）所譯本論，品題雖有「世間施設門」（*Loka prajñapti*）一項，但由於梵本[5]不全，故僅只譯出「因施設門」（*Kāraṇa prajñapti*）一品。從而若與《婆沙》、《俱舍》等所引用作對照，相符合的極少，其大部分是法護譯中所不得見的。

因此，古來對於本論，在所謂的俱舍學者之間產生種種異論。或認為如括註所記的「梵本元闕」，故雖與《婆沙》、《俱舍》所揭不相符之處相當多，但此論仍是所謂「六足論」之一的《施設論》，或認為真正的《施設足論》尚未被譯出，法護所譯恐是其他論書。亦即對此尚未有定論。對於在種種方面都有關係的論書，縱使只是其中一品，其地位不能確定，說得誇大一點，將是學界間的一大憾事，至少在阿毘達磨之研究上，是頗為遺憾的。如是，對於此一問題，若能獲得任何頭緒，得以掌握《施設論》全體的概念，實是筆者多年來之宿願。所幸近時適逢蒲先教授提供有關本論的有力材料，藉此而作考證，雖未能完全，但相較於先前所作推定，相信可以獲得相當確實之結果。亦即在此揭出其線索與結論，煩請諸位前輩予以指正。

二、現存之施設論　首先就現存《施設論》的組織略作論述，如前所述，漢譯七卷本的《施設論》，是法護所譯的，但僅只「因施設門」一品而已。故西藏譯本絕不容忽視。《至元法寶勘同總錄》第九曰：「施設論七卷，失造人名，宋天竺三藏法護譯（今編入錄）此論與蕃本同」[6]，據近時蒲先教授（Prof. L. de la Vallée Poussin）所發表的《施設論》之「解說」[7]看來，可知西藏所存此論乃直接譯自梵本，更且相較於漢譯，彼譯較為整然。筆者所說的獲得有力之材料，實意指此「解說」。

據此「解說」所載，此論之著者並不是中國所傳的迦旃延子，而是目乾連。雖然都只是假設，但從世間施設之論端看來，從《智度論》第一卷所說看來，乃至從稱友（Yaśomitra）的《俱舍論註》看來，視為目乾連所撰較為恰當。就其組織而論，若依據西藏譯本，可知是由三門組成。第一是世間施設門（*Loka prajñapti*），亦即法護譯本中，只有品題，但內容欠缺的部分。第二是因施設門（*Kāraṇa prajñapti*），與現存漢譯相當的部分[8]。第三是業施設門（*Karma prajñapti*），漢譯本連名稱亦無的部分。此三門中，蒲先解說的部分是第一與第二，欠缺第三的業施設，雖是頗為遺憾，但大體上，該品的內容大致可以得知。

第一的「世間施設門」由十四節（西藏譯雖有十六節，但欠缺二節，因此同樣是十四節）組成，論述世界之形體、有情之狀態，以及兩者的成住壞等相等。其所據資料，大體上是漢譯《長阿含》第四分「世記經」所含的十二經[9]，換言之，是就此十二經稍作雜糅整理。此品是此論最為原始的部分，此依《智度論》如次所載即可知之。

4. 法護入宋，是在宋真宗景德元年，亦即西元一〇〇四年。
5. 論書之括註曰：「案釋論有此門，梵本元闕」（大正二六，五一四a）。
6. 《昭和法寶目錄》第二卷，二三二c。
7. Vasubandhu et Yaśomitra avec une analyse de la Loka prajñapti et de la Kāraṇa prajñapti de Maudgalyāyana.（London 1914–1918）
8. 將漢譯之「因施設門」與西藏作比較時，可以發現在發起序方面，稍稍不同，又，西藏譯本缺漢譯的第十二與第十三等二品，反之，另有漢譯所缺的第十五與第十六等二品，因此，二者同樣都是十四品。
9. 《世記經》的十二經如次所列。一、閻浮提洲品。二、鬱單曰品。三、轉輪聖王品。四、地獄品。五、龍鳥品。六、阿須倫品。七、四天王品。八、忉利天品。九、三災品。一〇、戰鬥品。一一、中劫品。一二、世本緣品（參照長含卷一八—二十二卷。大樓炭經、起世經、起世因本經）。

有人言：六分阿毘曇中第三分。（蓋施設論）。八品，之名分別世處分（此是樓炭經作六分中第三分）是目揵連作云云。（第二卷，大正二五，七〇a）

亦即將此世間施設視為至少是此論之代表，其細註所載的《樓炭經》（*Lokotthāna-sūtra*），亦即「世記經」云云，即暗示此論來自於此。恐是漢譯所傳的「世記經」成書後不久，以論書形態呈現的，即是此世間施設門。稍古於真諦譯的《立世阿毘曇論》。在此「解說」之腳註中，蒲先經常用此與巴利諸經文對照，闡明其源泉，雖然如此，不可忘記此僅只是間接的，其直接資料，僅見於漢譯。其次第二的因施設門，是就先前所揭的世界觀，揭出何以如此的原因。例如何故輪王七寶成就？何故菩薩有種種妙德等問題，乃至何故須彌山高聳？何故死人無呼吸？何故草木有大小之區別等問題，對於種種事物，闡明其因由。固然其答案不是相當令人佩服，但無論如何，在諸阿毘達磨中，其論究方式較為罕見，恐是此論頗具特色之一品。最後第三的業施設，如前所述，蒲先不作解說，故無法知其內容，但根據蒲先教授答覆筆者就此提問的信函看來，大致上，不超出《俱舍論》業品的範圍[10]，總之，不外於就善惡行為及其餘業，以及有關餘業的果報等予以闡明。

據此觀之，相較於從來僅依法護所譯而瞭解的，此《施設論》之範圍實相當廣泛。亦即法護譯本只是西藏所傳的三分之一，且僅與西藏譯之一品相應，因此，相較於從來僅以漢譯為主的，可以說其背景基礎相當確實。

三、問題所在及其解決方針　應予以注意的是，僅只基於西藏譯《施設論》之一品與漢譯《施設論》相當，並無法解決《施設論》的問題。問題的要點在於此《施設論》與作為有部六足論之一的《施設足論》究竟是同是異？故僅僅以藏譯的一品與漢譯相當，無法觸及於問題核心。而筆者本文之目的即在於予以確定，並探查出《施設論》其原典之輪廓。

若是如此，應如何予以確定？能顯示有部六足論之一的「施設論」之輪廓的，就今日所知，僅只是有部諸論之中所引用的。所幸以《大毘婆沙論》為中心，《俱舍》、《順正理》等屢屢引用此論，故予以蒐集時，縱使只是片段的，不完全的，但仍得以推定其全體輪廓。將此引文與現存者相對照，確定二者是否一致，進而從現存《施設》的組織，推測所引用的《施設》之內容或與原典之組織有關，至少能推測出其項目，此即是筆者用以解決問題所採取的方法。

為達此目的，筆者特將散見於《大毘婆沙論》中的《施設論》之引文予以蒐集，並獲得六十餘句。雖然不能斷言沒有被忽視的，但大體上，應是囊括已盡。其次，對於《俱舍》、《正理》等所引用的，亦予以蒐集，但此等所引用，大抵是《婆沙論》之孫引，《婆沙》所不得見的，幾乎不得見之，僅只獲得二、三句而已，故沒有用太多餘力於此。總之，獲得大約七十句之引用句，將此與漢譯以及蒲先教授的西藏譯之解說相對照，據此所導出的結論，即是本文的基礎。

---

10. 關於此一問題，筆者曾由倫敦發函請教蒲先教授，蒲先教授的回函如次（大正九年六月）。
I have just looked on my unpublished summary of the Karma prajñapti. I do not believe it contains anything which is not to be found in the fourth chapter of the Kośa.

第二章　現存施設論與大毘婆沙論之引用句相符與否之對照表

第一節　關於對照表應注意之事項

在將七十種引用句與現存《施設論》作對照之前，某些事項必須先略作敘述。

第一，蒲先教授的解說雖相當詳細，由於並非全譯，故所謂相符的，只是就其意義而言，其文句未必全然相符。但在推定上，仍將此歸類為相符。總之，其所引用未必完全依據文句，只要義理符合，都視為相符。對於漢譯《施設》，也是採此方針。

第二，如前所述，「世間施設」是漢譯「世記經」的雜糅與整理，因此，縱使蒲先教授於其解說中沒有揭出，但只要《俱舍》、《婆沙》之引用文中，若有與「世記經」所揭相符的，在推定上，仍視為「世間施設」所有。

第三，關於業施設，嚴格說來，對於無法閱讀藏文的筆者而言，應留待他日才是適當，但此品之範圍若不瞭解，則無法導出結論，因此雖略嫌大膽，但仍從引用句中，特別採取與業有關的問題予以推定。依據蒲先教授所說，其不超出《俱舍論》的業品以外，因此若以《俱舍》、《婆沙》引用處之性質，乃至從來種種論書處理業品的經驗等等作為基礎，相信不至於發生太大的錯誤。

第四，將據此所得的結果區分出相符與不相符的。相符的，當然仍以三施設門作對照，不相符的，則依其性質而分成三、四種項目。如此才方便理解全體《施設論》之組織。

第五，所作的對照，大體上依循《婆沙論》所引用順序，各項目中的每一引用句都附上編號。如此才方便處理。

第二節　與引用句相符的部分

甲、世間施設門（*Loka prajñapti*）

一、善住龍王等知帝釋心念乃至廣說。（婆沙一二，大正二七，六〇c）

此係述及阿修羅與帝釋爭鬥時，善住龍王（Supratiṣṭhita）、愛囉嚩拏龍王（Airāvaṇa）等站立於帝釋身旁，推知其心而出所進退。就「世間施設」觀之，其二之一所言：

2. 從其所作「彼等與阿修羅鬥，為帝釋同盟」（*Vasubandhu et Yaśomitra* p. 298）之解說看來，應是出自於此中之一句。

二、天欲食時，取空寶器以衣覆上而置座前。經須臾頃隨其福力，饜妙飲食自然盈滿。（婆沙二九，大正二七，一五二b）

依據「世間施設」三之三所載，從人界至他化自在天都有食物。前揭《婆沙》之句即是就天之食物予以描述，且是出自《長阿含》第二十卷之忉利天品。

2. 兒生未久，便自覺飢。當其兒前，有自然寶器。盛天百味，自然淨食。若其福多者，飯色為白。其福中者，飯色為青。其福下者，飯色為赤。（大正一，一三四a）

三、**「施設論亦說殺生業道」，若習若修若多所作**。最上品者，墮無間地獄。次微劣者，墮大炎熱地獄。次微劣者，墮炎熱地獄。次微劣者，墮大號叫地獄。次微劣者，墮號叫地獄。次微劣者，墮眾合地獄。次微劣者，墮黑繩地獄。次微劣者，墮等活地獄。次微劣者，墮傍生趣。最微劣者，墮餓鬼界。廣說乃至邪見亦爾。（婆沙四七，大正二七，二四三a；同三五，一八二b）

3. 小千世界中，有十不善業道，即殺生、偷盜、邪婬等。……若於殺生行非常，又不絕而行之者，墮阿鼻（無間）地獄，次劣者，墮大炎熱地獄，次劣者墮炎熱地獄。……乃至偷盜等亦然。（世間施設二之六。*V. et Y.* p. 297）

四、**天初生時，如五歲等小兒形量**。天懷膝上，欻爾化生。彼天便謂是我男女。此新生天，亦言彼天是我父母。（婆沙七〇，大正二七，三六五b）

4. 四天王界為化生。現於男天或女天膝上或懷中。新生者形量與閻浮洲五歲男女相當。爾時男天或女天謂：此乃我之男兒或女兒。新生者謂：此乃我父或我母。（世間施設六之一。*V. et Y.* p. 300.）

此說出自《長含》第二十忉利天品。（參照大正一，一三四b）

五、**贍部洲人，形交成婬**。東毘提訶、西瞿陀尼、北拘盧洲、四大王眾天、三十三天亦爾。夜摩天相抱成婬。覩史多天執手成婬。樂變化天歡笑成婬。他化自在天相顧眄成婬。（婆沙一一三，大正二七，五八五b）

5. 如同閻浮提有非梵行（abrahmacārya）、交接法（maithunadharma）、行婬（dvandva），東毘提訶乃至三十三天同此。耶摩天依相抱而欲心止息，他化自在天依相見而沉靜。（世間施

設六，二。*V. et Y.* pp. 300–301）

六、北俱盧洲衣重一兩。四大王眾天衣重半兩，三十三天衣重一銖。夜摩天中衣重半銖，覩史多天衣重一銖中四分之一。樂變化天衣重一銖中八分之一。他化自在天衣重一銖中十六分之一。（婆沙一二七，大正二七，六六五b）

蒲先之解說中，無與此相當之句，但與此相當之句，應是在第四節。在此節中，述說欲界至梵輔天之衣服（vêtments）。（參照 *V. et Y.* p. 299）此出自忉利天品，故補列之。

6. 欝單曰（北俱盧洲）人……衣重一兩。阿須倫……衣重六銖。四天王……衣重半銖。……兜率天衣重一銖半。化自在天……衣重一銖。他化自在天……衣重半銖。（大正一，一三三a）

相對於《婆沙》之引用句，數量略有差異，但「世間施設」所說應脫化自此，遂成為《婆沙》之引用句。

七、劫初時人身光恒照，以貪味故光滅闇生。於是東方有日輪起，光明輝朗，同於昔照。見已，喜曰：天光來來。以天光來，故名為晝。須臾未幾，日輪西沒，闇起如先。見已，歎言：天光沒沒。以天光沒，故名為夜。（婆沙一三五，大正二七，七〇〇b）

蒲先之解說中，無與此相當之句，但從前後關係看來，「世間施設」第十一節中，對於成劫應有所說明。此因從「劫初眾生有妙體，隨心所欲，諸根完備，於空中行走，壽命長。其時無太陽，無月無星，無期節，無年月，無晝夜，無分秒，男女，僅只有情一名」（*V. et Y.* p. 318）的敘述看來，若無引用句所述之過程，則無法前後照應。雖然文句不完全相似，但與《長含》第二十二「世本緣品」（大正一，一四五b）所載相符，因此筆者將此視為是相符的。

八、如中年女緝績毳時，抖擻細毛，不長不短齊，此說為怛剎那量。（婆沙一三六，大正二七，七〇一b）

8. 有四法，即：剎那（kṣaṇa）、怛剎那（tatkṣaṇa）、臘趺（lava）、牟呼栗多（muhūrta）。百二十五剎那稱為怛剎那，六十怛剎那稱為一臘趺，三十臘趺稱為一牟呼栗多，三十牟呼栗多稱為一晝夜。（世間施設一〇之六。*V. et Y.* p. 309）

可視為怛剎那的說明。

九、等活地獄有時有分，涼風暫吹，或聞如是音聲唱言等活等活。時彼有情忽然還活，支節血肉平復如本，暫生喜樂。（婆沙一一五，大正二七，六〇一b cf.；婆沙三八，一九四a；婆沙一七二，八六五c）

9. 何故名為等活地獄（saṃjīva）？現生等活地獄之有情，依其罪之酬……時有冷風吹起，聞「有情復活，有情復活」之聲故。（世間施設十四之三。*V. et Y.* p. 324）

十、內海諸龍見阿素洛軍著金銀吠琉璃頗胝迦鎧，執金銀等種種器仗，從阿素洛城出，便告諸天。（婆沙一七二，大正二七，八六八b）

10. 住於水中之諸龍見阿修羅之四軍，亦即象馬車步之軍勢，著金、銀、瑠璃、玻璃等四種鎧，執金、銀、瑠璃、玻璃等四種武器……。（世間施設七之一。*V. et Y.* p. 302; ibid. p. 391）

乙　因施設門（*Kāraṇa prajñapti*）

《大毘婆沙》引用句

一、造作增長上殺生業，身壞命終墮無間獄，中生餘處，下復生餘。（婆沙二〇，大正二七，九九b）

二、何緣死者入出息不轉耶？謂入出息，由心力轉。死者無心，但有身故。（婆沙二六，一三二a；一三三b）

三、云何無明？謂過去一切煩惱云云。（婆沙二三，一一九a）

四、男子造業勝，非女人。男子練根勝，非女人。男子意樂勝，非女人。（婆沙三五，一八二c）

五、何緣故痴增？謂於害界害想害尋，若習若修若多所作。彼相應尋，名為害尋。（婆沙四四，二二六a）

---

(1)若有人於不善法積集而轉，近習修作廣多惡行。彼人身壞命終，墮在惡趣地獄中生。地獄沒已，設欲求生人同分中，縱得為人，壽量短促。人中沒已，當生還復無多記念。（第五卷，大正二六，五二四c）

(2)又問：何因人命存活，現住世間出息入息而常隨轉，彼終歿者，其事不然。答：命活存者，以思惟發悟故。依止於思，是故存活出入息轉。既終歿者，無所思故其事如是。（第五卷，五二三c）

(3)於無明中，諸眾生類乃起此念：我過去世云云。（第五卷，五二三a）

(4)諸女人善力劣弱，男子勝善樂欲，根力之所建立，以其極生善欲心故。女無勢力，皆是男子善業因作。又復女人無其利根，唯彼男子善力成故。又彼男子善力增極，乃能獲得利根勝業。（第三卷，五二一a）

(5)又問何因有極痴者？答謂：若有人於痴不善根中，近習修作。於無痴善根中，不近習修作。於其害想害因害尋而乃近習，亦復修作云云。（第四卷，五二二b）

六、為五趣攝四生？為四生攝五趣？答：四生攝五趣，非五趣攝四生。（婆沙六九，三五八b）

七、何緣活時身輕調順，死便身重不調順耶？答言：活時火風未滅，故身輕調順，死後身中火風已滅，故重不調順。（婆沙一二七，六六五a）

八、佛於一時化作化佛身真金色，相好莊嚴。世尊語時，化身亦語。化身語時，世尊亦語。弟子一時作化弟子，剃除鬚髮，著僧伽胝，弟子語時，所化便默，所化語時，弟子即默。所以者何？佛於心定，俱得自在，入出速疾，不捨所緣，發自語已，便發化語，發化語已，復發自語。以極速故，似俱時發。弟子心定非極自在，入出遲緩，數捨所緣，發自語已，發於化語，化語起時，自語已滅，發化語已，復發自語，自語起時，化語已滅。非極速故，覺知前後。[1]（婆沙一三五，六九八c）

---

(6)漢譯無此文，但西藏譯世間施設第十五節（漢譯第十四節）可得見之。（Poussin *V. et Y.* p. 343）

(7)又問：何因人命存活，身體輕安，而復調暢，命既終歿，身體堅重，而不調暢。答：其終歿者，邊際分位，火界風界，二界俱滅。是故堅重而不調暢。彼存活者，中間分位，火界風界，二界不滅，是故輕安，而復調暢。由此因故，其事如是。（第五卷，五二三c）

(8)又問：何因佛世尊者善能化彼所化之人。妙色端嚴，人所樂見。具大人相，莊嚴其身。若佛語言，化人即默。若化人語，佛即默然。彼聲聞弟子亦能化彼所化之人。色相端嚴，剃髮被衣，作沙門相。何故能化之者語言，所化之者亦言。能化之者若默，所化之者亦默。
答：佛世尊者常住三摩地，心自在故，若入若出，速疾無礙，於一切時不捨所緣。聲聞即不然，不同世尊具一切智。智心得自在，已到彼岸。由此因故，佛所化人，妙色端嚴語時能默，默時能語。而彼聲聞所化之人，雖復色相端嚴，剃髮被衣，然能化之者語即能語，默即還默，不自在故。[1]（第六卷，五二六a）

九、有眼於水有礙非陸，如魚等眼。有眼於陸有礙非水，從多分說如人等眼。有眼俱礙如畢舍遮，室獸摩羅及捕魚人，蝦蟇等眼。有俱非礙謂除前相。

有眼於夜有礙非晝，如諸蝙蝠鵂鶹等眼。

有眼於晝有礙非夜，從多分說，如人等眼。

有眼俱礙，如狗、野干、馬、豹、豺狼、貓、狸等眼。有俱非礙，謂除前相。[2]（俱舍論第二卷，大正二九，七a）

---

(9)又問：何因彼訓狐鳥，夜見晝不見。答：彼訓狐鳥，目中瞳人，其狀赤色。夜中無障，晝即有障，是故夜見晝不見。

又問：何因人能晝見，夜乃不見。答：人之目中瞳人，其狀黑色，晝乃無障，夜即有障。是故晝見而夜不見。

又問：何因犬馬夜見，晝亦能見。答：犬馬目中瞳人黃色，晝夜無障，是故俱見。

又問：何因魚於水中能見，陸中不見。答：諸魚者目中瞳人眵淚所覆，水中無障，陸中有障，故水中見，陸中不見。

又問：何因人之兩目，陸中無障，水中有障。答：人之目中瞳人水泡所成。是故陸中無障，水中有障。又問：何因龜鱉蝦蟇及水蛭等水陸俱見。答：龜鱉蝦蟇及水蛭等目中瞳人骨之所成，陸中水中俱無障礙，是故俱見。[2]（第五卷，五二三c以下）

---

1. 化人與化作者問的語默關係，《婆沙》之引用與法護譯完全相反。究竟是誤譯或是原典有別，目前難以判斷，但大致上是一致的文句。
2. 兩文之間雖有差異，但《俱舍論》實是將《施設論》之說以四句分別之形態，直接引用。

丙、業施設門（Karma prajñapti）中得以推定的

一、**諸佛平等**。一切如來應正等覺皆悉平等[3]。（婆沙一七，大正二七，八五a；同二五，一三一b；同一二〇，六二四a）

二、**業諸趣**。由業種種差別勢力，施設諸趣種種差別。由趣種種差別勢力，施設諸生種種差別。由生種種差別勢力，施設異熟種種差別。由異熟種種差別勢力，施設諸根種種差別。由諸根種種差別勢力，施設補特伽羅種種差別。（婆沙二〇，九九b）

三、**有諸眾生曾在人中乃至廣說**[4]。（婆沙二〇，九九a）

四、四種死。有四種死：一壽盡故死，非財盡故。如有一類，有短壽業及多財業。彼於後時壽盡故死，非財盡故。二財盡故死，非壽盡故。如有一類有少財業及長壽業。彼於後時財盡故死，非壽盡故。三壽盡故死及財盡故。如有一類，有短壽業及少財業。彼於後時壽盡故死及財盡故。四非壽盡故死，亦非財盡故。如有一類，有長壽業及多財業。彼於後時雖財與壽二俱未盡，而遇惡緣非時而死。作彼論者顯有橫死，故作是說，佛雖財壽俱未盡故而般涅槃。然非橫死邊際定力所成辦故，功德威勢未窮盡故。諸餘有情於命終位，威勢窮盡。佛不如是。（婆沙二〇，一〇三b；俱舍五，大正二九，二六b以下，cf. Compendium of ph. p. 149）

五、三**時業與異熟果**。頗有不受順現法受業異熟，而受順次生受業及順後次受業異熟耶？答：有。謂順現法受業異熟不現在前，順次生受業及順後次受業異熟現前。頗有不受順次生受業異熟，而受順現法受業及順後次受業異熟耶？答：有。謂順次生受業異熟不現在前，順現法受業及順後次

受業異熟現前。

頗有不受順後次受業異熟，而受順現法受業及順次生受業異熟耶？答：有。謂順後次受業異熟不現在前，順現法受業及順次生受業異熟現前。此要證得阿羅漢果，方有是事非不得者。（婆沙二〇，一〇三b）

六、三不善根是十惡業道生長因本。（婆沙四七，二四三a）

七、業與入胎。若彼父母福業增上，子福業劣不得入胎。若彼父母福業劣薄，子福業勝不得入胎。要父母子三福業等，方得入胎。（婆沙七〇，三六三c）

八、三惡行與一切身惡業。問：為身三惡行攝一切身惡行，為一切身惡業攝身三惡行耶？答：一切攝三，非三攝一切。不攝者何？謂非斷命以手杖等捶擊有情，及非邪行於所應行作不淨行。起飲酒等諸放逸業，由不正知失念，受用諸飲食等，及不能避諸犯戒者。諸如是等所起身業，非三所攝。（婆沙一一二，五七八c）

九、三妙行與一切身妙行。問：為身三妙行攝一切身妙行，為一切身妙行攝身三妙行耶？答一切攝三，非三攝一切。不攝者何？謂離前說以手杖等捶擊有情，及所應行諸不淨行並飲酒等諸放逸業，而能安住正知正念受用食等，復能正避諸犯戒者。諸如是等，所起身業非三所攝。（婆沙一一二，五八一c）

十、施設論所說諸業云云。（婆沙一一三，五八三b）

3.、4. 表面上看似與業無特別關係之句，但兩者都是作為與業論有關連而引用，故攝於此部。

十一、無漏業之名稱。問：諸無漏業是勝義白，何故乃名非黑非白？答：此業不同不善染污黑，及感不可意異熟黑故說非黑。又不同善有漏白，及感可意異熟白，故說非白。（婆沙一一四，五九一b）

十二、破僧業。提婆達多自為第五，皆共受籌。齊此當言法輪僧壞。（婆沙一一六，六〇二c）

十三、前後律儀彼俱成就。（婆沙一二四，六四七a）

十四、如是類業能感足下平滿善住相，乃至如是類業能感頂上烏瑟膩沙相。（婆沙一七七，八八七c）

第三節　不相符的部分

上來所作的對配，在大約七十種的引用文中，與「世間施設」、「因施設」相符合的，僅只二十句，其餘的五十句，嚴格說來，是取自前揭二門以外。全部出自「業施設門」，縱使是如何廣義的業論，但性質上，終究有別。此乃筆者基於第一節所述理由，將與「業論」有關之句特別集為十四種，暫時將此視為取自「業施設門」而置入相符部分之所以。如是大約處理了三十四、五句，但猶有三十五、六句，其所屬不明。其中有七句，性質上顯然應置於「世間施設」或「因施設」中，且是筆者能予以證明的，但仍有將近三十句的引用文其所屬施設門不明。今依其性質，暫且分成如次數項。

甲、與世間施設及因施設有關係的

一、如來與輪王。繞贍部洲有轉輪王路，廣一踰繕那。無輪王時，海水所覆，無能見者。若轉輪王出現於世，大海水減一踰繕那。此輪王路，爾乃出現。金沙遍布，眾寶莊嚴。栴檀香水，以灑其上。轉輪聖王巡幸洲渚，與四種軍俱遊此路。

如是諸佛未出世時，根本地依無能見者，諸有斷結皆依邊地。若具十力轉法輪王，出現於世，根本地依爾，乃出現菩提分法。金沙遍布，種種功德，眾寶莊嚴，四澄淨水以灑其上。佛與無量無邊眷屬俱遊此路，趣涅槃城。（婆沙六〇，大正二七，三一〇c；同一一九，六七〇b）

二、欲色界的色法有多少。如從此處至梵眾天，從梵眾天至梵輔天，其量亦爾。廣說乃至如從此處至善見天，從善見天至色究竟，其量亦爾。（婆沙七五，三九〇a）

三、菩薩之梵音。何緣菩薩感得梵音大士夫相？菩薩昔餘生中，離麤惡語。此業究竟，得梵音聲。（婆沙一一八，六一二c）善修遠離麤惡語，故感得大士梵音聲相。（俱舍二一，大正二九，九b）

四、欲天與晝夜。人中四洲由日月輪以辨晝夜。欲天晝夜，云何得知？答：因相故知。謂彼天上，若時鉢特摩華合，殟鉢羅華開，眾鳥希鳴，涼風疾起，少欣遊戲，多樂睡眠。當知爾時說名為夜。若時殟鉢羅華合，鉢特摩華開，眾鳥和鳴，微風徐起，多欣遊戲，少欲睡眠。當知爾時說名為晝。（婆沙一三五，大正二七，七〇一a）

五、地獄之山。地獄有山，壓窄有情令身碎壞，於後未久諸根復生。諸地獄中，此類非一。（婆沙一五〇，七六四b）

六、眷屬地獄與層。眷屬地獄中，惟有一種塘煨等。（婆沙一七二，八六六b）

七、閉戾多。如今時鬼世界王，名琰魔。如是劫初時，有鬼世界王名粃多。是故往彼生彼諸有情類，皆名閉戾多。（婆沙一七二，八六七a）

乙、與煩惱有關的

一、**疑與決定**。疑覆蔽心，令心剛強，作裁櫱事，尚不令心得邪決定，況正決定。譬如良田，若不耕墾，即便堅硬，多諸株杌，穢草不植，何況嘉苗。（婆沙一四，六九c）

二、**七力與有漏、無漏**。七力幾有漏幾無漏？答：二唯有漏，謂慚愧。五通有漏無漏，謂信等。（婆沙三三五，一八一a）

三、**小罪與悔心**。若害蟻卵，無少悔心，應說是人斷三界善。彼於現法，不能續善根，定於地獄中，生時或死時方能續善。（婆沙三五，一八四a）

四、**煩惱與果報的比較**。若住等纏其罪正等，所受異熟無差別故。若纏不等，罪隨有異。（婆沙三五，一八四c）

五、**欲貪與五法**。異生欲貪隨眠起時，心起五法：一欲貪隨眠，二欲貪隨眠增長生，三無明隨眠，四無明隨眠增長生，五掉舉。（婆沙三七，一九二c；同四九，二五四c）

六、**三纏與三界**。若時心遠，心剛強起無色界三纏現在前。謂貪慢無明而多起慢。彼三纏內隨一現前，應說彼退無色貪盡住色貪盡中。（婆沙六一，三一三b以下）

丙　與智慧及禪定有關的

一、**十智與勝位**。苦法智於苦法智忍為勝，乃至盡智於金剛喻定為勝。（婆沙一七，八四c）

二、**菩薩與入定時之息**。菩薩初入定時，其息速疾。久入定已，息便安住。如人擔重經險難處，其息速疾，後至平道，息便安住。（婆沙二六，一三六a）

三、關於無色定之支。頗有空無邊處定於空無邊處定根勝、道勝、定勝而支等耶？答：有。謂從空無邊處定起無間，復入空無邊處定。（婆沙八〇，四一四b）

四、空無邊處定之加行。以何加行修空無邊處定，由何加行入空無邊處定？謂初業者先應思惟墻上樹上崖上舍上等諸虛空相。取此相已，假想勝解。觀察照了，無邊空相，以先思惟無邊空相而修加行。展轉引起初無色定，故說此名空無邊處。（婆沙八四，四三三一c以下）

五、他心智之加行。初修業者於世俗定，已得自在數起現前，令轉明利。先審觀察自身心相，若時身有如是相現，爾時便起如是相心。若時自起如是相心，爾時身有如是相現。自審觀察身心相已，次審觀察他身心相。若時身有如是相現，爾時便起如是相心。若時他起如是相心，爾時身有如是相現。審觀察他身心相已，次純觀彼心心所法，作是思惟：我應觀彼心心所法何所尋求，何所伺察，何所攝受？既思惟已，純觀彼心相續前後行相差別。觀彼心相若得純熟，齊是名為修他心智加行成滿。（婆沙九九，五一三c）

六、宿住隨念智之加行。初修業者，於世俗定已得自在，數起現前令轉明利。先審憶念，次前滅心。隨念知已，次審憶念，久已滅心。隨念知已，展轉乃至加行成滿。（婆沙一〇〇，五一八c）

七、二種三摩地。有二種三摩地：一聖，二非聖。聖復有三：一善有漏，二無漏，三無覆無記。（婆沙一〇二，五三〇b）

八、三解脫門。空三摩地是空，非無願無相。無願三摩地是無願，非空無相。無相三摩地是無相，非空無願。（婆沙一〇四，五三八c）

九、十空。內空、外空、內外空、有為空、無為空、無邊際空、本性空、無所行空、勝義空、

空空。（婆沙一〇四，五四〇a）

十、三重三摩地。云何空空三摩地？謂有苾芻思惟有漏有取諸行，皆悉是空。觀此有漏有取諸行空無常恒不變易法我及我所。如是觀時無間，復起心心所法，思惟前空，觀亦復是空。觀此空，觀亦空無常恒不變易法我及我所。如人積聚眾多柴木，以火焚之。手執長竿，周旋斂撥，欲令都盡。既知將盡，所執長竿亦投火中，燒令同盡。

云何無願無願三摩地？謂有苾芻思惟有漏有取諸行皆悉無常。觀此有漏有取諸行非常非恒是變易法。如是觀時無間，復起心心所法，思惟前無常，觀亦復是無常，觀此無常觀亦非常非恒是變易法。喻如前說。

云何無相無相三摩地？謂有苾芻思惟擇滅皆是寂靜。觀此棄捨諸依愛盡離滅涅槃。如是觀時無間，復起心心所法，思惟寂靜，觀非擇滅亦是寂靜，觀此非擇滅亦無生等諠雜法故，喻如前說。（婆沙一〇五，五四三a以下）

十一、神境通之加行。神境智證通云何加行？以何方便起神境智證通？

答：彼初業者，習世俗定，令極自在。極自在已，起令現前。由現前故，於神境通便能引發。從彼乃能隨起一化。（婆沙一三五，六九七b）

十二、欲天與人之相見。如四大王眾天，以智以見領解於人。人於四大王眾天不能如是。除有修有神通或他威力。乃至他化自在天對人亦爾。謂四大王眾天等，亦是人眼境界同一繫故。然以極遠不能見之。若得神通，自能往見。或他力引至彼能觀。（婆沙一五〇，七六五c）

十三、三梵相互之相見。初靜慮中有三天處。謂梵眾、梵輔及大梵天。

問：如是三天互相見不？

答：彼互相見。（婆沙一五〇，七六六a）

十四、關於殘象。諸有現入青遍處定，從彼定起所見皆青。又由多時住青林中，後出餘所，所見皆青。（婆沙一五〇，七六六b）

十五、滅定之加行。云何加行起滅等至？謂初修業者於一切行，不作加行。不欲思惟諸我所有，未生想受，當令不生。已生想受，當令速滅。若於爾時所有想受未生不生，已生者滅，是名為滅。（婆沙一五二，七七五b）

十六、滅無差別。（婆沙一五二，七七六c）

十七、作願與滅定之出入。有作願入滅定，不作願出。有作願出滅定，不作願入。有作願入滅定，亦作願出。有不作願入滅定，不作願出。（婆沙一五三，七八一c）

十八、天眼。爾時色界四大造眼處周圓天眼淨。（雜阿毘曇心論十，大正二八，九五八a）

丁、雜部

一、**四事決定**。諸法四事決定。所謂因、果、所依、所緣。（婆沙一七，大正二七，八六c；俱舍六，大正二九，三一c）

二、**四緣相互之關係**。有法是因緣，彼亦是等無間緣，亦是所緣緣，亦是增上緣。乃至有法是增上緣，彼亦是因緣，亦是等無間緣，亦是所緣緣。（婆沙二一，大正二七，一〇八c）

三、**沙門果之一種**。彼住於斷，不求勝進，為得未得，為獲未獲，為觸未觸，為證未證。（婆

沙六五，三三七a）

四、根與境。眼定對色，色定對眼。廣說乃至，意定對法，法定對意。（婆沙七六，三九一c）

五、得與獲。得云何？謂獲成就。獲云何？謂得成就。成就云何？謂獲得。得獲成就，聲雖有別而義無異。（婆沙一五七，七九七a）

六、三聚。邪性定聚，謂五無間業。若彼因彼果彼等流，彼異熟。及成就彼法補特伽羅。正性定聚，謂學無學法。若彼因，彼果，彼等流。及成就彼法補特伽羅。不定聚，謂諸餘法。若彼因，彼果，彼等流，彼異熟。及成就彼法補特伽羅。是名三聚自性。（婆沙一八六，九三〇c）

第三章　基於對照表所作的結論

以上所揭雖未見完全，但大抵揭出了七十種引用句，並將之作種種的對配與分類。今基於此對照表，作結論如次。

一、現存漢譯施設論與所謂的施設足論　現存《施設論》至少是所謂的「施設足論」的一部分。如前所述，西藏譯的第三品「業施設」完全只是推論，此一部分或許有可疑之處，但前二品既然相符，唯獨此品不符，終究是不可思議的。因此，此三品可以推定正是《施設足論》。

從而從來被學者抱持疑問態度的法護譯《施設論》也是有部的六足論之一。從來將此視為《施設論》之全部或半分，種種引用句不能與此相符，因此，對此抱持疑問，但漢譯的「因施設門」之外，藏譯另有其他二門，而且相對於「因施設門」，如前章第二節之乙表所顯示，至少有九句相符，因此，終究不能認為此論有別於《俱舍》、《婆沙》所見的「施設足論」。但可以確定法護所持來的梵本多少有所欠缺。此因藏譯本由十六節所成，而漢譯是在第十四節就作終結，更且如前章第三節之甲表所顯示，應有置於此中且不得見的引用句。

二、全體之施設論　前章第二節與第三節的分類表的精神既然正確，就現存之《施設論》言之，縱使是西藏所傳，仍是所謂「施設足論」的一部分，絕非其全部。全體之《施設論》，現存的三品之外，另有與煩惱有關，與智定有關，乃至與雜論有關係的二品或三品。若非如此，彼等之出處不明。更且從大致的結構看來，世間品、因品、業品等三品主要是就輪迴界作說明，因此，就完整的阿毘達磨而言，除此之外，猶須有與理想有關，以及與修行解脫有關的論述。尤其作為時代較早於《婆沙》，乃至《發智》、《品類》之產物，亦即就長養於猶看重修行問題的一般的阿毘達磨氛圍中的本論而論，若欠缺與此有關的獨立品題，將是無法想像。加之，從中國所傳的原典頌數看來，現存三品之外，若不再置三品，則無法符合其頌數。依據普光《俱舍論記》第一[1]、《開元錄》第十三[2]等所載，本論的原典有一萬八千頌。相較於其他譯出之他論，例如一萬六千頌的《發智論》，只多出二千頌，因此若全部予以漢譯，其篇幅是在《發智論》之上。徵於漢譯《施設論》，其「因施設」有七卷，在紙數上，縮刷版所收，僅只十三張。依此比例推算，再加上世間施設與業施設，最多不超過五十張，另一方面，相傳為一萬六千頌的《發智論》，縮刷版所收是九十七張。亦即全體的《施設論》其紙數應是超過百張，現存三品縱使全部予以漢譯，仍然無法到達此一數目。因此，現存三品以外，必然另有其他數品存在。全體之《施設論》與後世的《俱舍論》之組織稍稍類似，現存三品之外，應另有煩惱品、智品、定品與雜品。姑且將煩惱論收於業論中，而雜論散見於各品之中，但必然另有智品與定品存在。對於西藏譯若能再深入研究，相信更得以明瞭，但大體上，想必筆者的結論無需更動。

三、施設論的地位與價值　首先在地位上，世間品與因品等之中，雖未能窺見有部的傾向，但從所屬不明的引用句看來，其傾向已明顯表現。例如前章第三節丁之五所舉的有關得、獲、成就之論究即是。因此，就有部的地位論之，無疑的，本論比《集異門足論》、《法蘊足論》等更進一步，恐是位於前揭二論與《品類足》之間。再從其他方面觀察，本論初始並不屬於有部，亦即只是一般之論書，「世間施設門」等恐是最早完成，經時空推移之後，品目日漸增加，有部的傾向增強，最後成為有部的六足之一。分別論者與犢子部將此視為聖言而予以引用，其因可能在此。

從而本論之特色未必是重振或發揮有部的特殊教理。其特色應是立於一般論書立場，對於所有問題，給予親切、詳細、適切地說明。對於法相，一般的阿毘達磨其論究方式通常只是徒然予以枚舉，流於機械性的分類，乾燥無味，如同嚼蠟，此如前述。唯獨本論其法相頗為進步，其說明是散文式的，更且材料豐富，至少就《婆沙》以前的作品論之，堪稱天下第一品。例如一般的阿毘達磨在說明四無色定時，述說六通智時，只是列舉其名目，揭出多少有漏，多少無漏，反之，本論對於修行，亦即對於彼等之加行給予最親切之說明。此徵於前章第三節之丙所揭數項，即可知之。在諸阿毘達磨中，如同本論之親切與有趣說明的，再無其他。再揭舉一例，一般阿毘達磨在述說空時，大抵只提出三解脫門之一的空三昧，相對於此，本論更言及空空三摩地。更且在言及「空觀亦空」時，揭出恰如「火箸」之長竿，最後亦被燒捨（前章第三節丙之十）如此意義深遠之譬喻。最後揭出的空、大空、內外空等十空，成為大乘空宗之先驅，無論如何，其說相既含蓄且溫潤。尤其在「因施設門」中，上自佛陀，下至山川草木，對於種種問題，嘗試作彼等何以如此之說明，縱使其解決並不精巧，但至少對於其所作的努力應予以特殊敬意，具有充分的價值。

如是，《施設論》的法相的價值在種種方面，因此在《大毘婆沙》編輯之際，盛加利用，欠缺

1.《俱舍光記》第一卷（大正四一，八b）。

2.《開元錄》第十三卷（大正五五，六二〇b）。

說明的《發智論》，依此得以補足。若無此《施設論》，或許《婆沙論》（從而俱舍）無法具有如此豐富的內容。要言之，若無「世間施設」，則散見於《婆沙》之世界觀，乃至《俱舍》之世間品亦不得見之。此因無論《發智》或《品類》，其他的「四足論」，都欠缺此一方面之說明。從而意義如此豐富之論書，不詳基於何等理由，竟然無法全部譯出？由於原典早已散佚，今日只能作種種臆測，但無論如何，終究是相當遺憾的。雖然如此，所幸今日猶存有漢譯，也有西藏譯，更有種種的引用句，雖是不完全，全體的輪廓猶得以捕捉，若能以此等作為根據，作更為精細地研究，與此有關的種種，想必得以發現，因此雖是極為煩瑣，基於提供材料之考量，仍將種種引用句予以分類載錄如前。

四、與南方施設論的關係

南方的《施設論》（*Paññatti*），原則上是由蘊、處、界、聖諦、根、人等六種施設而成立，但其中除了最後的「人施設」（*Puggala paññatti*），至少不是以「施設」之名而流傳，此如前文所述。從而嚴格說來，南方之《施設論》其全體的組織與內容並不清楚。但大體上，其他五種施設與《毘崩伽》（*Vibhaṅga*）中以此等品目所論的，大致相同，並無獨立流傳之必要，因此，《毘崩伽》之外，無須別傳，此如前述。是故，縱使北方或南方都有完整的《施設論》現存，但筆者不認為其間有任何特殊密切的關係。現存北方的《施設論》與南方的「人施設」之間並無任何特殊關係，此因與北方《施設論》有關的種種引用句中，並無與《毘崩伽》蘊分別以下乃至根分別等五品相似的。亦即名稱雖同樣是「施設」，然其組織、題目與論究法並不相同。所謂「施設」，要言之，是說示、考察、分類之義，與「分別」等語相同，以此為目標之論書，自然可以用此名稱，因此只是名稱上，南北之間偶然相符而已。此如前篇所述，但既然是與《施設論》有關的問題，基於其名稱類似的關係，茲特依大施設（完備）之立場，再次言之。同樣的，耆那教所傳的《施設論》也是情形相同，故對此無須多論。

五、發表此未定稿之所以　上來是筆者對於本論所作的種種考證。如屢屢所述，筆者自知其基礎材料薄弱。尤其未能一讀西藏譯之業施設，最為遺憾。從而如果他日筆者有再作研究之機會，或作為《俱舍論業品註》之附錄，蒲先將之譯成法文時，對於筆者所論能給予訂正，想必能更為圓滿。此實是本文最為薄弱之處，且視為未定稿的主要理由。今予以發表之所以，是基於雖大多只是推論，但相信此間仍有不可動搖的成績。第一，闡明從來被視為疑問的法護譯的《施設論》與所謂的「六足論」之一的關係。第二，從《婆沙》、《俱舍》中蒐集出種種引用句，並闡明其性質，藉以補足全體《施設足論》之輪廓。亦即縱使其他結論猶須訂正，至少此二項的成績是不可動搖的。加之，雖是稍微大膽之論述，但他日西藏譯之全體若得以呈現，大體上，筆者相信將與揭於此文的見解不至於相差太遠，雖盼他日能再作修正，但仍不忍心久藏於篋底，故將此未定稿公諸於世。

第四篇　關於大毘婆沙論結集之因緣

前言

在此篇論文中，筆者主要目的是就玄奘（真諦亦然）所傳有關《大毘婆沙論》結集之傳說作根本性的破壞，並探求其實情與動機。筆者所依據的，主要是依據該論所述而作的批評性研究的成果，所有的傳說，只要不違反此批評結果的，即予以採用，反之，則置之度外。從來對於此論所述不作詳細的研究，僅只以「玄奘說云云」、「真諦說云云」，亦即僅只依據傳說而論述而作批評性研究的人，無法獲得此論成立之真相。筆者此篇論文之論點若有任何特長，其因在於筆者採取脫離前揭之缺點，完全以此論之論述作為基礎，輔以傳說而推進論究，此乃必須預先聲明的。

基於前述理由，此篇論文分成二部分。第一部分，專就從來相信的傳說，尤其玄奘及玄奘門下所說予以破壞，此乃消極的方面，第二部分，闡明《大毘婆沙》成書的真正因緣，此為積極的方面。亦即應用《婆沙論》所愛用的「止他宗，顯正理」的方法。

但在完成筆者所論之前，另外又產生不少新的種種疑問。例如此論之結集者的「脇」，顯然有否定世友等諸論師之傾向，但究竟是何人將彼等之意見介紹以及批評於《婆沙論》中？此乃必須予以討論的問題，不能置之不理。對於此等問題，至少有關當時有部內的種種意見，代表此等意見之著作，乃至其團體與分布狀態等等，都必須予以揭示，但剋實言之，筆者的研究尚未及於此。此處所作的研究只是闡明其狀態中的某個階段而已，尚未能觸及於全體，此亦必須預先說明。

此外，有關《大毘婆沙論》在中國的翻譯經過與新舊譯之同異等，雖然也有必要予以述說，但由於此間並無大問題存在，故略過不論。

第一章 有關大毘婆沙論之結集的玄奘說

第一節 大毘婆沙論與迦膩色迦王之關係

關於《大毘婆沙論》之編輯因緣，從來所相信的是，玄奘所傳。亦即佛滅後四百年，犍陀羅（Gandhāra）王迦膩色迦（Kaniṣka）聽從其歸依師父脇尊者（Pārśva）勸說，召集五百聖者在迦濕彌羅（Kaśmīra）結集有部三藏，其中歸屬於論藏的，即是此《大毘婆沙論》。此事詳見於《西域記》第三卷[1]，更且在本論之跋文中，亦明言如次：

> 佛涅槃後四百年　迦膩色迦王贍部
> 召集五百應真士　迦濕彌羅釋三藏
> 其中對法毘婆沙　具獲本文今譯訖[2]

此說涉及迦膩色迦王之年代論，故學者對此所見不一，亦即對於《大毘婆沙》與迦膩色迦之間的關聯，東西學者早已產生疑問。華特（Watters）在《西域記》之譯本 "*Hiuentsang*" 中，揭出三條理由予以否定[3]，日本方面，就筆者所知，學友羽溪學士在《西域佛教》中，同樣也提出疑點[4]。筆者也是持疑者之一，更且依據對於《婆沙論》所作研究，筆者立於稍稍異於此等學者之見地而完全否定其間的關係。茲試揭理由如次。

第一，首先就傳說的價值觀之，將迦膩色迦王與《大毘婆沙論》之結集予以連結，就筆者所知，唯只玄奘一人，此外並無此傳述。《智度論》第二卷雖有迦多衍尼子（Kātyāyanīputra）的《八犍度論》及其解釋的《毘婆沙論》之記事[5]，但絲毫沒有言及《毘婆沙論》與迦膩色迦之關係。真諦「婆藪槃頭法師傳」中，雖言及八伽蘭多（亦即發智論）與所謂的「薩婆多阿毘達磨」（大毘婆沙）[6]，但只是將之視為迦多衍尼子及其弟子輩所為，對於迦膩色迦王並無言及。更就舊譯《毘婆沙》的「道挺序」見之[7]，雖言及《婆沙》之編輯者是五百應真，但也完全沒有言及該論與迦膩色迦之關係。如此看來，豈非不可思議？若如玄奘所傳，《大毘婆沙》果真是迦膩色迦王結集的主要成品，為證明其權威，必然觸及此事，但較古於玄奘的種種記錄對此毫無言及，故筆者終究無法無條件地相信玄奘所傳。尤應予以注意的，較晚於玄奘的多羅那他於其《印度佛教史》中，雖承認脇尊者與迦膩色迦之關係，也承認迦膩色迦發起結集，但並沒有特別指出此際所完成的，就是有部三藏，從而對

---

1. 《西域記》第三卷（大正五一，八八六b－八八七a，堀氏解說西域記 p. 174; ibid. 202; ibid. 270 等）。
2. 《大毘婆沙》第二百卷（大正二七，一〇〇四a）。
3. 第一，在《大毘婆沙》中，言及迦王。第二，結集之上首的世友是四大論師之一。第三，引用世友及脇尊者之著作等是其主要的理由。（參照 Takakusu's The Sarvāstivādin abhidharma books J. P. T. S. 1905.）
4. 《西域佛教》，頁一一四－一一五。
5. 《智度論》第二卷（大正二五，七〇a）。
6. 真諦《世親傳》（大正五〇，一八九a）。
7. 舊譯《毘婆沙》是宋文帝元嘉十六年（四三九），浮陀跋摩與道泰共譯。道挺之序見於《大正》五五，七三c以下。

於《大毘婆沙》，可以說是完全沒有觸及[8]。亦即在玄奘以後，並無此一傳說廣傳之證明，其因何在？如此的傳說是玄奘留學於迦濕彌羅時，從所謂迦濕彌羅派的有部宗聽聞而來，當時迦濕彌羅的「毘婆沙」之學徒為給予該論權證，遂將彼與大迦膩色迦王之結集連結，如此的傳說被玄奘原汁原味的傳入中國。玄奘只是忠實之介紹者，不是批評的歷史家，因此無法探索此傳說之真偽。

第二，值得懷疑的是，縱使有所謂的有部三藏之結集，但除了《大毘婆沙》之外，並無其他可視為同是此時結集的經律之傳譯。《十誦律》雖來自於迦濕彌羅，但並無迦膩色迦之傳說附隨，尤其阿含部之經典，很難視為是有部所傳持。當然並非印度所有經論都被漢譯，但《大毘婆沙》若是因迦王發起而完成，如此眾多來自迦濕彌羅有部系的翻譯三藏對於其他二藏不予以翻譯，乃至其相關傳說不予以傳述，豈非不可思議？就筆者記憶所及，依據此一事實，村上博士曾經推測迦膩色迦王所發起而結集的，並不是三藏，而是只有《大毘婆沙》[9]，筆者則據此作為《大毘婆沙》與迦王並無關係的證據之一。從多羅那他亦有迦王發起而結集諸派三藏之傳述[10]看來，此應是不能予以否定之事實，但特別將此說為是有部三藏，正是此一問題中，筆者最深感奇怪的。亦即沒有其他二藏之結集，正得以證明《大毘婆沙》並非迦王結集之產物。換言之，《大毘婆沙》之結集原與迦王之結集無關，爾後為提高其權威，遂冠以有部三藏之名，並結合迦王結集之傳說，乃至為強調此乃其結集之唯一目的而傳述另有其他二藏之結集。

第三，依據真諦之《世親傳》或玄奘《西域記》所載[11]，此《大毘婆沙》完成後，被保存於迦濕彌羅國，不僅不能攜出國外，連外國沙門亦不容易研究。如果世親匿名於迦濕彌羅國留學的傳說為真，恐是確實有此制定。

但此一傳說與迦王結集說是否毫無矛盾，二者可以並立？當時迦膩色迦王不僅在北天竺擴張勢力，更且推其餘威及於中印。依據《西域記》所傳[12]，初始王所選定的結集場所是王舍城，但由於脇尊者等人抗議，才移至迦濕彌羅。若是如此，在迦濕彌羅國結集，只是會場的問題而已，此如同今日種種國際會議或在倫敦舉行，或在巴黎，乃至在東京舉行。但果真有可能對於會議之決議或是記錄禁止攜出會議場所？況且佛典之結集，原是意在闡明其所據，全體皆應依循是其目的，既然如此，則不能有迦濕彌羅國以外的人不能學習的情形產生。至少在迦王勢力範圍之內，應是獎勵其研究，廣泛流布，才是妥當。是故，此一傳說若屬實，正可以證明迦王與此毫無關係，終究《大毘婆沙》只是迦濕彌羅一國之特產而已。

以上三項，主要是指出傳說間的矛盾，若徵於《大毘婆沙》所述，與此傳說不相容的，至少有二項。茲作為第四與第五之理由，論述如次。

第四，《大毘婆沙》中對於所謂西方師之態度。如後文所述，編輯《大毘婆沙論》之動機，除了意欲破斥其他部派所說，同時也評破有部中之異說，藉此確立所謂阿毘達磨論師之說。在評破自己派內異說中，最應予以注意的是，《大毘婆沙》屢屢以西方師或犍陀羅論師（有時亦稱西方犍陀

---

8. *Tāranātha's Geschichte des Buddhismus in Indien von Anton Schiefner*, pp.59–60（寺本譯本，頁九八以下）。
9. 就筆者記憶所及，是十數年前東京文科大學之講義。
10. *Tāranātha's Geschichte des Buddhismus*, pp.59–61（寺本譯本，頁九八—一〇二）。
11. 《世親傳》（大正五〇，一八九a）、《西域記》第三（大正五一，八八七a；堀氏解說本，頁二七二）。
12. 《西域記》第三（大正五一，八八六c；解說本，頁二七一）。

羅論師）之名而予以批評。亦即《大毘婆沙》之結集蘊含一種對外的意味，破斥西方犍陀羅之有部，是其任務之一。

以犍陀羅國為本據，由迦王發起而舉行的結集，果真可以如此行之？既然是迦王發起之結集，自是招集全天下（至少是北印一帶）的有部學者參預。從而其意見應是極為公平，毫無理由特別僅聽取迦濕彌羅有部人之意見。縱使當時迦濕彌羅之有部特為優秀，但特別壓抑犍陀羅派，獨尊迦濕彌羅派，恐是不可能。況且依據《西域記》卷二所載，由來犍陀羅一地多出大論師[13]。脇尊者或世友皆出於此地。若如傳說所傳述，彼等都到迦濕彌羅參預會議，即絕無理由備受迦濕彌羅派壓制。更且事實上，相對於當時犍陀羅之有部，《大毘婆沙》是由迦濕彌羅國的有部所成，就此而言，迦王發起之結集大有可疑。

此《大毘婆沙》獨傳於迦濕彌羅，不僅只是在教理上。其所引用的種種故事，也是以迦濕彌羅為中心。例如扇帙略外道與筏素羅羅漢論戰敗北[14]，又如牝象基於運送佛舍利至迦濕彌羅之因緣，其次生成為羅漢[15]，又如一迦濕彌羅論師行於北印闍林伽藍，鬥議法門獲得勝利[16]，乃至補沙友王與達剌陀王等入侵迦濕彌羅，迫害佛教[17]等，無論是事實或是傳說，總之，相傳發生於迦濕彌羅國的事件屢被引用。如是，顯示通曉此等事情之人是本論之主要編輯者，此等僅依其結集場所之關係是無法予以說明的。亦即據此可以認為本論並不是迦王廣集天下學者結集而成。

第五，此乃以華特為首，其他諸人最為注意的，《大毘婆沙》中載有迦膩色迦王之名。亦即其第百十四卷曰：

昔健駄羅國迦膩色迦王有一黃門，恒監內事。暫出城外見有群牛，數盈五百。來入城內，問驅牛者，此是何牛？答言：此牛將去其種。於是黃門則自思忖，我宿惡業受不男身，今應以財救此牛難。遂償其價悉令得脫。善業力故，令此黃門則復男身。深生慶悅。云云。18

此中所言之「昔」，不清楚是指多少年月以前，但既然以故事的形態流布，想必不可能是相當近的「昔」日，總之，在編輯的當時，是將迦膩色迦王視為過去的人物。當然，對此或可辯言：有二位迦膩色迦，此引文中的「迦膩色迦」，是往昔之迦膩色迦，並不是結集發起者的迦膩色迦。但二位迦膩色迦之說極其怪誕，如上來四段所述，可以舉出種種反證，因此直接視為與所謂大迦膩色迦時代有關的記載較為恰當。對於不承認有二位迦膩色迦的筆者而言，此項理由給予迦膩色迦與《大毘婆沙》結合的傳說擊出最後的致命一擊。

以上所揭五項理由是筆者所見，其中任何一項，對於玄奘所傳的婆沙結集因緣，至少具有對抗之力。此因如前所述，玄奘所傳只是傳說而已，而筆者所揭，無論是與傳說相反之事實或傳說，仍與玄奘所傳具有同等價值。況且前揭五項理由具有一對五之力，加上無法提出可以加強玄奘所傳的

13.《西域記》第二（大正五一，八八〇b以下；解說本，頁一七三）。
14.《大毘婆沙》第十五卷（大正二七，七六c以下）。
15.《大毘婆沙》第四十二卷（同上，二一六a以下）。
16.《大毘婆沙》第百十七卷（同上，六〇八b以下）。
17.《大毘婆沙》第百二十五卷（同上，六五五b以下）。
18.《大毘婆沙》第百十四卷（同上，五九三a）。

新事實，又無法提出可以破壞筆者所提五項理由之事實，則玄奘所傳終究不能成立。

第二節　大毘婆沙論》之結集者的脇尊者與世友等諸論師

與前揭迦膩色迦王的問題有關連，更需要予以探察的是，本論與相傳作為其編輯者的脇尊者，以及所謂四大論師的關係。依據西藏所傳，迦王與脇尊者之間有關係，如今既然否定《大毘婆沙》與迦王之關係，則從來傳說的脇尊者等諸論師與《大毘婆沙》之關係，同樣也不能全盤接受。

依據《西域記》所載，脇（Pārśva）尊者向迦王勸請舉行第三次結集，首先廣集天下羅漢，尋得四百九十九人，其次再得世友（Vasumitra）一人，故成五百之數，更以世友為上首，費時十二年，完成其業[19]。就此傳說而言，上首之世友乃至具有監護之責的脇尊者都列席於此次之結集。不只如此，徵於《大毘婆沙》所述，此二人之意見始終被言及，且頗受重視，因此，此一傳說可以依《大毘婆沙》所述而獲得支持。如是，其意見屢被言及（僅次於世友與脇尊者）的法救（Dharmatrāta）、妙音（Ghoṣaka）、覺天（Buddhadeva）等三師，此三人被認為曾出席於其會場也是自然之數。尤其《大毘婆沙》第七十七卷稱世友、法救、妙音、覺天等四人為四大論師[20]，《光記》等基於此四人乃五百人中最為傑出，而稱之為四大論師[21]，日本凝然稱之為婆沙會之四評家[22]。簡言之，脇尊者是總裁或監護者，世友是會長兼編輯長，法救、妙音、覺天等三人是特別的編輯員，在彼等指導之下，其他四百九十餘位羅漢協力廣說《發智論》，亦即以《大毘婆沙》為中心而編成有部三藏，此乃以玄奘所傳為基礎的從來的看法。對此，近時或有學者懷疑其中的一、二名論師是否真正出席，雖然如此，但就總體而言，是作為事實而被承認的，通常都依據俱舍學者等所說而接受之。至少就筆者所知，對於此一傳說並無人質疑。

但如同否定《大毘婆沙》與迦王之關係，對於此一問題，筆者亦持相同態度。剋實而言，脇尊者以及世友等諸論師與《大毘婆沙》之結集沒有直接關係，亦即彼等不是《大毘婆沙》之編輯員。茲略舉理由如次。

首先是前節所揭之數條理由。亦即玄奘以外，再無他人明言脇尊者、世友等人出席此次結集。並沒有以迦濕彌羅派為中心，廣集天下有部學者之情事。尤其是並無脇尊者與世友都是出生於犍陀羅，卻壓抑犍陀羅派等情事。第二，所引用的論師中，顯然含有應視為只是間接者的人。

《大毘婆沙論》中，不只引用前述五位論師，此外亦引用多人之意見，就筆者所計算，大抵有十九名。今略揭其名如次。

一、妙音（Ghoṣaka）。二、佛護（Buddharakṣa）。三、覺天（Buddhadeva）。四、左受（Vāmalabdha）。五、世友（Vasumitra）。六、大德（Mahābhadanta）。七、法救（Dharmatrāta）。八、達磨難提（Dharmanandin）。九、霧（Vāṣpa）。十、設摩達多（Kṣemadatta）。十一、僧

19.《西域記》第三卷（大正五一，八八六c以下，堀氏解說本，頁二七一）。
20.《婆沙》第七十七（大正二七，三九六a）。
21.《俱舍論記》第二卷（大正四一，五二b）。
22.《傳通緣起》中一七b，林常反對稱此為四評家；《俱舍論法義》卷一（佛書大系本，頁五－六）。

伽筏蘇（Saṁghavasu）。十二、婆末羅（Bhamara）。十三、時毘羅（Divira?）。十四、瞿沙伐摩（Ghoṣavarman）。十五、寠沙伐摩（Roṣavarman?）。十六、法善現（Dharmasubhūti）。十七、望滿（Pūrṇāśa）。十八、達羅達多（Dharadatta）。十九、瞿達多（Godatta）。[23]

此中某些人或僅只引用一、二次，或是不斷引用，無論如何，其名於他處亦可見之。若僅依引用此等所言的體裁，初始實難以區別究竟是編輯者筆記其人意見，或是間接依其人著作而予以引用。但若再三細讀，顯然有不少是依據著作或依據傳承而間接引用的，實際上其人並沒有列席於編輯場所。

首先最為明白清楚的，是位列第十三與第十四的時毘羅與瞿沙伐摩。亦即《大毘婆沙》一百二十九卷曰：

> 昔於此部有二論師。一名時毘羅，二名瞿沙伐摩。尊者時毘羅作如是說……。[24]

明顯地是以「昔」字表示，因此，相信任何人都不會認為是指座中人。但應予以注意的是，其他處所對於此二位論師未必是以過去的人視之，如同其他論師，也是以列席者的方式引用。例如第一百二十七卷在論述大種與造色之區別時，世友、大德（法救？）之外，亦引用時毘羅之言[25]，第一百七十八卷在論述何人起願智的問題時，引用瞿沙伐摩之說，並無視為是「前人」的表現[26]。次於此二人，明顯可視為是間接引用的，是位列十六的法善現，此人之頌文常被引用，但並非列席者。此依此人所作的「菩薩以白象之形入母胎云云」之頌，被阿毘達磨諸論師判定為「此非三藏之文句，故不足顧」之表現，可以知之[27]。又位列十八的達羅達多同此，第九十六卷在論述三十七助道品時，似乎是以列座論師之形態被引用，但第六十九卷在論述「中有」時，從毘婆沙師對於此人所作評語「達羅達多是文頌者，言多過實，故不須通」看來，顯然是依據其著作而揭示[28]。又，雖然只是間接推定，但位列十七的望滿恐怕也可歸於此類。依據《西域記》第三卷所載：「王城西北，行二百餘里，至商林伽藍，布剌拏論師於此作釋毘婆沙論」[29]，其所言之布剌那（Pūrṇa，圓滿），可能即是見於《大毘婆沙》之望滿。若果真如此，其所引用主要出自於《釋毘婆沙》（不傳）。《大毘婆沙》編輯之際，參考此前的諸小毘婆沙，應是極有可能。此人之意見在《大毘婆沙》中，是與脇、世友、大德、霧、覺天等人並列[30]。

以上所述，僅就末輩而論，但如此之觀察也可以用於四大論師身上。最為明顯的，是妙音，其

23. 位列第六的大德與法救是同是異，尚不能確定。尸陀槃尼的十四卷《鞞婆沙》中，對於《大毘婆沙論》中的「大德說曰」，大抵是載為「尊者曇摩多羅」（法救）（例如鞞婆沙卷六，大正二八，四五七c），據此看來，應是同一人。但《大毘婆沙》中，亦有法救與大德並舉的情形，有時亦將經部師稱為大德，故難以確定是同一人，因此，暫且將大德獨立於法救之外。
24. 《婆沙》一百二十九（大正二七，六七一b）。
25. 《婆沙》一百二十七（同上，六六四c）。
26. 《婆沙》一百七十八（同上，八九六b）。
27. 《婆沙》七十（同上，三六一b以下），《婆沙》一百七十二（同上，八六六b）。
28. 《婆沙》九十六（同上，四九六a），可與《婆沙》六十九（同上，三五八b）比較。
29. 《西域記》第三（大正五一，八八八a；解說本，頁二八四）。
30. 《婆沙》九十四（大正二七，四八七a）。

《生智論》被引用二、三次31。其中一處，被引用作為所謂阿毘達磨論師的評破對象，因此彼之意見應該都是取自彼之著作，絕不可能是列席於會場的發言者。此不僅只是筆者之意見，日本的新研究者之中，已有發表此一意見之人。又，法救與世友也是同此，依據《大毘婆沙》卷一百二十所載，法救有《法救論》之著述32，但關於世友，依據《大毘婆沙》所載看來，並無其著述之名（品類足、界身足等是他人所撰），但若依據尸陀槃尼的《鞞婆沙論》所載，則有「婆須密經」（世友經）之著作，因此仍應視為取自於其著作。當然，同樣名為「法救」，或名為「世友」，所謂同名異人的，應該為數不少，但列席者與著者有別，如後文所述，對於世友與法救之意見，從阿毘達磨論師不免予以評非看來，此二人之意見應該也是藉由其著作而提出的。

據此觀之，出現在《婆沙論》之舞台，將近二十名的論師中，至少有七、八人確實曾列席於會場，但也有若干徵證證明某些論師並不是列席者。但此等論師看似也列席於會場，也有發言，其意見也被引用，就《婆沙論》之記述體裁言之，此亦應予以注意。此因據此即得以證明至少並無足以推翻「被當作列席者之意見的，其實只是間接引用」之推論。何況公平起見，其意見之提出，大抵應是由第三者予以引用。茲就如次所揭二文見之。

昔於此部有二論師。一名時毘羅，二名瞿沙伐摩。尊者時毘羅作如是說……。（婆沙一二九，大正二七，六七一b）

說一切有部有四大論師。各別建立三世有異。尊者……。（婆沙七七，同上，三九六a）

前者採用「昔」字，顯然是沒有列席會場，而後者對於四大論師的表述，除了缺少「昔」一語，實與前者並無任何差別。因此，將沒有使用「昔」一語的，視為是確實出席的人，恐是過分輕率。此因對於當時列席於會場，且是廣釋《發智論》之幹部，肩負功罪之責而預會的人，卻採用「說一切有部有四大論師」如此的記錄方式，豈非相當不自然。從來都相信整理結集會議之議事紀錄的，是書記（馬鳴）所為，故對於如此體裁，並不覺得奇怪，但此中既然存在著不曾出席的人，則對於引用的體裁自然產生疑問。總之，所謂四大論師之中，妙音論師顯然不是列席者，由於妙音與覺天、法救、世友等人同列，因此，如何證明其他三人確實是列席者?若能跳脫怪誕的傳說，至少就《大毘婆沙》所載看來，並無得以證明的記載。反之，視為沒有出席的觀點得以與《大毘婆沙》之論述調和。若是如此，與此等論師同列的脇尊者也是一樣，同樣是不曾出席會場，其意見是出自其著作，是其繼承者代表持至《大毘婆沙》之編輯處。如是，筆者認為《大毘婆沙》所揭論師之說，都是間接引用，毫無一人實際出席於其會場。此依與如次所述的理由結合，即成為更為有力之主張，但此項僅只是就不曾出席的論師或出否不明的人予以確認而已。

其次第三項的理由是，對於諸論師之意見都以客僧身分看待。

表現於《大毘婆沙》中的諸論師之意見，未必是用於支持其宗義般的，具有積極的任務。被用於評破而引用的，其數不少。例如前文所揭，位列十一的僧伽筏蘇（Saṅghavasu）。對於此論師之

31. 關於《生智論》，參照《婆沙》六十三（同上，三二六a）、《婆沙》七十七（同上，三九七b）、《婆沙》九十八（同上，五〇七b）等。
32. 參照《婆沙》一百二十（同上，六二三c）。

意見，全篇大約引用將近二十次，僅只一、二次是默許，其餘全以「評曰非」之言斥之，可以說已到達慘不忍睹的地步。對於出席的論師有可能如此對待？五百人之中，特地揭出其名，揭出其人意見，卻全部不採用，以常識思考，豈非不可思議。至少筆者若是當事者，將會採取不將此人意見揭載於貴重紙面之方針。何況是以「尊者僧伽筏蘇云云」之名稱而予以記錄？《大毘婆沙》所以有如此表現，應是對於《大毘婆沙》之編輯，此人擁有不能欠缺之著作，編輯人員有用以參考並破斥其謬說之必要，如此理解才是妥當。

脇與世友之意見雖甚受重視，但也未必全都接受。有時其他論師的見解被視為是正義而評取的，其數也不少。例如對於心心所相應之問題，在闡明其相應之意義時，揭出世友、大德、妙音、霧等人之意見，霧尊者的四平等說（所依、所緣、時分、行相）被採用，其他則不取[33]；在論述遍知之自性論時，脇、僧伽筏蘇、妙音、佛護等所持意見之中，佛護所說被採用，前三人（包含脇）之說不取[34]。況且在論述種種問題之際，雖然脇、世友等諸論師提出種種意見，但所謂的阿毘達磨論師並不以此為滿足，進而以「如是說者曰」、「迦濕彌羅師曰」、「阿毘達磨論師曰」之方式揭出別說，並視此為正義，如此之類例，不勝枚舉。對於脇與世友尚且如此，何況其他論師；對於僧伽筏蘇，在其他處所雖相當尊重其意見，但予以痛斥的，也不少。更且有趣的是，法救、覺天、妙音等所謂的大論師猶不免遭此難。顯著之例，揭之如次。

首先就妙音而言，第一五四卷揭出「無想有情初生時，是有想或無想」之題目，其目的是「欲止他宗顯自宗」。此處所說的「他宗」，無非是妙音之意見。在予以駁斥之後，循例以「為遮是等故作此論」作為結語[35]。亦即就此而言，妙音若是出席，是被其他四百九十九位僚友決議為異端。

最為嚴厲的，是對於覺天。第七十四卷論及與色有關的問題，對於覺天所持四大種之外無所造色之意見，如次評論：

此為遮止何宗所說？答：此為遮止覺天等說。謂佛觀察未來世中，有覺天等當作是說，四大種外無別所造。為遮彼意，故作是說。36

亦即覺天不僅被其他四百九十九人視為異端，依據彼等之決議，其所持色法觀，在數百年前，早已被佛世尊破斥之。若覺天果真出席會場，將有何感受？難道是脇及其他三大論師予以安撫，阻止其退席？

又，承續先前之論議，彼等將色分類為十色處與法處所攝之色法，進而揭出意見與此相反的譬喻師，亦即經部與法救。就此而言，大德、法救是與有部之大敵的經部被等同視之。

從來所謂的五百羅漢是採取強烈批判的態度，未必服從上首或大論師意見，故有如此結果，若作如此的解釋也是通例，但此終究是過分依據玄奘所傳的會通法，絕對無法得其真相。雖略嫌煩瑣，但再揭駁斥覺天與法救之文見之。此乃解釋《發智論》所揭「大種所造處，幾有見幾無見，……乃

33.《婆沙》十六（同上，八〇c）。
34.《婆沙》三十四（同上，一七五b）。
35.《婆沙》一百五十四（同上，七八四b）。
36.《婆沙》七十四（同上，三八三b）。

至——」[37]之文，依據《大毘婆沙》所載，此有二釋。第一釋，主要是為廣釋契經所說，第二釋是為駁斥覺天與法救所說。

有說為止餘師所說。謂此部內有二論師，一者覺天，二者法救。覺天所說——云云。（婆沙一二七，大正二七，六六一c）

今嘗試想像當日會場上的光景。脇以及所謂的四大論師、佛護、霧等人果真是請僧伽筏蘇等作為指導者，更且是五百聖者會聚一堂，闡明《發智論》之意義。當時具有書記官身分的一位羅漢誦出《發智》第五章大種蘊大造品之初句（前句），並詢問論主迦多衍尼子作此說之目的。此時一位羅漢起立說道：「契經言及四大種與四大所造色，但未述及微細之處，為予以闡明，此乃論主設此章之所以。」對於此說，更有其他羅漢起立曰：「論主以破斥有部內之謬見為目的，如此之解釋才是適切。」之所以如此，是因為部派內有覺天與法救等二大論師，於論述此問題時，意見相左，故先介紹二者之意見。對於此二說，眾人議決二者所述皆有道理，最後決定兩種解釋都予以記錄。——常識上，如此的情事有可能發生？於稍早時代撰述《發智論》的迦多衍尼子，有可能是為了破斥較晚時代的此二論師（為瞭解釋發智論而預會的幹部）之說而撰述此章？如此的解釋完全是出現於喜好懸記的時代，可以說是相當無視於時代的一種謬論。更且覺天與法救對此不發一言辯解，完完全全接受議決之舉，也完全無法想像。反之，如果認為「無論覺天或法救，或妙音，乃至脇與世友都不是會場的列席者，彼等都是早於編輯時代的人，更且在《發智》之解釋上，占有不能忽視的地位，因此其意見獲得引用或批評」，如此的解釋，相信絕非毫無道理。將此與前文所述的解釋相對照，真相即能大白。況且如前所述，法救或妙音此二人都有著述，以此對照彼等所說被引用之事實，除了作如此解釋，實別無他途。

以上所揭三項理由，正是筆者主張脇與世友等諸論師對於《婆沙》之編輯並無直接關係之根據，更且從《大毘婆沙》中，完全無法尋得與此相牴觸之文獻。在《大毘婆沙》中，隨處引用諸師所說，但毫無積極得以證明彼等出席會場的資料。遺憾的是，對於諸師之意見是以何等形態於編輯處被提出，以及諸師與迦多衍尼子的關係如何等等的問題，尚未得以釐清，雖然如此，總之，彼等與《大毘婆沙》之編輯是間接的關係，對此，筆者深信不疑。

37.《發智論》第十三（大正二六，九八一c）。

第二章　大毘婆沙論編述之動機及其真正的編輯者

第一節　婆沙編述之動機

既然否定迦王與《大毘婆沙》之關係，進而亦否定脇、世友等諸論師與《毘婆沙》的關係，若是如此，《大毘婆沙》的結集動機及其編輯是何人？

首先就動機言之，為有助於理解，首先必須將如次諸事置於心上。

第一，當時（迦王以後，龍樹之前）迦濕彌羅佛教之狀態。無庸贅言，迦濕彌羅盛行有部，但未必僅只有部流傳於該地。依據中國的譯經史，於其初期，亦即在羅什前後，小乘佛教的經論大抵是由罽賓三藏，亦即由迦濕彌羅的佛教徒譯出。當時所譯出的經論未必都是有部的，此徵於相傳是犢子部所傳，但實際上相近於大眾部所說的《舍利弗阿毘曇》也是罽賓三藏所譯，即可知之。尤其依據多羅那他所傳，在迦膩色迦王前後，此地以有部為中心，流行種種佛教，所謂的第三結集是將十八部全都視為正統[1]。其中，繼有部之後，最有勢力的是經部。迦濕彌羅的富裕婆羅門戍陀羅（Śūdra）除供養有部的長老，同時也供養經部的人，因此，經部之三藏擴傳於此地[2]，或傳說經部的室利邏多（Sūtrācārya Bhadanta Śrīlāta）前往迦濕彌羅布教[3]。當然，多羅那他所傳具有幾分真實不能確定，總之，當時的迦濕彌羅雖以有部為中心，但廣義而言，此地至少是外道乃至大部分的小乘佛教徒作學問研究的場所。

其次，第二點應予以注意的是，當時有部宗分布的狀態。大體上，依據《宗輪論》所載，有部是上座部中最古老的一派，且是總本家，但此乃有部教徒為提高自己身分而捏造的，就今日而言，終究不能將此視為事實。從而關於其起源，迄今仍然不是很清楚，但若將《論事》（*Kathāvatthu*）視為是成書於阿育王時代（實際上，此亦應予以懷疑），則此派應是在佛滅後三世紀，才成為獨立之一派[4]。此一部派逐漸獲得勢力，爾後除了南部地區，幾乎分布於全印度，雖然如此，但初始無疑的，主要是以北方為其根據地，是在此地發展其基礎。此徵於有部的大論師其出生地與活動地方，即可知之。脇與法救等出生於犍陀羅[5]，迦多衍尼子傳述《發智論》，是在至那僕底（Cīnabhukti）的闍林寺（Tamasāvana saṃghārāma）[6]，世友傳述《品類足論》，爾後法救撰述《雜阿毘曇心論》，同樣都是在犍陀羅國。[7]尤其如前所述，迦濕彌羅是有部最為盛行之地，因此爾後如《宗輪論》等，將此誇張為有部發祥之地。亦即至少初始完全以北方為中心，在此地發跡進而壯大，乃至其餘流徙徙流往四方。此間所出論書，《法蘊足》、《集異門足》、《識身》、《施設》、《界身》、《品

---

1. *Tāranātha, Geschichte des Buddhismus in Indien pp.* 59–60（寺本譯本，頁九八）。
2. ibid. p. 59.（寺本譯本，同上）。
3. ibid. p. 67.（寺本譯本，頁一一三）。
4. *Kathāvatthu I, 6 Text.* Vol. I, pp. 15–143，參照有部相關之記事。
5. 《西域記》第二（大正五一，八八〇b以下；解說本，頁一七三）。
6. 《西域記》第四（大正五一，八八九c；解說本，頁二九九）。
7. 《西域記》第二（大正五一，八八一a；解說本，頁一八九）。

類》、《發智》等，固然無須贅言，妙音的《生智論》與法救的《法救論》，乃至今日仍然無法清楚探尋其跡的種種論書。尤其在造《發智論》時，有部曾產生大變動，從而對此遂出現種種註釋（亦即毘婆沙），此依《西域記》等片段的傳述亦可知之。從而同樣是有部，然而依其場所及論師之系統，在法相上產生若干區別，也是自然之數。

《大毘婆沙》編輯當時的有部的狀況大致如此。若將以上二事置於心中，在批覽《大毘婆沙》時，自然能瞭解其編輯因緣。以下擬就此稍加論述。如前文所述，《大毘婆沙》不只是教義的註釋，一方面，以《發智論》為中心，意欲集成有部之教理，另一方面又具有破斥異於自派所述的目的。

問：何故作此論？答：為止他宗顯正理。或有說……。

此乃論究種種問題時，經常出現的論述方式。亦即所謂的「破邪顯正」，是其編述大方針。從而為瞭解編輯動機，有必要從前述的兩方面作觀察。

首先就「止他宗」的方面觀之，在《大毘婆沙》中，其論破對象有種種。今從遠的立場乃至近的立場述之——最遠的立場，無庸贅言，當然是所謂的外道。《大毘婆沙》所破斥的，有數論、勝論，乃至聲論（亦即文法論）亦經常觸及，進而至少就名稱而言，明論（吠陀）、順世論、離繫論（耆那）等都曾予以破斥。但剋實而言，對於外道之論破，《大毘婆沙》並沒有注予太多心力。僅只在序文中觸及而已。恐是當時的迦濕彌羅，外道不具太大勢力所致。《大毘婆沙》傾最多力量的，是破斥教內之異見。亦即法藏部、化地部、飲光部、犢子部、大眾部、分別論者、經部（亦即譬喻師）

等所持意見，在涉及種種問題之際，都成為批評與論難之對象（沒有十八部全體之名稱，從而不是對於全體都作批評）。此中，傾其最大力量的是，對於大眾部、分別部、譬喻師等的破斥。依據《大毘婆沙》所載，大眾部與分別論者在種種問題上，立場極為接近（爾後到了宗輪論等，將毘婆沙所載的分別說，直接視為大眾部之教理）。二者都具有觀念論的理想的傾向，此實與有部的實在論的立場不相容。此等教說流行於當時的迦濕彌羅，此依《舍利弗阿毘曇論》是由此地傳於中國一事即可知之。《大毘婆沙》基於其立場，在破斥大眾部時，是如何注其心力，此若對照假托五事，將大眾部之起源歸於惡僧大天（架空的人物）的故事[8]，即可思之過半。又，譬喻師（亦即經量部）[9]，無疑的，是脫化自有部，卻與有部相反，唱道契經中心主義，提倡與大眾部及分別部接近之教理，與有部對抗。從而對於有部而言，相較於其他部派，如此的叛徒更具威脅。更且若依據《西域記》所載，阿踰陀（Ayodhyā）國雖是其中心地，但如前文所述，當時的迦濕彌羅或犍陀羅也都盛行，從地理關係而言，彼乃有部之一大強敵。此依爾後「出自有部而轉入經部」的世親此一事實即可知之，總之，就正統有部而言，有必要傾其全力予以對抗。《大毘婆沙》的編輯動機中，無疑地，應具有此一任務。《大毘婆沙》之編輯者特將自派稱為阿毘達磨論師，或許此一名稱正是專門針對經部論師而產生的。總之，《大毘婆沙》全篇不斷的抨擊譬喻師是事實，更且此一事實與其破邪的動機有重大關係，此乃不容忽視。

---

8. 大天五事，《婆沙》九十九（大正二七，五一〇c－五一二a）。

9. 嚴格說來，譬喻師與經量部未必是同一。依據《大毘婆沙》所載，譬喻師的教理尚未臻於《俱舍論》、《宗輪論》等所揭的經部之教理。但經部主要是從譬喻師發展出的，故此處將兩者等同視之。

上來所述，是從前揭的第一項所導出的《大毘婆沙》結集的動機之一，進而將此與第二項對照觀之——就《大毘婆沙》而言，如先前所述，《大毘婆沙》所欲破斥的，不只是外道與其他部派。進而更要征服有部內的種種異說，確立所謂的阿毘達磨論師或迦濕彌羅師之說。亦即對於同一派內之異說，凡是與編輯者意見相左的，都視為「他宗」而予以評破。其對象是西方師、犍陀羅論師以及外國師等，換言之，當時迦濕彌羅以外的有部宗都被視為他宗。尤其是西方師或犍陀羅論師經常是《大毘婆沙》抨擊對象，在種種方面，凡是與迦濕彌羅師相異的，常被指出，常被評斥。在大局上，同樣是有部，因此，彼此之間應無太大的差異，如前所述，當時的有部以北方為中心而逐漸向四方拓延，因此在細微方面，彼此之間自然產生差異，但就當時的風習而言，即使是如此微細的差異也無法忍受。尤其犍陀羅一地，有部大論師輩出，教勢大盛，對於迦濕彌羅教徒而言，實有必要確保自家地位，抬舉作為有部之中心地的氣勢，因此必須施以抨擊。

不只如此，除了前揭的外國師、犍陀羅師之外，從《大毘婆沙》的論述中，也可見及舊阿毘達磨師、舊外國師、舊迦濕彌羅師之名，有時是以介紹的方式，有時是以評破的方式[10]，此乃必須加以注意的。此因《大毘婆沙》所言及的「他宗」，不僅是指當時的犍陀羅派與外國師之異說，即使同屬迦濕彌羅派，卻立於古立場的，也被包含在內，亦即相對於此等，新的主張才是《大毘婆沙》之所支持。亦即《大毘婆沙》的編輯動機中，含有去古（舊的有部）立新（新的有部）之意。

要言之，《大毘婆沙》之結集，無可懷疑的，是有部中的一種新運動。——將此視為對外的——外道姑且不論，就諸部派而言，是為破斥大眾部、分別部，尤其是經量部；從同一部派內的地理關係而言，是為破斥西方犍陀羅師以及其他所謂的外國師之立場；從同一部派中的新舊而言，是為破斥舊迦濕彌羅師，藉以確立自家宗義，此即是其編輯的主要動機。

以上所述是「止他宗」方面的動機，若是如此，其「顯正理」方面的動機又是如何？無庸贅言，自然是宣揚《發智論》，亦即迦多衍尼子之宗義。此論之撰述，對於有部宗而言，無論教勢上或教理上，都是劃時代的，迦多衍尼子之徒以此為中心，就種種有部內的意見予以批評，予以統總，藉以奠立有部宗之宗家，此即《大毘婆沙》編輯的積極的動機。

但應予以注意的是，彼等的動機之中，實有彌補《發智論》缺點之意涵。此因《發智論》雖是罕見名著，但全論太專注於闡明阿毘達磨的特色，亦即太偏向諸法之分別或諸法之關係，因此，在事實的說明上，遠不及《品類足論》、《施設足論》。此依《發智論》中，沒有五位之分類的秩序性的說明，沒有關於世界生住滅的詳細說明，即可知之。從而《發智論》之宗徒總合有部意見，意欲藉由《品類》、《施設》等諸論而予以補足。否則縱使就《發智論》所述給予如何詳細的解釋，終究只是諸論之一，無法成為宗家。簡言之，《大毘婆沙》的「顯正理」的編輯動機中，是以《品類》、《施設》等二論為主，此外加上《界身》、《識身》、《法蘊》、《集異門》等四論，俾令《發智論》完整無缺。就此而言，筆者認為所謂的「六足」或「六分毘曇」，並不是《發智》之六分，而是補足《發智論》之六足，此乃《大毘婆沙》之編輯者所選定的。亦即將《品類》、《施設》等六論視為有部六足論，而將《發智論》視為身論，是在《大毘婆沙》編纂以後，亦即六論與《發智論》間的相互

10. 關於舊阿毘達磨師，見於《婆沙》七五（大正二七，三八八b），舊外國師，見於《婆沙》七一（同上，三六八b），舊迦濕彌羅師，見於《婆沙》七一（同上，三六八b）及百十四（同上，五九四c）等。

關係，並不是產生於《大毘婆沙》編輯之前。此正如同商羯羅阿闍梨（Śaṁkarācārya）在巴達拉衍那（Bādarāyaṇa）的《吠檀多經》〔Vedānta sūtra，又名身思惟經（Śarīraka mīmāṁsā sutra）〕之註中所利用的奧義書，被視為是製作《吠檀多經》之材料。11

要言之，以迦濕彌羅為根據的新有部教徒為宣揚其宗義（基於發智論），遂以《發智論》為中心，雜糅集成有部諸論乃至《發智論》諸註，而編輯此《大毘婆沙》，此即《大毘婆沙》編輯之動機。據此，一方面確定其迦濕彌羅派之標幟，另一方面，於此一論，有部教理相關的必要材料全部網羅。此《大毘婆沙》雖說是《發智論》之註釋，但實際上是基於迦濕彌羅派之意見，廣泛參考諸論而成，其所以具有有部百科全書之體裁，即肇因於此。

上來是從消極與積極等二方面，就《大毘婆沙》結集之動機予以考察，進而再就前文所述當時的教界狀態觀之。迦膩色迦王結集說是無稽的，但本論何故與迦濕彌羅國有深切關係的理由，彷彿亦得以理解。總之，《大毘婆沙》——縱使被視為是最卓越的，但就其地位而言，無非只是迦濕彌羅一派的產物。此依爾後出自犍陀羅的世親在撰述《俱舍論》時，雖以《大毘婆沙》為依據，但並不將此論視為最高權威，而是冠以「迦濕彌羅國之毘婆沙師」之稱呼，將此論視為只是一派之主張，並且從《發智》、《品類》、《施設》等，彼所謂的「本論」中探求權證，即得以知之。

第二節　真正的編輯者與外護者

前節述及《大毘婆沙論》只是迦濕彌羅一派之產物，若是如此，大體上，何謂迦濕彌羅派？編輯者又是何等系統之學者？對此，與玄奘所傳稍異的，是真諦所傳，因此，有必要對此稍作探察。《婆藪槃豆法師傳》曰：

> 佛滅後五百年中有阿羅漢，名迦旃延子。母姓迦旃，從母為名。先於薩婆多部出家。本是天竺人，後住罽賓國。罽賓在天竺之西北。與五百阿羅漢及五百菩薩共撰集薩婆多部阿毘達磨，制為八伽蘭他。即此間云八犍度。……造八結竟，復欲造毘婆沙釋之。……迦旃延子次第解釋八結，諸阿羅漢及諸菩薩，即共研辨，義意若定，馬鳴即著文。經十二年造毘婆沙方竟。凡百萬偈云云。[12]

亦即迦多衍尼子在迦濕彌羅，不只是造《發智論》，亦從事《大毘婆沙》之編輯，身居主任一職。但就筆者所見，如同玄奘所傳，若依據《大毘婆沙》所載，此應是一種誤傳。

第一，就《發智論》見之，其第一卷言及迦多衍尼子主張世第一法必進見道位，此恰如五大河最後注入於海，其五大河之名如次所列：[13]

一、殑伽（Gaṅgā）。二、閻母那（Yamunā）。三、薩洛踰（Sarayū）。四、阿氏羅筏底（Aciravatī）。五、莫醯（Mahī）。

11.《印度六派哲學》第七篇，第一章之一，ibid. pp. 520–524.

12.《世親傳》（大正五〇，一八九 a）。

13.《發智論》第一卷（大正二六，九一八 c）。

在《大毘婆沙論》中，此五河之名被訂正，且附上如次理由，此應予以注意。

> 尊者造此發智論時，住在東方故，引東方共所現見五河為喻，而實於此贍部洲中有四大河。眷屬各四，隨其方面，流趣大海。謂即於此贍部洲中，有一大池，名無熱惱。初但從彼出四大河。一名殑伽，二名信度，三名縛芻，四名私多。云云。14

明顯言及《發智論》是在迦濕彌羅以外的國家所造。其所言之東方，不甚清楚，恐如玄奘所傳，是指迦濕彌羅東南的至那僕底（Cīnabhukti）。就兩論所載河名稱予以比較，《發智論》所載，主要是依據南方之地理，反之，《毘婆沙論》所載是依據北方之地理，此即暗示此間已有年代上的差異。〔前文所揭五河，未必是發智論之特色，法蘊足論第十（大正二六，五〇三a）也可見之。〕

第二，迦陀衍尼子自己身任《大毘婆沙》結集之監修之說實與《大毘婆沙》所載不相容。在《大毘婆沙》中，對於基於何等目的，論主在《發智論》中立如是之論，有不同解釋，無法決定時，經常是揭出二說或三說。因此，若著者本身親列會場，自己既然是主要的解釋者必然無此問題發生。

因此，如同玄奘所傳，對於此真諦所傳，筆者同樣不予以採用。從而所謂的迦濕彌羅派（新的），並不是迦多衍尼子所開創的有部之新運動。

就此而言，雖是極為簡單，但筆者所中意的傳說是《智度論》所載。其文曰：

> 從是以來展轉，至姓迦旃延婆羅門道人，智慧利根盡讀三藏內外經書。欲解佛語故，作發智經八犍度。初品是世間第一法。

後諸弟子等為後人不能盡解八犍度故，作鞞婆娑。15

亦即初始迦旃延子造《發智論》，爾後弟子等基於後人不能盡解，故造《大毘婆沙》。其所言之「後」，當然是在《發智論》製作之後，但究竟是何種程度之「後」，不得而知，總之，《大毘婆沙》造於《發智論》之後，且其製作是其弟子所為，此說比起真諦所傳，應較接近事實。

若是如此，此等弟子之中，是何人主持《大毘婆沙》之結集？遺憾的是，無法知其詳情，僅能略述如次：

迦多衍尼子造《發智論》，其精緻之論究法令有部宗獲得新的發展，比起從前，以阿毘達磨為中心的傾向更為增進。從而對於在來的有部，此成為新運動，且具有不同的標幟。相對於其他的有部人，承繼此一系統的所謂的「諸弟子」，居於一種特殊地位，也是自然之數。所謂的「阿毘達磨論師」一語，若相對於經部，自是有部師全體之名稱，但若當作是有部內的特殊名稱，實是指發智系統的論師。如是，隨著年代推移，此一系統的有部逐漸興盛，爾後基於某種機緣，在迦濕彌羅國勢力大張，遂如前所述，意欲以《發智論》為中心而結合有部，因此，遂有《大毘婆沙》之編輯。從而所謂的「迦濕彌羅派」，主要是指以迦濕彌羅國為根據的發智系的有部學者，凡是參預《大毘婆沙》之編輯的，無論居士或羅漢，都是迦多衍尼子系的人。關於其人數的五百人，新舊所傳都是如此（是否真是如此，亦有可議），總之，是相當多的人。從其體裁看來，確是需要眾多的人。當然，

14.《婆沙論》第五（大正二七，二一c以下）。
15.《智度論》第二（大正二五，七〇a）。

如前所述，在此《大毘婆沙》完成之前，已有諸多「小毘婆沙」作為先驅，但意欲完成如此宏大之編纂，必然需要眾多人力以及長久的時間。但頗為遺憾的是，除此之外，其正確的人數以及主要的結集者之名稱與所花費的正確年月，對於否定傳說的筆者而言，此仍是還無法提出任何答案的謎團。

進而成為問題的是，對於如此的大編輯，豈無所謂的外護者？對於此一問題，《大毘婆沙》與迦王的關係雖被否定，但除此之外，尚無其他線索。雖然如此，若從概括的見地而言，筆者認為迦王以外，應另有其他有力的外護者。意欲完成如此的大事業，有關參考書之蒐集、[16]種種材料之供給、編輯者之支持以及眾多的費用等等，都是必要的，若無外護者，將是相當困難。與此有關，雖是極遲之傳說，但極富含暗示性的，是淄州大師惠沼所說。《唯識了義燈》曰：[17]

後此國王號迦葉利師，極甚敬信。每請眾徒入宮說法，中間諸部而共雜居，前後說法各各有異。王問所以，具說其由。王曰今者取誰部定？時迦延子依薩婆多造發智論以示於王。王可弘之云云。

此說與《西域記》所傳的迦膩色迦王與脇之關係極為相似，而迦旃延子在迦濕彌羅造《發智論》之說與真諦所傳相似，筆者絕非輕易相信此說。但若將「迦旃延」改成是其教徒向國王展示《發智論》，國王同意予以弘揚，遂有《大毘婆沙》之編輯。筆者從此間獲得有關《大毘婆沙》之結集的保護者的某些暗示。由來佛教徒欲進行任何大事業之際，大抵都受到國王外護，此乃印度佛教史之通例。如今迦濕彌羅發智系的有部教徒意欲編述此一大聖典，也獲得當時的國王支持，並不足為奇。況且從所編成的聖典禁止流傳迦濕彌羅以外的事實看來，可以想像此間確實有國王涉入。基於確立國教之意涵，至少作為迦濕彌羅國之名譽，隨喜結集，視為國寶，且不許他國人民隨意染指，也是自然之數。不只如此，隨著時日流逝，此隨喜的國王之系統被取代，更且又有迦膩色迦王有意在迦濕彌羅舉行第三結集的傳說出現，由此而產生《大毘婆沙》之編輯是由迦膩色迦王發起的傳說，即得以理解。筆者認為前揭傳說正是事實之風貌，當然實情並非完全如文字之所敘述。總之，記之在此，有待日後再作研究。

最後的問題是，《大毘婆沙》的編輯年代是在何時？當然此一問題亦相當難以釐清，總之，應是在迦膩色迦王與龍樹之間。此因如前文所述，在論文中言及迦膩色迦之記事，進而在《智度論》中已言及本論之成立。關於迦膩色迦王之年代，雖有種種異論，但筆者大致推定為西元後一世紀終至二世紀初[18]。對於龍樹的年代雖也有異論，但彼應是西元後三世紀的人。若是如此，本論是其中間之產物，大致應是二世紀中期，亦即西元一百五十年前後，但確切的年代尚無法決定。

16.《大毘婆沙論》編輯時代已有書寫聖教之風習，因此有部諸論也同樣作為典籍而被流傳（參照婆沙第三十，大正二七，一五三a）。

17.《唯識了義燈》卷一本（大正四三，六五九b）。

18. 參照 **J. P. T. S.** 1912; *The Era of Kaniṣka by Oldenberg*。

第一章　大毘婆沙文學中的俱舍論之地位以及其述作之傳說的疑點

一、與大毘婆沙論有關之綱要書

《大毘婆沙》雖是迦濕彌羅派有部的標準聖典，但從另一方面看來，可以說是有部宗全體的百科全書。從而就統一的教科書而言，極其不便利，至少對於初學者而言，其複雜紛糾之體裁並不容易掌握。原先《發智論》本身的組織就不是相當完整，今以此為主，附加無數的異說以及他書之說而形成所謂的廣說，所以是相當的複雜與無秩序。因此將《大毘婆沙》簡略化，換言之，製作「抄毘婆沙」，闡明其大要，是《大毘婆沙》編輯以後，有部人的一大事業。遺憾的是，此事業之成績存留下來的不多，雖然如此，根據種種徵證，其數量是相當多的。例如根據道安對《鞞婆沙》（十四卷）所作序文，可知有三阿羅漢各造「抄毘婆沙」。其文曰：「有三羅漢，一名尸陀槃尼，二名達悉，三名鞞羅尼。撰鞞婆沙，廣引聖證。……達悉迷而近煩，鞞羅要而近略，尸陀最折中焉。」[1]雖然道安的說明中，沒有明白指出此等乃《大毘婆沙論》之抄論[2]，但至少從十四卷《鞞婆沙》（尸陀造）的內容觀之，無疑的，道安所指，應是《大毘婆沙》，因此，達悉與

1. 《出三藏記集》第十（大正五五，七三b）。
2. 十四卷《鞞婆沙》是尸陀槃尼（Sītapāṇi）所撰，罽賓三藏僧伽跋澄（Saṃghabhūti）譯出（東晉時代，西元三八五年完成。參照 J. P. T. S. 1905. *Takakusu's article* pp.123–128.）。

鞞羅尼所造，應是出於相同目的。此外，依據《西域記》所載，可知有種種論師撰有部「毘婆沙」，例如世親之師如意論師（Manoratha，末笯曷剌他）在犍陀羅撰「毘婆沙」[3]等等，有相當多的記事，此等——在《大毘婆沙》結集之後——必然與《大毘婆沙》之抄略有關。遺憾的是，除了尸陀的《鞞婆沙》，其他完全不見流傳，尸陀之《鞞婆沙》並非全譯[4]，故無法知其形態。總之，既具有「毘婆沙」（Vibhāṣa），亦即「廣說」之名，縱使以「抄略」作為要旨，仍無法完全脫離《大毘婆沙》之紛糾，此徵於即使被視為是「折中」的尸陀之《鞞婆沙》，其項目還是依準古阿毘達磨，不具有以簡明為要的新組織，即可知之。

不滿意如此的抄略法，而意欲捨棄全部的毘婆沙，亦即捨棄所謂的「廣說」之名稱，企圖給予全新的組織，期望藉此獲得《大毘婆沙》全書之要領，也是自然之數。此即屬於「俱舍論型」的綱要書，法勝（Dharmaśreṣṭhin）的《阿毘曇心論》（*Abhidharma hṛdaya śāstra*）、法救（Dharmatrāta）的《雜阿毘曇心論》（*Saṃyuktābhidharma hṛdaya śāstra*）、世親（Vasubandhu）的《阿毘達磨俱舍論》（*Abhidharma kośa śāstra*）、眾賢（Saṅghabhadra）的《順正理論》（*Abhidharma nyāyānusāra*）與《顯宗論》（*Abhidharma samayapradīpikā*）等，即是此類的主要著作。此等著作可以推想是直接或間接地就《大毘婆沙》所說，更且不是以「毘婆沙」之名而撰，其論述體裁完全異於《大毘婆沙》。筆者先前（在第一篇）視為第四期之產物，所指稱的阿毘達磨綱要書，主要即是基於此一意味，反過來說，此等是北方，尤其是有部論書第四期產物之代表。

要言之，《大毘婆沙》編輯以後，以該論為中心，種種有部的論書輩出，其主要目的大抵是將複雜的《大毘婆沙》單純化，用以作為適當的教科書。從而就聖典地位而言，無可懷疑的，彼等只是次要的，但《大毘婆沙》既然是蒐集有部教理種種材料而成的綱要書，就有部教理之彙整且是合手的而言，相較於《品類》、《發智》等，是大為便利，此乃是無法否定的。此即後世學徒在研究有部教理時，大多依據此一時期出現的綱要書之所以，從而就此而言，此等綱要書對於有部思想之分布，占有極為重要的地位。

二、俱舍論的地位

《大毘婆沙》編成之後，以此為中心而輩出的種種論書之中，在種種方面，最為顯著的，無庸贅言，當然是世親之《俱舍論》。此論一方面採取盡窮紹介與論究《大毘婆沙》之精要的態度，另一方面，對於《大毘婆沙》所破斥的犍陀羅派與譬喻師（亦即經部）施以敬意，以所謂「理長為宗」為要旨，更且以整然的組織與謹嚴之文體論述，千年以來，猶令人讚美不已。更且本論雖非《大毘婆沙》之忠實綱要書，但就有部史的意義而言，至少是最與《大毘婆沙》相似的。其所作的批評，主要也是承繼《大毘婆沙》中的「評曰非」之精神，其所謂的「理長為宗」之精神正與《大毘婆沙》藉由種種論書而補足《發智論》契合。總而言之，認為《俱舍論》是承繼《大毘婆沙》之精神與態度，且更予以擴大，並不為過。尤其此論之述作，對於當時已現疲態的有部阿毘達磨之研究注入新血，因而產生所謂的「新薩婆多運動」，此正與由於《發智》、《大毘婆沙》之撰述，說一切有部遂出現一大進展相似。就此而言，筆者認為在《大毘婆沙》以後的種種論書中，本論最能契合《大毘婆沙》之精神與氣魄。況且本論可說是《大毘婆沙》之純綱要書，縱使於其長

3.《西域記》第二卷（大正五一，八八〇c；解說本，頁一八六）。

4. 依據道安之序看來，譯者僧伽跋澄並沒有記憶其原文全部（大正五五，七三c）。

行（bhāṣya）中，有否定《大毘婆沙》的表現，但至少於其頌文（kārikā）中，大體上頗能秩序地摘採《大毘婆沙》之要點，此依眾賢為駁斥本論而撰的《順正理論》亦完全採用，即可知之。此即本論完成以後，其他類書大多隱其姿，唯獨本論除了是《大毘婆沙》之精要，同時更因於其本身所具有之價值，遂被盛行研究之所以。尤其在中國，自真諦、玄奘譯出以來，所謂的毘曇宗更改其名為俱舍宗，而無論是《發智》或是「六足」，或是《大毘婆沙》，或是法勝的《毘曇》，或是《雜心論》，都只被當作《俱舍》之參考，毫無獨立之價值。

三、俱舍論之述作經過　若是如此，《俱舍論》的撰述經過是如何？依據通例之傳說是極為簡單。所有傳說最為整然的是，圓暉《俱舍論頌疏》所傳，茲引用如次：

> 然世親尊者舊習有宗，後學經部將為當理。於有宗義懷取捨心，欲定是非。恐畏彼師情懷忌憚，潛名重往。時經四載，屢以自宗頻破他部。時有羅漢，被詰莫通。即眾賢師悟入是也。悟入怪異，遂入定觀。知是世親，私告之曰：此部眾中未離欲者，知長老破，必相致害。長老可速歸還本國。
>
> 于時世親至本國已，講毘婆沙。若一日講，便造一偈，攝一日中所講之義。刻赤銅葉，書寫此偈。如是次第成六百頌，攝大婆沙，其義周盡。標頌香象，擊鼓宣令云：誰能破者，吾當謝之。竟無一人，能破斯偈。
>
> 將此偈頌，使人齎往迦濕彌羅。時彼國王及諸僧眾，聞皆歡喜，嚴幢幡蓋，出境來迎。標頌香象。至國尋讀，謂弘己宗。悟入知非，告眾人曰：此頌非是專弘我宗。頌置傳說之言，

似相調耳。如其不信，請釋即知。

於是國王及諸僧眾，發使往請。奉百斤金，以申敬請。論主受請。為釋本文，凡八千頌。寄往果如悟入所言。云云。[5]

此一傳說雖非出自《西域記》，但真諦《世親傳》亦得以見之[6]，故應是承傳自此，總之，無論任何人，都相信此乃《俱舍論》之述作因緣。若是如此，則《俱舍論》全部之偈頌應是世親直接取自《婆沙》，其長行主要則是六百日間講述草稿之整理。雖然如此，但初始僅發表偈頌，爾後應迦濕彌羅人邀請而撰述長行，就《俱舍論》之性質而言，似乎稍嫌難以理解。況且將頌文標於香象而誇示天下之舉，更是難以理解。不具有長行之偈頌，不能瞭解其真意，從而縱使意欲破斥，亦不能破之。世親果真有如此類似兒戲之行為？果真是從《大毘婆沙》之講述中，一日整理出一頌？筆者雖無否定此傳說之材料，但至少就其述作經過而言，認為其中仍有更加慎重思考之餘地。第一，如前文所述，《大毘婆沙》編輯以後至世親出世，大約將近二百五十年，此一期間，綱要書與抄婆沙大量輩出。從而世親縱使是直接從《大毘婆沙》取材而撰述《俱舍》，但相信其中仍含有對此有所助益的參考書。至少是從種種綱要書中，世親不能獲得滿足，因此另外撰述《俱舍》，既然如此，必然是涉獵前此的綱要書或「抄婆沙」，並考察此彼之長短得失。第二，就《大毘婆沙》所載的順序與《俱舍》所載而言，二者大為不同，因此不能簡單地說為以一日之講述作成一頌。亦即相對於《發

5.《俱舍論頌疏》卷一（大正四一，八一四a以下）。

6.《婆藪槃豆法師傳》（大正五〇，一九〇b）。

智》——《大毘婆沙》所揭順序是雜品、結品、智品、業品、大種品、根品、定品、見品，而《俱舍論》所揭則是界品、根品、世間品、業品、隨眠品、賢聖品、智品、定品，從中即可看出《俱舍論》與《婆沙論》的組織大為不同，況且就其內容予以比較，也很難指出何者是《俱舍》彙整自《大毘婆沙》。世親歸國後，每日所作的《婆沙》之講述，是極為達意的，如此幾近於脫離本文的講述方式，果真能夠一日一頌的機械式的進行？相較於單純的依據論文本身之講述，此一方式更需費心，恐是無法機械式的進行，同時，更需要藉助相關方面的參考書，就此而言，即使是世親，想必也與吾等無異。另一方面，從《大毘婆沙》與《俱舍》的關係看來，有關《俱舍》述作經過的從來之傳說縱使不能全盤否定，但基於此傳說相當粗糙，故終究無法完全接受，對此，筆者總感覺不妥。因此，筆者首先嘗試從先覺者中探尋，披覽種種註書，尋求決疑之道，遺憾的是，始終無法尋獲得其要領之解答。大抵而言，俱舍學者都是接受傳說所傳而作如此辯解：以一日一頌之方式，將紛糾的《大毘婆沙》作秩序性的論述，此乃世親成為世親之所以。雖然如此，在此一方面能給予光明的，就筆者所知，是林常於《俱舍論廣法義》所述。亦即《俱舍》的界、根、世間等之順序是承繼自法勝的《毘曇》的品題之順序。彼曰：

> 世親論主依法勝論立品次位，少有改替對閱可知……。7

但對於內容上有何等關係，林常並沒有言及，因此所獲不多。直至筆者涉獵諸阿毘達磨後，終於瞭解筆者的疑問並不是沒有道理。亦即作為《俱舍》述作背景的優秀參考書（也可以說是種本），絕非如同傳說那般簡單。若是如此，究竟何者是其種本？就其主要言之，應是法救的《雜阿毘曇心論》

（*Saṁyuktābhidharma hṛdaya śāstra*）。從某種意義而言，《俱舍》是《雜阿毘曇心論》之訂正與增補，進而加上經部的意見。此《雜阿毘曇心論》是以先前的《阿毘曇心論經》為基底，而《阿毘曇心論經》則是以法勝的《阿毘曇心論》為根據而成立，因此，成為《俱舍論》述作背景的參考書，就歷史的觀察而言，應是筆者先前所說的屬於俱舍論型的所有綱要書（正理與顯宗除外）。林常所述的「法勝之毘曇是俱舍品題之模型」之說，只是稍微觸及其先驅者，剋實而言，由此先驅者次第而進的《雜阿毘曇心論》，無論其內容或外形，都是《俱舍論》之模型，可說正是其種本。

筆者此處所論，就結論而言，僅此而已。雖然如此，但就筆者所知，無數的俱舍學者之中，尚未有如此明言之人，因此結論雖然簡單，但至少在《俱舍論》之研究上，可以說是重大之事實。因此，為闡明此間經過，此下擬徵於文獻，論述從法勝之《心論》依序推進至《俱舍》的狀況，此乃撰述此篇之所以。

7.《俱舍論廣法義》卷一（佛書刊行會本，頁七）。

第二章 作為俱舍論述作之參考書的阿毘曇心論

第一節 法勝的阿毘曇心論

為闡明《俱舍》之種本，首先必須瞭解法勝的《阿毘曇心論》。此因如前所述，以本論為基礎，才有《阿毘曇心論經》之撰述，進而有《雜阿毘曇心論》，最後才有《俱舍》之完成。

《阿毘曇心論》的著者法勝（Dharmaśreṣṭhin，達磨尸利帝），若依據《光記》所載，彼乃土火羅國縛蠋人，佛滅五百年出生[1]，雖然如此，但關於其年代有種種異說。或說為佛滅數百年後[2]，或說秦漢之間[3]，或說滅後七百年[4]，種種異論，無法決定，要言之，其年代不明。總之，應是西元二百五十年之前的人，此依魏嘉平年間，亦即西元二百五十年，來華的曇柯羅（Dharmakāla）於其本國既已見過本論[5]，即可知之。不清楚是如何的早於在此之前，但大致應是晚於《大毘婆沙》的編輯時代，《光記》所持晚於所謂的毘婆沙時代（滅後四百年）一百年之論點，也是以此為根據。今暫且定為西元二百年左右出世。

本論在中國的初譯，是東晉孝武九年（三八四）罽賓三藏僧伽提婆（Saṁghadeva）所譯的十六卷本[6]，其次，於東晉孝武十六年，與慧遠共譯所成的四卷本，即是現存的《阿毘曇心論》。此外，依據隋《眾經目錄》（法經錄）所載[7]，另有前秦建元年間（三四三—三四四），前述的僧伽提婆與道安共譯的五卷本；齊天統年間（四七九—五〇一），耶舍與法智共譯的六卷本[8]。前者未見流傳，後者即是《阿毘曇心論經》。又依據《至元法寶勘同總錄》第九所載，無論《阿毘曇心論經》或《雜阿毘曇心論》皆無藏譯，反之，只有本論有西藏譯本，且與僧伽提婆所譯四卷本相同。[9]

要言之，此法勝《阿毘曇心論》是在距北印度犍陀羅不遠之地所撰，且盛行於印度，在中國，至少在初期其研究頗為盛行。中國若真的有毘曇宗存在，則本論是其主要的教科書。

本論由十品二百五十頌所成，各頌都附隨簡單的長行（bhāṣya），此恰如《俱舍》。所謂的十品，即：第一，界品（*dhātu vārga*）；第二，行品（*saṁskāra vārga*）；第三，業品（*karma vārga*）；第四，使品（*anuśaya vārga*）；第五，賢聖品（*āryapudgala vārga*）；第六，智品（*jñāna vārga*）；第七，定品（*samādhi vārga*），此七品為主要。第八的契經品（*sūtra vārga*），第九的雜品（*saṁyukta*

---

1. 普光《俱舍論記》卷一（大正四一，一一c）。土火羅，即是《西域記》所載的覩貨邏（Tukhāra），即位於今阿富汗尼斯坦之國境內。縛蠋恐是其都名（西域記卷一，參照解說本，頁七三—七四）。
2. 伊葉波羅譯，《雜阿毘曇心論序》（出三藏記集第十，大正五五，七四b）。
3. 焦鏡《後出雜心論序》（同前）。
4. 《三論玄義》（佛教大系本，頁二五六—二五七。大正四五，二c）。
5. 《梁高僧傳》第一（大正五〇，三二四c）。依具有部之師資目錄所載，達磨尸利帝（法勝）是龍樹之師（出三藏記集卷十二）。
6. 《出三藏記集》第二卷（大正五五，一〇c）。
7. 《眾經目錄》第五（大正五五，一四二b）。
8. 《眾經目錄》第五（大正五五，一四二b）。
9. 《勘同錄》第九（昭和法寶總目錄，頁二三三a）。

vārga），第十的論品（*abhidharma vārga*）等三品為附加。今稍就其內容簡單予以解說、第一界品有十四頌，簡單述說十八界即其諸門分別。第二行品由十八頌所成，將心所及其相生次第配上六因四緣而述說。此二品正與《俱舍》的界根二品相當。其次第三的業品（三十一頌）與第四的使品（三十二頌），如其名稱所顯示，是闡明種種的業相，以及九十八使之煩惱，同樣相當於《俱舍》之業品與隨眠品。以此四品述說輪迴界的因果次第之後，進而述說解脫界之因果的，是如次三品。第五的賢聖品（二十六頌）揭示修行之次第與聖者之階級；第六的智品（二十六頌）述說煩惱之斷，更且說明九智或十智所表現的種種妙用之力；第七的定品（二十七頌），揭示此智之所依的禪定，此等與《俱舍》的第六、七、八等三品相當。如是闡明輪迴與解脫之法相，而作為補遺的，是其後三品。就體裁而言，第九的雜品（二十二頌）除外，第八的契經品（三十九頌）與南方論部的「經分別」（*suttabhājaniya*）相當，第十的論品（十頌）與所謂的「論分別」（*abhidhamma bhājaniya*）或「問答」（*pañhāpucchaka*）相當，但就內容而言，此三品主要是前七品之補遺。

將以上的組織詳加說明的，是焦鏡的「後出雜心論序」，茲揭之如次：

> 位序品次依四諦為義。界品直說法相，以擬苦諦。行、業、使三品，多論生死之本，以擬集諦。賢聖所說斷結證滅之義，以擬滅諦。智、定二品，多說無漏之道，以擬道諦。自後諸品雜明上事，更無別體也。（出三藏記集第十卷，大正五五，七四bc）

《俱舍》之註釋家通常將《俱舍》的世間品以下六品之組織視為是以四諦之原理為依據，但不能忽視的是，《俱舍》是以法勝之《心論》為種本而作論述。縱使不是直接，《俱舍》如何承繼法勝之《心論》，此依前揭之組織即容易瞭解。

問題是，法勝的《心論》與《大毘婆沙》的關係又是如何？筆者先前將此論定為《大毘婆沙》的綱要書之一，雖然如此，但嚴格說來，其關係並不是很清楚。就其論文而言，不僅完全沒有觸及《大毘婆沙》，在教理上，由於頌文與長行極其簡單，因此究竟是以《大毘婆沙》的何等部分為種，無法清楚瞭解。不只如此，甚至《大毘婆沙》中，業已明顯說明的某些事項，本論亦無視於此，因此暴露其法相上之缺點。茲揭出有名的一例如次。本論在定義有漏（sāsrava）時，曰：

> 若生諸煩惱　是聖說有漏。（心論第一卷，大正二八，八〇九b）

從阿毘達磨的法相看來，此意指煩惱之生起，即是有漏，但對於涅槃之境，凡夫亦產生煩惱（如斷見），若是如此，必然也是有漏。因此，被稱為有漏的，不僅只能令煩惱產生，更是能令煩惱生長，令煩惱隨增。依此見地，爾後法救遂將「生」改為隨增（samanusaratā），此乃有名之事實，法救在《雜阿毘曇心論》中，更予以高唱[10]。但剋實而言，對於此「隨增」，《大毘婆沙》業已極力述之，絕非法救新改初訂。亦即《大毘婆沙》第二十二卷在定義有隨眠心時，所述如次：

> 由二事故名有隨眠心。一由隨眠，於此心有隨增性。二由隨眠，於此心有同伴性。（婆沙二十二，大正二七，一一〇b）

10.《雜阿毘曇心論》第一卷（大正二八，八七一a）。

亦即以「隨增」、「同伴」解釋有隨眠，從而法勝若真的是依據《大毘婆沙》而揭出有漏之定義，僅只以「生」一言表示，是不足夠的。但或許法勝不是依據《大毘婆沙》，亦即《阿毘曇心論》與《大毘婆沙》毫無關係，所以才出現如此的缺點。因此中國的道挺認為此論之撰述，是在《大毘婆沙》乃至《發智論》之前，其所言如次：

> 如來滅後，法勝比丘造阿毘曇心四卷。又迦旃延子造阿毘曇，有八犍度，凡四十四品。後五百應真造毘婆沙重釋八犍度。（舊譯大毘婆沙論序，大正二八，一b）

亦即法勝之《心論》是與《發智論》同時代，而《大毘婆沙》撰述於其後。事實果真如此？若就有關「有漏」的定義一事觀之，確實可作此說，若就論典全體或就其教理觀之，縱使因相當簡略而所述不完全，但筆者仍認為此論撰述於《大毘婆沙》之後，而且是知曉《大毘婆沙》之存在。茲揭舉二、三例示如次——在心所論中，既已提出十大地法，以及善、不善、煩惱等諸地法[11]，對於心、心所相應，指出應以所緣、行相、所依、相應等四平等為條件[12]，又在因緣論中，揭示六因四緣，尤其說明諸因之關係，揭示由一法出生多法，由多法出生一法[13]，此與《大毘婆沙》的「能作因」之說明完全相符。此外，或論五根與極微之種類[14]，揭示無想二定、命根、得、名句文等所謂的不相應法[15]，尤其是關於四相論，於大四相之外，又揭出小四相[16]，對於阿羅漢論，揭出退法等六種等[17]，可以推想其至少是以極其圓熟的有部教理為其背景。就此而言，《品類》、《發智》固然不用說，若不將本論視為是依據《大毘婆沙》而撰，則就有部宗之綱要書而言，本論可說是相當前進的。道挺所以將此視為《大毘婆沙》以前之撰述，恐是此論與《八犍度》等之譯出較早，而《大毘婆沙》譯出較遲，因此草率地依據譯出順序而推測其撰述年代。其所說的「法勝毘曇四卷」，是指當時流行的四卷本，卻忘記另有十六卷本，因此，其所推定不能採用。又，將有漏定義為「生煩惱」，嚴格說來，當然較《大毘婆沙》不完全，但如此的差錯，就初期綱要書而言，頗為常見，據此即將本論推定為撰述於《大毘婆沙》之前，可說相當草率。

就此而言，筆者完全贊同嘉祥將本論視為「嫌婆沙太博，略撰要義作二百五十偈」[18]之觀點，將其仍視為《大毘婆沙》的綱要書之一，且是俱舍論型之先驅。

11.《阿毘曇心論》第一卷（大正二八，八一〇c以下）。

12.《阿毘曇心論》第四卷（大正二八，八三〇c）。就《婆沙論》考之，具有所緣、行相、所依、時分等四平等的，是心、心所相應之條件，作此說明的是霧尊者（俱舍採用之）。除此說明之外，《婆沙論》中更有種種解釋，但不能因為《心論》中無「時平等」此項，就認為較《婆沙論》不完全。依據妙音所述，所依、所緣、行相、所作等四事平等為相應之意（婆沙一六，大正二七，八〇c），而法勝視為與第四相應的，恐是「時」或「所作」之意。

13.對照《心論》第一卷（大正二八，八一一c以下），《婆沙》二十一（大正二七，一〇四c）。

14.《心論》第一卷（大正二八，八一一b）。

15.《心論》第四卷（大正二八，八三〇c以下）。

16.《心論》第一卷（大正二八，八一一b）。

17.《心論》第二卷（大正二八，八一九c）。

18.《三論玄義》（佛教大系本，頁二五六，大正四五，二c）。

第二節　優波扇多釋阿毘曇心論經

從法勝之《心論》至法救之《雜心論》，作為其階梯，是無數「註阿毘曇心」，或「增訂阿毘曇心」。此依「阿毘曇心論經序」所載：

古昔論師雖釋阿毘曇心，太廣太略。彼未學者迷惑煩勞，無由能取。我今離於廣略，但光顯修多羅自性，是故須釋。云云。（大正二八，八三三b）

又，法救「雜心論序細註」所載：

諸師釋法勝阿毘曇心義，廣略不同。法勝所釋最為略也。優婆扇多有八千偈釋，又有一師萬二千偈釋。此二論名為廣也。和修槃頭以六千偈釋法，宏遠玄曠。無所執著於三藏者，為無依虛空論也。（雜心第一卷，大正二八，八六九c）

即可知之，法勝之《心論》，簡而盡要，但如前文所述，猶有幾分缺點，作為初學者的教科書，需要再作補充。此等之中，今日猶現存的，僅只優波扇多（Upaśānta）註釋的《阿毘曇心論經》。更且若依據法救所述，其量有八千偈，但現今所傳，僅只《阿毘曇心論》的一倍半。此恐是譯者予以節譯，或是原典有廣略二種，而譯出的是其略本所致。總之，相對於法勝之《心論》或法救之《雜心論》，此論不具特別獨立之意義，但就作為從法勝《心論》進展至法救《雜心論》之階梯的材料而言，在今日，此論是唯一僅有的。

註釋者優波扇多是何時的人，並不清楚，但大抵可視為出世於西元三百年前後。如後文所述，《雜心論》之論主法救其出生年代若推定是西元三百五十年左右，則優波扇多應早他一代，此間應有三十年至五十年之差距。剋實而言，不只是年代，其學統與活動地區也都不清楚。其著作的《阿毘曇心論經》（*Abhidharma hṛdaya śāstrasūtra*）在中國譯出是在高齊時代（四七九－五〇一），此即那連提耶舍（Narendrayaśas）所譯的六卷本。由於較此論更為完備的《雜心論》此時已流行於世，故此論之譯成，對於此系統的阿毘達磨之研究並沒有太大幫助。從而相較於法勝之《心論》與法救之《雜心論》，此論並不大流行。

將此論與《阿毘曇心論》相比較，大體上，沒有太大差異，但在種種方面，所述較《心論》詳細。其長行之解釋稍微複雜，頌文方面，品數大為增多。例如第七的定品增加一頌而成二十八頌，第八的修多羅品同樣增加一頌，而成四十頌；第九的雜品，增加四頌，而成二十六頌。就此增加的頌文種類見之，大體上可分為二類。其一是取法勝《心論》的長行所含之意而成獨立之頌，另一類則完全是增補的新作。雖嫌煩瑣，今試揭一、二例如次。《阿毘曇心論經》第五卷定品（大正二八，八五九a）所載之頌：

無著不動法。得一切正受。彼三昧智力。能起頂四禪。

此乃揭示妙願智之理由，是定品中所增之頌，徵於法勝之《心論》，於其長行中，即已述之。亦即於其第三卷（大正二八，八二五c）曰：

有問世尊言：有願智是云何？答謂：無著性不動，是得一切定，彼由定力故，能起頂四禪。

云云。

又，《阿毘曇心論經》第五卷修多羅品（大正二八，八六一a）云：

若無漏諸行，是說為道諦。彼二種名故，從麤次第見。

無可懷疑的，此出自法勝《心論》第四卷（大正二八，八二七b）長行中的「若有無漏行，是說為道諦，彼為二事故，見著則知微……」（用以論述「諸行若有果……云云」的頌文）。此為第一例，要言之，只是將法勝《心論》中的長行改為頌文，在內容上並無另外增加。

其次是第二例，亦即新增加之例，《阿毘曇心論經》第六卷（大正二八，八六八a），亦即其雜品有如次頌文：

斷諸有漏法，知者亦無垢。滅未來說遠，此餘說則近。

依據其長行之解釋，此頌文是在述說斷法、知法、遠法、近法等四法，在法勝《心論》中，無論頌文或長行都不見論及。又，《心論經》述及羅漢之最後心為無記心，於其上再添加其四有論，即形成如次頌文：

無著住報心，得入於涅槃。生有及壞有，本有亦復中。（大正二八，八六八b）

此新增加之問題以及對此問題之頌文，亦不見於法勝之《心論》。

據此看來，《心論經》大體上與法勝之《心論》無異，但在體裁上或內容上，已有某種程度的發展，此乃不爭之事實。應予以注意的是，此等增加的頌文都被《雜心論》採用，而其中猶未完全的，《雜心論》則予以大成，例如前揭的「無著住報心」——乃至「本有亦復中」的頌文是不同的問題，都只以二句的頌文表述，《雜心論》則以完全不同的獨立二頌表現。亦即對於無記心，曰：

> 羅漢住報生，及與威儀心。隨順心滅故，趣向般涅槃。（雜心第九卷，大正二八，九四六b）

對於四有論，曰：

> 生有乃壞有。本有亦復中。當知二剎那。一染三有二。（同上）

要言之，優波扇多的《心論經》，是法勝《心論》進展至法救《雜心論》之連鎖，此依上來之說明，可知已是無可懷疑之事實。更且就其或將長行改為頌文，或是增加新作，乃至雖不完全，仍蒔種以資《雜心論》之大成而言，可以說是由《雜心論》推進至《俱舍論》之先驅，因此，值得特加注意。

第三節　法救的雜阿毘曇心論（略稱雜心論）

如前所述，《雜阿毘曇心論》（*Saṁyuktābhidharma hṛdaya śāstra*）是法救（Dharmatrāta）所作，依據《西域記》第二卷所載，法救是在犍陀羅國布色羯邏伐底（Puṣkaravatī）附近撰述此論[19]。必須

19.《西域記》第二卷（大正五一，八八一a；解說本，頁一八九）。

切記此論是在犍陀羅國，亦即世親之故鄉撰述的。關於法救之年代，如同法勝，有種種異論，《光記》認為晚於法勝百年，是佛滅後六百年出生[20]，但就筆者所見，大體上，應視為較世親早一代的人。依據稱友（Yaśomitra）所傳，世親之師的如意（Manoratha），其師又名世親[21]（所謂的古世親），在法救的《雜心論》中，已可想見此古世親之存在。亦即如前節之所引用，彼對於優波扇多之註，或婆藪槃豆（Vasubandhu，世親）的「無依虛空論」不能滿足，遂撰此《雜心論》，因此必然是較遲於古世親的人，且其《雜心論》，如後文所證明，被相當於古世親之法孫的「新世親」利用，因此法救之地位正在二者之間，大體上，應與如意論師同輩。世親（新）的年代雖有種種異論，但既然承認有此古世親之存在，則無論如何，世親之年代不能早於西元四百年，或是其前後，而法救應是較早於世親三、四十年，亦即應是西元三百五十年至六、七十年出生。就此而言，《佛教大年表》將其年代訂於西元三百六十二年，筆者不知是基於何等理由，但大致上可說是得當的。

此《雜心論》是法勝的《心論》之後，世親的《俱舍論》出現之前，有部宗教科書中，最為盛行之作。此依法顯三藏於西元四〇六年在摩訶陀華氏城所見之記事[22]，即可知之，亦即西元五世紀初期（成書之後，恐須經過二、三十年），不只流行於犍陀羅，更普及於整個中印。從而此論在中國屢見翻譯，就經錄見之，大抵有三、四次。第一譯是晉安帝時（三九七—四一八），法顯與佛陀跋陀羅（Buddhabhadra）共譯的十三卷本[23]。第二譯是宋元嘉三年（四二六），伊葉波羅（Īśvara）首譯，元嘉八年由求那跋陀羅（Guṇabhadra）完成的十三卷本[24]。第三譯是宋元嘉十一年（四三四），得寶雲等之襄助，僧伽跋摩（Saṅghavarman）所譯的十一卷本[25]。亦即大約三十餘年之間，前後有三、四次之翻譯，從中得以想像此論在當時的印度與中國所受到的尊重。諸譯中，今日殘存的，僅只最後譯的僧伽跋摩譯本，其他都已散佚，在比較研究上，是頗為遺憾的。

有關此論總體的態度，可從其序品見之，茲引數句如次：

阿毘曇心論　多聞者已說　或有極總略
或復廣無量　如是種種說　不順修多羅
光顯善隨順　唯此論為最　無依虛空論
智者尚不了　極略難解知　極廣令智退
我今處中說　廣說義莊嚴。（雜心第一卷，大正二八，八六九c）

亦即此論主要的態度，是意欲從《阿毘曇心論》種種註解書中，離廣略而得其中庸。當然先前

20. 普光《俱舍論記》卷一（大正四一，一一c），《三論玄義》載為佛滅後千年，與法勝之間有三百年之差距，此絕非妥當（大正四五，二c；參照佛教大系本，三論玄義，頁二五七）。
21. "*Abhidharmakośa vyākhyā*" 在述說十二因緣時，有如次之文句：Sthaviro Vasubandhur ācārya Manorathopādhyāya evam āha……（如意阿闍梨之和上世親長老作所說如次）（Poussin, *Vasubandhu et Yaśomitra* p.159. ibid. p. XIX.）。
22. 《出三藏記集》第十五卷（大正五五，一一二a）。
23. 《出三藏記集》第二卷（同上，一二a）。
24. 《出三藏記集》第二卷（同上，一二b）及作者未詳，參照《雜心論》之序（出三藏記集第十，同上，七四b）。
25. 《出三藏記集》第二卷（同上，一二b）及焦鏡《後出雜心論序》（出三藏記集第十，同上，七四c）等。關於其年代，或說是宋元嘉十年，或說是北魏太延元年（宋元嘉十二年），今依據「焦鏡序」所述，定為十一年。其卷數，或是十四卷，或是十三卷，並無一定，今依據現行本，視為十一卷。

優波扇多的《心論經》也是採取同樣態度，但不僅優波扇多之《心論經》，乃至古世親之《無依虛空論》的缺點，此論皆予以除之，故可以說是有關「阿毘曇心」諸論書之最後結晶。尤應予以注意的是，序文最後所述的「廣說義莊嚴」之義。其細註云：「廣說梵音為毘婆沙。以毘婆沙中義，莊嚴處中之說。」亦即至此才明白揭出其與《大毘婆沙》之連絡。如先前所述，《阿毘曇心論》（包括心論經）其大體的立場是基於《大毘婆沙》，然彼等與《大毘婆沙》論文的連絡並不明顯，直到此論，才顯現其與《大毘婆沙》論文的關係密切，可以說「名」與「實」都是《大毘婆沙》之綱要書。此乃此論最為特有之特色，更且就今日之目的而言，作為顯示由《阿毘曇心論》推進至《俱舍論》的材料，此論具有特別加以注意的意義。

基於以上的立場，因此與其說是註釋《阿毘曇心論》，不如說是予以增補，就有部一般的教科書而言，就《大毘婆沙》之入門書而言，最為完全的，即是此《雜心論》。從而其序文中，雖言及「去廣」，但至少在現存「阿毘曇心」的關係論書中，其篇幅最大，大約是《心論》的四倍，《心論經》的三倍。此因在各品中，增加頌文，且其長行的說明更加詳細，進而增加「擇品」，作為第十一品。今以四句為一頌，將各品的頌數列之如次：

序品（七又二分之一）頌＋界品五十五頌＋行品四十二頌＋業品（七十五又二分之一）頌＋使品六十頌＋賢聖品五十三頌＋智品（五十又二分之一）頌＋定品四十三頌＋修多羅品六十八頌＋雜品五十頌＋擇品七十一頌＋論品（三十又二分之一）頌＝六百零六頌

亦即相較於約二百五十頌的《心論》，其數是二倍以上，再加上詳細說明的長行，遂成四倍。爾後的《俱舍論》其頌數約六百，實是依準此《雜心論》之六百頌數，據此即可知之。

由於增加的數目多達三百五十頌，因此本論究竟所增加的是何等種類之偈頌，此處無法一一加以說明，但大體上，發揮所謂「廣說義莊嚴」之特色，亦即摘取《大毘婆沙》之論文，補充《心論》與《心論經》法相上之不足，正是本論的一大特色。其所增加之頌文，爾後的《俱舍論》予以採用，故此處揭出四、五則例示，藉以闡明其所具特色，同時也得以表現其與《俱舍論》之連絡，以備次章所用。

基於方便論述，主要是就「界品」所見述之，此論的「界品」在論述五陰（蘊）時，觸及八萬法蘊之問題，對於屬何者所攝，是以二頌回答。無庸贅言，此乃法勝與優波扇多皆未言及之題目。頌曰：

廣說諸法陰　　其數有八萬　　戒等及餘陰
悉是五陰攝。
法陰謂經論　　如是一一說　　及諸對治行
悉名法陰數。（雜心第一，大正二八，八七二a）

徵於《大毘婆沙》，其第七十四卷有如次記載：

問：一一法蘊其量云何？有作此說，有法蘊論六千頌成，一一法蘊各如彼量。
復有說者，如世尊說。蘊、處、界、食、緣起、諦、寶、念住、正斷、神足、根、力、覺支、道支如是等類一一法門名一法蘊。不可定說，有爾所頌……。
評曰：彼皆不應作如是說。應作是說，受化有情有八萬行。為對治彼八萬行故，世尊為說

八萬法蘊。彼諸有情依佛所說八萬法蘊，入佛法中，作所應作，各得究竟。（婆沙七四，大正二七，三八五c以下）

亦即《雜心論》之頌文主要是基於前揭《大毘婆沙》所說，且以「有說」、「如是說」（正義）而作成二頌，此依兩者之比較，即容易瞭解。《俱舍論》更作成三頌，所述較《雜心論》詳細。《俱舍論》界品之頌曰：

牟尼說法蘊，數有八十千，彼體語或名，此色行蘊攝。
有言諸法蘊，量如彼論說，或隨蘊等言，如一一實行對治。
如是餘蘊等，各隨其所應，攝在前說中，應審觀自相。（俱舍第一，大正二九，六ab）

與《雜心論》相較，幾乎相同，只是第三頌稍微詳細。

再揭「界品」之一例。《雜心論》第一卷論述無記論之後，觸及所謂四記答之問題，作為「契經所說」，以二頌明之。

一切皆當死，是論一向記，一切死復生，是名分別論。
若問生殊勝，是名詰問論，眾生五陰異，是名止記論。（雜心第一，大正二八，八七四c）

無疑的，此是出自《大毘婆沙》第十五卷。其文如次：

即此經中，復為是說，應以四事觀察補特伽羅，知彼具壽為可與語為不可與語。云何為四：

一者應一向記問，二者應分別記問，三者應反詰記問，四者應捨置記問云云。（婆沙十五，大正二七，七五b）

就《俱舍論》觀之，值得注意的是，對於先前所引《雜心論》二頌，《俱舍論》是擴展成三頌，然而對於此處所引《雜心論》二頌，《俱舍論》卻簡縮成一頌，更且不是攝於界品，而是置於隨眠品中。《俱舍論》第十九卷曰：

應一向分別，反詰捨置記，如死生殊勝，我蘊一異等。（俱舍十九，大正二九，一〇三a）

顯然是以《雜心論》為依據，對於相同之例，世親是以一頌處理。

雖嫌煩瑣，但擬再從此論新增加的「擇品」中，揭出一例，令筆者所說更為確定。亦即其所述說的發狂之因，是依據《大毘婆沙》第一百二十六卷所說。《大毘婆沙》所說非常長，因此只是引用，其大要大抵如次所列：

發狂的原因大體上分成四種。（一）見非人現象，心生恐怖。（二）非人捶打其支節。（三）大種違背，亦即身體不調。（四）基於先業異熟之先天性。此外，更添加「憂愁」一因而成五因，但《大毘婆沙》只揭出四因。其次在述說發狂的心理基礎時，指出發狂不是前五識所起之現象，而是第六意識所起。對於何以罹患狂症，《大毘婆沙》認為一般人可能是基於前述的某種原因，但聖者只基於第三項的「大種違背」一因，此外並無他因，而「佛世尊亦無大種違背之因」（婆沙一百二十六，大正二七，六五八ab）。對此，《雜心論》以頌文如次表示：

錯亂本業報，恐怖及傷害，若彼解支節，聖說水火風。（雜心第十一，大正二八，九六〇a）

亦即以《大毘婆沙》的四因為依據，最後附加聖者唯只三「大種違背」。《俱舍論》將此置入「業品」之中，並作如次改造：

心狂唯意識，由業異熟生，及怖害違憂，除北洲在欲。（俱舍第十五，大正二九，八二c）

首句揭示發狂的心理基礎，其次二句揭出五因，最後一句揭出發狂之處所，至於有關聖者的敘述，則置於長行之中。據此看來，《雜心論》與《俱舍論》的差異，在於《俱舍論》是將見於《雜心論》之偈頌，對照《大毘婆沙》之論文而予以改造。

要言之，《雜心論》基於法勝之《心論》，訂定法相上之差異，同時又依據《大毘婆沙》所述而補其不足。從而就其新說的部分而言，並無其他新增，因此，就作為教科書其所作如此彙整的功績而言，實是偉大。作為阿毘達磨文書之精華而大為流行，絕非偶然。但若從《俱舍論》的立場而言，其存在的理由，主要是為更為完整的《俱舍論》之產生作準備，因此隨著《俱舍論》之成立，遂失去其勢力。雖然如此，但對於此論對《俱舍論》所具的基礎的、歷史的意義，從來所謂的俱舍學者卻予以忽視的態度，絕非《雜心論》所應獲得的正當待遇，此乃筆者所不能認同的。

第三章　雜阿毘曇心論與俱舍論

第一節　世親利用雜心論時的前置作業

〔在論述此一問題時，順序上應是先論究世親的年代，以及俱舍的翻譯等等。但關於世親的年代論，筆者在前節已簡單提出個人意見，至於此論之翻譯與註釋，則是眾人周知，更且筆者在「國譯俱舍論之解題」中，已略有論述，故此處對此問題將不再觸及。又，必須預先說明的是，此論的兩種譯本中，若論及與原文較為相近的，當然是舊譯，亦即真諦所譯，雖然如此，基於方便，依循通例，將以新譯（玄奘譯）為依據。〕

無庸贅言，世親出自於犍陀羅。初始是在有部出家。據此可以推定彼與《雜心論》有深厚關係。此因出身於犍陀羅的有部人的世親，卻不研究撰於犍陀羅，更且盛行於當時的《雜心論》，實在是無法想像。況且依據《雜心論》的細註所載，作為世親法系之祖的古世親，曾以《心論》為依據而撰述《無依虛空論》，故就系統而言，可以認為彼先學法勝之《心論》，進而學《無依虛空論》，至少亦曾參考《雜心論》。遺憾的是，此等事蹟於其傳記完全不得窺見，雖然如此，但作如此推定，應是妥當的。

總之，世親在犍陀羅時，是經由此《雜心論》而進入毘婆沙之門，及至受經量部思想感化，萌起更深入探究本源之志向，此即彼留學於迦濕彌羅之所以。歸國後，撰述《俱舍論》之動機，一般而言，當然是發揚其主義，但對他而言，一方面，作為《大毘婆沙》之綱要書，《雜心論》猶有不完全之處，另一方面，此論是犍陀羅所出，相當忠實所謂迦濕彌羅毘婆沙師之說，對於富含批判精神，承繼《無依虛空論》之系統，同情經量部所說的世親，《雜心論》之論述無法令其滿足。亦即彼挾其新進氣銳，為與當時盛行的《雜心論》對抗，故予以改造增補，加上彼具有經量部之背景，因此，遠則發揮《大毘婆沙》的批評的精神，近則發揮《無依虛空論》宏遠玄曠之氣魄，此即是其撰述《俱舍論》之動機。從而雖然在《俱舍論》中，大量採用法救所破斥的《無依虛空論》之材料與論究法，但在無法窺見此《無依虛空論》的今日，至少就形式而言，《俱舍論》仍是《雜心論》之繼承者與大成者。在探究《雜心論》與《俱舍論》的關係時，此乃必須慎記勿忘的。總之，世親撰述《俱舍論》的動機中，有相當複雜的心路歷程，絕非是講述《大毘婆沙》時，一日得一頌，講述六百日而得六百頌，斷非如此機械的過程，此乃必須銘記在心的。如後文所述，《俱舍論》之偈頌中，頗為明顯地，或是將《雜心論》之偈頌完全採用，或是大加改造，或完全新作，並無一準。從而其述作之際，有時是一日得數頌，有時是費時數日才得一頌。總之，以《大毘婆沙》為根據的世親，參照《無為虛空論》，以《雜心論》為主，參照種種參考書，刻苦精勵，毫無一言一句空言而完成此超越《雜心論》之《俱舍論》，此即是脫離傳說，專就其內容與體裁而判定的，是無可懷疑的《俱舍論》述作時之光景。

若是如此，世親（大毘婆沙內容之彙整以及經量部思想之參考是其他的問題）是以何等方針，對《雜心論》予以改訂與增補而撰成《俱舍論》？大體上，世親專注其力的，有二點。第一，首先是品題之整理。依據世親所述，自法勝以來，區分論文品題，所訂定的界品、行品、業品、使品、賢聖品、智品、定品等，大體上，可以說是非常優秀的分類的組織。但其下的修多羅品、雜品、論品，應只是保存古論的體裁而已，否則既已成立先前的七品，何故其後又再附加，因為此舉只是徒增繁雜，不具任何效用。亦即「修多羅品」以下所說，其實不出於前七品。而法救更增「擇品」一品，故愈見繁重，對於論文之組織並無任何貢獻。總之，在品題上，大體上，七品已足夠，其後的三品或四品應予以去除。前七品中，有缺點的，是「行品」與「業品」，二者的名稱容易混亂，更且欠缺《施設足論》等論中，已是卓越的一品的，與世界有情有關的所謂的「世間品」之品題。亦即第一的界品，完全沿用；第二的行品，古論亦可見之，因此，改為根品似較為恰當；第三，加上世間品，爾後完全沿用，亦即定為界、根、世間、業、隨眠、賢聖、智、定等八品最為完備。界、根等二品是與原理有關之部門，世間、業、隨眠等三品是迷界之因果，亦即就四諦之分類而言，是說明苦集二諦之部門，其後的賢聖品、智品、定品等三品，是說明悟界之因果，亦即滅道諦之部門，因此是最為窮盡的，且是最有秩序組織。何必再設雜品或擇品等無用之品題？——此乃世親對於品題所作的考察。如何將《雜心論》全部的頌文都攝取在此八品之中，是世親撰述《俱舍論》時，首先必須進行的工作。更且前揭八品之外，《俱舍論》設有「破我」一品，之所以增設此品，或許世親認為若只有八品，對於習慣綱要書是由十品或十一品所成的人而言，可能覺得太單薄，因此基於「附錄」之意，增設此品藉以闡明佛教的根本問題。此因「破我」一品的價值雖然很高，但就《俱舍論》之組織而言，縱使無此品亦無所欠缺。就此而言，筆者對於林常的「破我別品論」表示敬意，縱使此原是《俱舍論》的一部分，但在性質上，視為「別品」才是恰當。

其次，第二點，世親煞費苦心地對《雜心論》的頌文予以整理。依據世親所述，《雜心論》有六百頌，然其頌文極為粗雜冗長。可以用一頌表示的，卻以二頌、三頌表示，只要在長行多作一些說明就已足夠的，卻另外作成獨立之頌，乃至其頌意欠缺嚴密，無異於散文，而其他種種方面，不完全的也不少。從而雖有六百頌之多，但對於《大毘婆沙》所含的問題，猶有不少未能言及。同樣是六百頌，世親認為若由自己撰述，將是更為嚴密且得以窮盡。因此，世親將《雜心論》的六百頌縮簡成三百餘頌，此外更新作約三百頌，同樣是六百頌，進而在長行中，予以敷衍論究，求其完備，此即是世親所採取之方針。

以上所述二點，實是世親利用《雜心論》時，所採取的二大方針，加上以經部意見作為後盾的批評精神，以及將《大毘婆沙》中的種種異說，以問答的形式加在長行之中，終於完成此論。《俱舍論》所以成為名著，實是經過如此的苦心與努力。

第二節 前節之證明（兩論類似之對照表）

意欲證明前述之事實，嚴格說來，應將兩論之全體予以對照，一一吟味而揭出其成果。亦即《俱舍論》之某頌出自於《雜心論》之某頌，某頌或某長行唯見於《俱舍論》而《雜心論》無之，反之，某頌唯見於《雜心論》，《俱舍論》不得見等等，一一比較，最後才作出不可動搖之斷案，如此才是真正的證明方法。剋實而言，筆者的結論即是依此而得之。但若將此等一一予以揭載，並對《俱舍論》、《雜心論》兩論全體作出評釋，恐是極其繁雜。因此，作為樣本，此處僅揭出《俱舍論》（新譯）二卷之頌文，其下揭出作為其源泉的《雜心論》所述，兩相對照，《俱舍論》如何處理《雜心論》的方針自能顯現，進而據此而作推定。所選之卷數是《俱舍論》第一卷（界品的一部分）與第六卷（根品中，有關六因五果的部分），筆者選此二卷並非此二卷具有任何特殊意義，只是作為樣本，隨意取之而已，此乃必須預先說明的。

首先對於對照表應注意之事，略為一述。

《俱舍論》與《雜心論》的譯者非同一人，因此其原語縱使出自同一頌文，但出現不同的譯語，也是當然。況且如前文所述，世親屢屢改訂《雜心論》之頌文，作成《俱舍論》之偈頌，因此從頌文表面的文句看來，似乎沒有太大關係，但若對照雙方之長行，探尋其頌意，則精神完全一致，如此的頌文其數不少。如是，縱使文句不同，但頌意類似的，即完全視為脫化自《雜心論》。從而本應錄出雙方之長行，或對於一一頌文作出解釋，闡明其一致之處才是妥當，但恐過於煩雜，故無法如此施行。讀者若有所疑惑，還請對照雙方之長行仔細吟味。兩論之對照中，基於方便辨識，筆者分別附上（一）、（二）與(1)、(2)之編號，《俱舍》之頌是以（一）、（二）表示其順序，《雜心》之頌的(1)與(2)，則是與《俱舍論》相應的，並不是《雜心論》之順序。《雜心論》的順序若依據括弧內所記其卷數以及《大正藏》的頁數，大致可以明瞭。作為《俱舍論》之種本的《雜心論》之頌文中，有必要揭出何者出自法勝之《心論》，何者是《雜心論》所特有，因此在括弧內，以「法勝有」或「法勝無」之語表示。

第一表（俱舍論界品一部）

俱舍論第一卷

（一）(a) 有漏無漏法　除道餘有為
於彼漏隨增　故說名有漏。

(b) 無漏謂道諦　及三種無為
謂虛空二滅　此中空無礙。

(c) 擇滅謂離繫　隨繫事各別
畢竟礙當生　別得非擇滅。

（二）又諸有為法　謂色等五蘊
亦世路、言依　有離有事等。

（三）有漏名取蘊　亦說為有諍
及苦集世間　見處三有等。

（四）色者唯五根　五境及無表

雜阿毘曇心論

(1) (a) 若增諸煩惱　是聖說有漏
以彼漏名故　慧者說煩惱。
（第一，大正二八，八七一a　法勝說為生煩惱）

(b) 煩惱斷離繫　是名為數滅
無諸障閡相　是說為虛空。
（第九，同，九四三c　法勝第四，載於長行）

(c) 依於諸緣法　有依及境界
不具則不生　此滅非是明。
（第九，同，九四四a　法勝同上）

(2) 從緣生亦因　有因亦有為
說處及與道　有果應當知。
（第九，同，九四二c　法勝有）

(3) (a) 亦名為煩惱　受陰及與諍
煩受諍起故　是諸賢聖說。
（第一，同，八七一a　法勝有）

(b) ……見處謂有漏。（第九，同，九四五c　法勝有）

(4) 十種謂色入　及無作假色
是分別色陰　牟尼之所說。
（第一，同，八七一c　法勝有）

（五）彼識依淨色　名限等五根。

（六）色二或二十　聲唯有八種
味六香四種　觸十一為性。

（七）亂心無心等　隨流淨不淨
大種所造性　由此說無表。

（八）大種謂四界　即地水火風
能成持等業　堅濕煖動性。

（九）地謂顯形色　隨世想立名
水火亦復然　風即界亦爾。

（十）此中根與境　許即十處界。

---

(5) 彼眼入者眼識所依，四大所造淨色，不可見有對，耳鼻舌身亦如是。（第一，同，八七二b　長行。法勝無）

(6) 色入者三種，謂色處俱。色者青黃赤白，如是廣說。處者身作色。俱者，如造畫等。聲入者三種，謂因受四大聲，因不受四大聲，因俱聲。……彼聲一一有二種。謂可意、不可意。香入者三種，謂好香、惡香、非好惡香。味入六種，謂辛酸甜苦鹹淡。……觸入者十一種，謂四大及七種造色。七種造色：謂澁、滑、輕、重、冷、煖、飢渴。……（第一，長行，同，八七二c　法勝無）

(7) 雜心？

(8) 雜心？〔雜心也有堅濕煖動是四大之性之說，但可與（八）相當的明確文獻，不得見之〕

(9) 地謂色形處　堅相說地界
餘二亦二種　風即風或異。
（第九，同，九四九b　法勝無）

(10) 何等為入。答曰。
所謂眼耳鼻　舌身及與意
色聲香味觸　餘則說法入。

（十一）(a) 受領納隨觸　想取像為體
四餘名行蘊。
(b) 如是受等三　及無表無為
名法處法界。

（十二）(a) 識謂各了別　此即名意處
及七界、應知　六識轉為意。
(b) 由即六識身　無間滅為意
成第六依故　十八界應知。

（十三）總攝一切法　由一蘊處界
攝自性非餘　以離他性故。

（十四）類境識同故　雖二界體一
然為令端嚴　眼等各生二。

（十五）聚、生門、種族　是蘊處界義。

---

(11) (a)（第一，同，八七二b　法勝無）
（？）
(b) 餘則有三陰　無作三無為
是則說法入　亦復說法界。
（第一，同，八七一c以下　法勝有）

(12) 所名為識陰　此即是意入
於十八界中　亦復說七種。
（第一，同，八七一c　法勝有）

(13) (a) 諸法離他性　各自住己性
故說一切法　自性之所攝。
（第一，同，八八〇b　法勝有）
(b) 界中說一界　陰入亦復然
如是陰入界　則攝一切法。
（第一，同，八八〇c　法勝無）

(14) 二眼說一界　以二一自故
耳鼻亦如是　二共說一界
為令身端嚴　彼皆不一一。
（雜一，同，八七三c　法勝無）

(15) 聚積是陰義　輸門義說入
種性義說界　是三種差別。

（十六）愚根樂三故　說蘊處界三。

（十七）諍根生死因　及次第因故
於諸心所法　受想別為蘊。

（十八）蘊不攝無為　義不相應故

（十九）隨麤染器等　界別次第立。

（二〇）前五境唯現　四境唯所造
餘用遠速明　或隨處次第。

（二一）為差別最勝　攝多增上法
故一處名色　一名為法處。

（二二）(a) 牟尼說法蘊　數有八十千
彼體語或名　此色行蘊攝。
(b) 有言諸法蘊　量如彼論說
或隨蘊等言　如實行對治。

---

(16) 牟尼觀眾生　欲解根不同
性行愚差別　故說陰界入。
（第一，同，八七四 a　法勝無）

(17) 輪轉於生死　當知二諍根
是故別受想　建立二種陰。
（第一，同，八七二 a　法勝無）

(18) ？

(19) 是五陰次第　麤細隨順說
（第一，同，八七一 b　法勝無）

(20) ？

(21) (a) 雖有眾多色　但說一色入
當知一色入　三眼境界故。
(b) 彼一切諸法　雖盡是法入
法中眾多故　一法入非餘。
（第一，同，八七三 ab　法勝無）

(22) (a) 廣說諸法陰　其數有八萬
戒等及餘陰　悉是五陰攝。
(b) 法陰謂經論　如是一一說
及諸對治行　悉名法陰數。

（二三）如是餘蘊等　各隨其所應
攝在前說中　應審觀自相。

（二四）空界謂竅隙　傳說是明暗
識界有漏識　有情生所依。

（第一，同，八七二a　法勝無）

(23) 若有諸餘界　世尊契經說
各隨其自性　悉入十八界。
（第一，同，八七四a　法勝無）

(24) 所謂四大種　及諸有漏識
又色中間相　此界說生本。
（第八，同，九三六b　法勝無）

第二表（俱舍論根品中，與六因五果有關的）

俱舍論第六卷

（一）能作及俱有　同類與相應
遍行並異熟　許因唯六種。

（二）除自餘能作。

（三）俱有互為果　如大相所相
心於心隨轉。

雜阿毘曇心論

(1) 所作共自分　一切相應報
從是六種因　轉生有為法。
（第二卷，同，八八三a　法勝有）

(2) 相似不相似　各除其自性
一切是作因　生時無障故。
（第二，同，八八三a　法勝無）

(3) 一起性有依　亦復說無依
當知共有因　展轉為因果。
（第二，同，八八三b　法勝無）

（四）　心所二律儀　彼及心諸相
是心隨轉法　由時果善等。

（五）　同類因相似　自部地前生
道展轉九地　唯等勝為果
加行生亦然　聞思所成等。

（六）　相應因決定　心心所同依。

（七）　遍行謂前遍　為同地染因。

（八）　異熟因不善　及善唯有漏。

（九）　遍行與同類　二世三世三

---

(4)　一切諸心法　說與心俱轉
亦此心諸相　餘相及所作。
（第九，同，九四五b　法勝有）

(5)　(a)　前生與後生　亦說彼未生
自地相似因　或說於他地。
(b)　穢污有九種　展轉更相因
謂受生所得　方便生非下
（第二，同，八八三c以下　法勝無）

(6)　謂同一行法　一依亦一時
及一境界轉　是說相應因。
（第二，同，八八四b　法勝無）

(7)　苦集於自地　疑見及無明
說一切遍因　諸煩惱前起。
（同上）

(8)　不善善有漏　三世之所攝
以彼有報故　說名為報因。
（第二，同，八八四c　法勝無）

(9)　作因一切法　二因說二世
餘三說三世　增依報功果。
（第二，同，八八五a　法勝無）

（十） 果有為離繫 無為無因果。

（十一） 後因果異熟 前因增上果
同類遍等流 俱相應士用。

（十二） (a) 異熟無記法 有情有記生
等流似自因 離繫由慧盡。
(b) 若因彼力生 是果名士用
除前有為法 有為增上果。

（十三） 五取果唯現 二與果亦然
過現與二因 一與唯過去。

（十四） 染污異熟生 餘初聖如次
除異熟遍二 及同類餘生
此謂心心所 餘及除相應。

---

(10) ？

(11) (a) 前因相似增 或俱依倚生
二因及一緣 一向已生說。
(b) 報謂眾生數 有為解脫果
有緣說俱行 謂於他相轉。
(c) 有為解脫果 一切有為法
說果有因生 故及數緣滅。
（第九，同，九四四ab 法勝第四之雜品有）

(12) (a) 相似說依果 報則不相似
淨及不淨果 是則說為報。
(b) 所謂解脫果 離欲見真說
以功力所得 是說功用果。
(c) 種種相諸法 其果唯一相
是說增上果 除前所起法。
（第三，同，八九七b 法勝無）

(13) 五中世受果 亦說二與果
已盡與果一 二因當分別。
（第二，同，八八五a 法勝無）

(14) (a) 報生心心法 及與諸煩惱
悉從五因生 是義應當知
(b) 若彼不相應 諸餘相應法

除其初無漏　是從四因生

(c) 謂餘不相應　自分當知三

及諸餘相應　初生無漏法

(d) 於中不相應　是從於二因

若從一因生　當知必無有。

（第二，同，八八五ab　法勝有）

註曰：為證明此一頌半係《雜心論》四頌之節略，故雖有例外，然仍引《俱舍論》對此一頌半之長行如次：

論曰：諸染污法，除異熟因，餘五因生。異熟生法，除遍行因，餘五因生。三所餘法，雙除異熟，遍行二因，餘四因生。初無漏法雙除前二及同類因，餘三因生。

如是四法為說何等？謂心心所。

不相應行及色四法，復幾因生？如心心所所，除因外及除相應。應知餘法，從四三二，餘因所生。

此中染污異熟生法，餘四因生，三所餘法餘三因生。初無漏法，餘二因生。一因生法，決定無有。

將此長行與《雜心論》所載四頌對照，可知《俱舍論》之長行，只是將《雜心論》之頌文改為散文。

就以上二表見之，第一表是將《俱舍論》的二十五頌，分成二十四項，其中難以視為取自《雜心論》的，僅只四項（三頌半），其他二十項（二十頌）的四分之三都脫化自《雜心論》之頌文或長行。尤其第二表是將《俱舍論》的十二頌半分成十四項，不見於《雜心論》的，僅只一項二句（二分之一頌），其他都見於《雜心論》。更且將載於第二卷之行品的，依序採用，作為第九卷的「雜品」所說補之。如此密切的關係豈非驚人。當然並非《俱舍論》全體都是如此。特別是其第三的世間品，大部分是世親基於《大毘婆沙》與《施設》等而新造的，總之，除了「破我」一品，各卷至少有半數脫化自《雜心論》。就其採擇方法見之，如前二表所顯示，或將《雜心論》之一頌縮簡為半頌，或將二、三頌縮為一頌，乃至將連續的數頌，一半當作頌文採用，另一半攝於長行之中，總之，採取短縮之方針，是明顯之事實。但如前揭諸例之所顯示，有時是取《雜心論》之長行作新頌，有時將《雜心論》之一頌擴展成二頌，如此複雜的，也不少。要言之，將《雜心論》中的種種思想，以最經濟的文體，且最窮盡的予以攝取予以表顯，即是世親對於《雜心論》的利用方式。此一特色在作全卷的比較對照時，越發明顯，但大致上，前揭二表已能充分表現。

第三節　結論

據此看來，世親之《俱舍論》雖以《大毘婆沙》為基底，但主要是以《雜心論》作為參考書，以此作為種本而撰，終究是不能否定之事實。從而就此而言，《俱舍論》不是世親以其一人之力所成，實是法勝以來，迭經數百年，是諸多學者努力所成的最後結晶。《俱舍論》所以作為千古不滅之名著而受重視，得以壓倒所有類書，實肇因於此，世親眾多著作之中，《俱舍論》所以最為傑出，即因於有此卓越的背景。

從而就其他方面而言，相較於從來將《俱舍論》之成立歸於世親一己之力，世親對於《俱舍論》的功能是何等的薄弱。此因其功能至少有一半應歸於法勝——法救。但此乃是當然。剋實而言，世親似乎應在序分或流通分中述之，不應採取假裝不知其弱點卻暗中指出的方法。世親所以沒有指出，是因為彼雖利用《雜心論》，然其意圖絕非意欲予以繼承或大成，而是作為競爭者而改訂其弱點。此正與爾後眾賢基於《俱舍論》而造《順正理論》與《顯宗論》等書，雖以《俱舍論》為依據，卻是欲與世親對抗相似。基於前述諸事，故筆者能充分體諒。總之，事實上，《俱舍論》所以得以大成，其大部分是承自於法救，因此對於其缺點應明白指出，對於其所承繼亦應明確告知才是。

就另一方面言之，世親既以《雜心論》作為種本，因此在《俱舍論》之論述中，多少也受到限制，此乃不能予以忽視的。世親將相當亂雜的《雜心論》之頌文及其說明，幾乎全部攝取於其論書中，因此，其論述偶爾也有侷促之感。總之，嚴格說來，秩序整然的《俱舍論》中，也出現相當冗長的論述，偶爾突然出現如同「附論」的問題紊亂前後文之連絡，偶爾對於最重要的問題不予以處理，卻是在序分中論述等等，之所以如此，其因即出自於此。尤其有關說一切有部的世友等四論師之意見，就有部的處理原則而言，應在「界品」初始極力論述，絕非當作隨眠品之附論。又如五位說，若將此作為整個組織之項目，或許能令有部特有的分類法得以發揮，但《俱舍論》卻採取在根品心所論的開端予以介紹的方式。總之，初始是依循《雜心論》之品題，進而以《雜心論》之內容為種，更且盡量執取不捨，因此雖意欲相當自由的選擇，但始終受制於其形式，無法施展自由的手腕於有限的範圍之外。相信若無此種本，以世親本人所具一流周到徹底之識見，撰述以《大毘婆沙》為中心的有部綱要書，或許其成果將異於現今所見的《俱舍論》，而使其組織之秩序整然且繁瑣度減少。當然此僅只是假定，實際情形如何不得而知，總之，依循《雜心論》雖有優點，但同時也承受其缺點。

雖然如此，總之，《俱舍論》是千古名著。就此而言，仍是世親之功績。若無世親，縱使有任何種本，終究無法有此成就。恐是法勝——法救之論書，至今仍作為有部綱要書之權威而流傳。就此而言，雖有種本存在，但《俱舍論》完全是世親本人獨力所成，更且是其眾多著作中，最具光輝的。筆者對此充分表示認可。與此同時，對於作為其參考的種種論書，也予以相當的注意，此不僅只是對於著者的努力表示敬意，更且若欲真正理解《俱舍論》之地位與教理等，此是不可欠缺之準備工夫。此乃筆者特就作為《俱舍論》之背景的參考書，予以力說之所以。

補遺

婆沙、俱舍、正理等諸論中所引用的施設論之諸說

大毘婆沙論引用之文

一、雜蘊所收

（一）疑是無知依處舍宅故。（婆沙一四，大正二七，六九a；卍，頁五五b）

（二）無有異生從長世來於有漏法，不執為我，或執我所，或執斷常，或撥為無，或執為淨解脫出離，或執為尊最勝第一，或起疑惑猶豫，或起愚闇無知。（婆沙一八，大正二七，九一c；卍，頁七三b）

（三）有六種非律儀。謂三界繫，各有二種。一相應，二不相應。欲界相應非律儀現在前時，六非律儀成就，四非律儀亦現在前。謂欲界二色無色界，各不相應。色界相應非律儀現在前時，四非律儀成就。三非律儀，亦現在前。謂色界二無色界不相應。無色界相應非律儀，現在前時。二非律儀成就。亦現在前。謂無色界二。（婆沙一八，大正二七，九三a；卍，頁七四b）

（四）有諸眾生曾在人中，或作國王或作大臣。[1]具大勢力，非理損害無量眾生。稅奪資財，供給自身及諸眷屬。由是惡業，死墮地獄。經無量時，受大苦惱。從彼捨命，復由殘業生大海中。受惡獸身，其形長大。噉食無量水陸眾生，亦為無量眾生唼食。遍著其體，如拘執毛。既受苦痛，不能堪忍。以身揩突頗胝迦山，在彼身蟲，俱被殘害。遂令海水縱廣百千踰繕那量，皆變成血。（婆

沙二〇，大正二七，九九ab；卍，頁七九a）

（五）欲界入出息離欲界染時，最後無間道滅。（婆沙二六，大正二七，一三三a；卍，頁一〇七a）

（六）吸風入內，名持來。引風出外，名持去。如鍛金師囊。囊開合，風隨入出。此亦如是。（婆沙二六，大正二七，一三四a；卍，頁一〇八a）

（七）云何離貪，故心解脫？謂無貪善根，對治貪欲。云何離無明，故慧解脫？謂無痴善根對治愚痴。（婆沙二八，大正二七，一四七a：卍，頁一一九a）

（八）阿羅漢得盡智已，六恒住法為有為無？若有者，云何有？若無者，云何無？設有者，幾過去成就？幾未來成就？幾現在成就？答：有。謂阿羅漢眼見色已，不喜不憂，心恒住捨，具念正知。廣說乃至意知法已。不喜不憂，心恒住捨，具念正知。彼阿羅漢得盡智已，若最初起善眼識現在前，彼成就過去一，未來六，現在一。此滅已不捨。若起善耳識現在前，彼成就過去二，未來六，現在一。此滅已不捨。乃至若起善意識現住前，彼成就過去未來六，現在一。

復有誦言：[2]若最初起善，眼識現在前，彼過去無，但成就未來六，現在一。此滅已不捨。若起善耳識現在前，彼成就過去一，未來六，現在一，此滅已不捨，乃至若起善意識現在前，彼成就過去五，未來六，現在一。此滅已不捨。若復起善意識或餘識現在前，彼成就過去未來六，現在一。（婆沙三六，大正二七，一八八c；卍，頁一五三a）

---

1. 本書頁一一四所載之引用文有所省略，故今揭其全文。

（九）等活地獄中，[3]雖熱所逼，骨肉燋爛，有時冷風所吹。或因獄卒唱活，彼即還活，骨肉復生。苦受暫停，便生少樂。（婆沙三七，大正二七，一九四a；卍，頁一五七b）

（十）異生欲貪隨眠起時，必起五法。一欲貪隨眠，二欲貪隨眠增長生，三無明隨眠，四無明隨眠增長生，五掉舉。（婆沙三八，大正二七，一九七c；卍，頁一六〇b）

（十一）如叩鐘鈴銅鐵器等，其聲發韻，前麤後細。尋伺亦爾。（婆沙四二，大正二七，二一九a；卍，頁一七八a）

二、結蘊所收

（一）預流者二十八有流轉往來，作苦邊際故。（婆沙四六，大正二七，二四一a；卍，頁一九六b）

（二）諸斷善根云何而斷？以何行相斷？謂如有一，是極猛利貪瞋痴類，乃至廣說。（婆沙四七，大正二七，二四二a；卍，頁一九七b）

（三）異生欲貪隨眠起時，[4]有五法起。一欲貪隨眠，二欲貪隨眠隨生。有誦：欲貪隨眠增益。三無明隨眠，四無明隨眠隨生。有誦：無明隨眠增益。五掉舉。（婆沙四九，大正二七，二五四c；卍，頁二〇七b）

（四）預流果有二種，謂有為及無為。云何有為預流果？謂此果得及此得得。此果得者，謂有為無為預流果得。此得得者，謂此果得之得，由此果得故成就預流果。由此得得故，成就此果得。

若諸學根、學力、學戒、學善根、八學法，及此種類諸學法，是名有為預流果。云何無為預流果？謂三結永斷，及此種類諸結法永斷。八十八隨眠永斷，及此種類隨眠法永斷。是名無為預流果。

一來果有二種，謂有為及無為。云何有為一來果？謂此果得及此得得，餘如前說。若諸學根、學力、學戒、學善根、八學法，及此種類諸學法，是名有為一來果。云何無為一來果？謂三結永斷，及此種類諸結法永斷。八十八隨眠永斷，及此種類隨眠法永斷。貪瞋痴倍斷，及此種類煩惱法倍斷。是名無為一來果。不還果有二種，謂有為及無為。云何有為不還果？謂此果得及此得得，餘如前說。若諸學根、學力、學戒、學善根、八學法，及此種類諸學法。是名有為不還果。云何無為不還果？謂五順下分結永斷，及此種類諸結法永斷。九十二隨眠永斷。此種類隨眠法永斷。是名無為不還果。

阿羅漢果有二種，謂有為及無為。云何有為阿羅漢果？謂此果得及此得得，餘如前說。若諸無學根、無學力、無學戒、無學善根、十無學法，及此種類諸無學法，是名有為阿羅漢果。云何無為阿羅漢果？謂貪瞋痴永斷，及一切煩惱永斷。越一切趣，斷一切路，滅三種火，渡四瀑流，摧諸傲慢，離諸渴愛，破阿賴耶，無上究竟，無上寂靜，無上安樂，及諸愛盡離滅涅槃。是名無為阿羅漢果。（婆

2.「復有誦言」一語，《大正藏》載為「復有說言」，似乎取自別人所說，但若依前後之文勢看來，應推定是《施設論》之異誦或異本之文，故今依據宮內省本與明本所載，視為《施設論》之有誦，揭之於此。

3. 本書頁一一〇亦揭有此文，然此處所揭較為詳細。

4. 本書頁一一八已載有本文，然該頁之引用文中省略「有誦」等。更且在「有誦」之下所引文句是此《施設論》之異誦或異本，故特揭之於此。
《婆沙》卷一八六（大正二七，九三三a）亦引用同文，但略去「有誦」之文句，進而此處所揭「欲貪隨眠隨生」，彼則載為「欲貪隨眠近生」。

沙六五，大正二七，三三七c—三三八a；卍，頁二七四a）

（五）劫初時，人有忽腹行。身形既變，共號為蛇。復有欻然生第三手，身形既變，共號為象。（婆沙七〇，大正二七，三六五c；卍，頁二九七a）

（六）云何加行得滅盡定？[5]以何方便，起滅盡定？謂初修業者，於一切行，不作功用，亦不思惟，但作是念：誰未生故，受想得生？誰已生故，受想便滅？作是念已，能如實知滅定未生故，受想得生。若滅定生，受想便滅。知已厭離受想二法，乃至不生得滅盡定。（婆沙七四，大正二七，三八五b；卍，頁三一三b）

（七）以何加行，修識無邊處定？由何加行，入識無邊處定？謂初業者，先應思惟清淨眼等六種識相。取此相已，假想勝解。觀察照了，無邊識相。以先思惟，無邊識相而修加行。展轉引起第二無色定故。說此名識無邊處。（婆沙八四，大正二七，四三三ab；卍，頁三五二b）

三、智蘊所收

（一）有四種補特伽羅，謂有補特伽羅現法中遲，身壞後速。或有補特伽羅現法中速，身壞後亦遲。或有補特伽羅現法中遲，身壞後亦遲。或有補特伽羅現法中速，身壞後亦速。（婆沙九四，大正二七，四八四c；卍，頁三九四b）

（二）哀羅筏拏善住龍王知天心。（婆沙一〇一，大正二七，五二二b；卍，頁四二五b）

（三）即彼論中次作是說：「空三摩地是空亦無願非無相。無願三摩地是無願亦空非無相。無相三摩地唯是無相非空無願。」

即彼論中，復作是說：「空三摩地是空亦無願無相，無願三摩地是無願亦空無相，無相三摩地是無相亦空無願。」（婆沙一〇四，大正二七，五三八c；卍，頁四三九b）

（四）此愛若過去若未來若現在，皆是苦因。苦根本，苦道路。苦由緒。苦能作。苦生，苦緣。苦有，苦集，及苦等起。（婆沙一〇八，大正二七，五六一b；卍，頁四五七b）

四、業蘊所收

（一）諸斷生命是業，是作用，與能發起斷生命思，為因，為道，為跡，為路。廣說乃至諸雜穢語是業，是作用，與能發起雜穢語思，為因，為道，為跡，為路。所有不善貪恚邪見，非業非作用，唯與即彼俱生品思，為因，為道，為跡，為路。離斷生命是業，是作用，與能發起離斷生命思，為因，為道，為跡，為路。廣說乃至離雜穢語是業，是作用，與能發起離雜穢語思，為因，為道，為跡，為路。所有無貪、無瞋、正見，非業，非作用，唯與即彼俱生品思，為因，為道，為跡，為路。（婆沙一一三，大正二七，五八九bc；卍，頁四八一a）

（二）斷生命乃至邪見，皆有三種。一從貪生，二從瞋生，三從痴生。（婆沙一一六，大正二七，六〇五c；卍，頁四九四a）

5. 本文亦見於本書一六六頁，然其說明表現略有差異，故另外揭出。

五、大種蘊所收

（一）如人欲天所有冷暖可了知者，上界俱無。（婆沙一二七，大正二七，六六五b；卍，頁五四三a）

（二）住此無聞異生由起色貪纏所纏故，五蘊色有於現法中，以取為緣趣當來有。

（三）如說住此無聞異生，由起無色貪纏所纏故，四蘊無色有於現法中，以取為緣趣當來有。（婆沙一三二，大正二七，六八七c；卍，頁五六一a）

（四）彼施設論復翻說佛於一時化作化佛，[6]身真金色相好莊嚴。世尊語時，所化便默。所化語時，世尊便默。弟子一時作化弟子，剃除鬚髮，著僧伽胝。弟子語時，所化亦語。所化語時，弟子亦語。

問：諸大聲聞，亦能如是，世尊於此，有何不共？

答：佛於心定，俱得自在。入出速疾，不捨所緣，能以一心，發於二語。謂自及化。於中欲令語者便語，不令語者便默。聲聞心定非極自在，入出遲緩，數捨所緣。雖能一心，發於二語。謂自及化。然於其中，欲令一語，第二亦語。欲令一默，第二亦默。不能令其一默一語。又佛世尊於諸智境，皆得自在。非諸聲聞。故佛此中，亦有不共。（婆沙一三五，大正二七，六六九a；卍，頁五七〇b）

六、根蘊所收

又彼論說：「如梵眾天以智以見，領解於人。人於梵眾天，不能如是，除有修有神通或他威力。乃至色究竟天，對人亦爾。」（婆沙一五〇，大正二七，七六五c；卍，頁六二五a）

七、定蘊所收

（一）贍部洲周圍六千踰繕那，三踰繕那半。一一地獄其量廣大。（婆沙一七二，大正二七，八六六a；卍，頁七〇六b）

（二）有五淨居。謂無煩、無熱、善現、善見、色究竟天。

云何無煩天？謂無煩天一類伴侶眾同分，依得事得處得，及已生彼天，無覆無記色受想行識。是名無煩天。

云何無熱天？[7]謂無熱天一類伴侶，乃至廣說。

云何善現天？謂善現天一類伴侶，乃至廣說。

云何善見天？謂善見天一類伴侶，乃至廣說。

---

6. 本文係承續本書一五六至一五七頁上段之引用文，引用自《婆沙論》，此與同頁下段所引用的漢譯《施設論》之文句內容完全一致。

7. 以下之文在《婆沙》論中係分段述說，但無非是《施設論》引用文之承續，故揭之於此。

云何色究竟天？謂色究竟天一類伴侶，乃至廣說。（婆沙一七六，大正二七，八八三ab；卍，頁七二〇b）

（三）四聖種皆不為煩惱所染所雜。（婆沙一八一，大正二七，九〇七c；卍，頁七四〇a）

（四）死生智證通，云何加行？云何引發死生智證通？謂初修業者，於世俗三摩地，已善修習，善得自在，令起現前。為欲引發天眼通故，先取淨鏡面相。或日月輪，星宮藥草燈燭，末尼諸光明相。或大火聚燒，諸城邑多踰繕那焰洞然相。取是相已，由假想作意力，於不見位，能起光明。勝解相續引發天眼，有時即於常眼處所，有色界大種所造淨天眼起，能見眾色，若好若惡，乃至廣說。（婆沙一八六，大正二七，九三二ab；卍，頁七六〇b）

（五）天耳智證通，云何加行？云何引發天耳智證通？謂初修繕那焰洞然相。取是相已，由假想作意力，於不見位，能起光明。勝解相續，引發天眼，有時即於常眼處所有色界大種所造淨天眼起，能見眾色，若好若惡，乃至廣說。（婆沙一八六，大正二七，九三二ab；卍，頁七六〇b）

八、見蘊所收

一、因道路等，盡同一義。（婆沙一九六，大正二七，九七九c；卍，頁七九九a）

二、不見於婆沙，而被俱舍論等所引用的：

1. 頗有法是不善唯不善為因耶？[8]有。謂聖人離欲退最初已起染污思。（俱舍論卷六，根品，大正二九，三二c；正理，一六，大正二九，四二六b）

2. 時健達縛於二心中，[9]隨一現行，謂愛或恚。（俱舍論卷九，世間品，大正二九，四六c；顯宗一三，大正二九，八三八b）

3. 以月宮殿行近日輪，[10]月被日輪光所侵照，餘邊發影，自覆月輪，令於爾時，見不圓滿。（俱舍論卷一一，世間品，大正二九，五九b）

4. 施設足中說有轉輪王四種：「金銀銅鐵輪應別故，如其次第勝上中下。逆次能王領一二三四洲。謂鐵輪王王一洲界，銅輪王二，銀輪王三。若金輪王王四洲界。」（俱舍論卷一二，世間品，大正二九，六四bc；顯宗論卷一七，大正二九，八五七b）

5. 唯由此量，是人已斷三界善根。（俱舍論卷一七，業品，大正二九，八八c）

6. 施設足論釋此四無礙解言：「緣名句文此所詮義，即此一二多男女等言別此無滯說及所依道，無退轉智。如次建立法、義、詞、辯無礙解名。」（俱舍論卷二七，智品，大正二九，一四二b）

---

8. 此一引用句在《大毘婆沙論》中，是當作《識身論》所說而引用之。兩者似乎傳述同一思想？（婆沙一九，大正二七，九四c）

9. 本文相當於《婆沙》卷六〇（大正二七，三〇九a）作為契經所說而引用之文句。

10. 本文在《光記》卷一一是記為「世施設論」，在真諦譯《俱舍釋論》卷八是記為「分別世經」。真諦譯《俱舍論》通常將《施設論》稱為「分別假名論」，但有時亦將《婆沙》作為《施設論》所說而引用之文，記為「分別世經說」（例如大正二七，二一七c）。《起世本因經》卷一〇（大正一，四一六b）有與此相當之文。無法得知《俱舍論》世施設中所引之文出自何處，若如《光記》所言，則被推定以《起世經》等經文為依據而成立的《施設論》中，必有此文——當然現存漢譯《施設論》無此文，但其原本應有——。今暫依《光記》所述，揭之於此。

7.「有等持相應無覆無記慧，不由善故及無漏故得立聖名，由聖身中此可得故，說名為聖。」（順正理卷七六，辨智品，大正二九，七五四b；顯宗卷三七，大正二九，九六一c）

第一章　部派佛教中的分別上座部之地位及其宗義

第一節　研究資料的處理方式

近時隨著佛教研究之進步，對於部派佛教之考察也頗為盛行。但關於各部派相互間之交涉與關係，以及以整然之形態進展的過程，猶未能瞭解的，仍有不少。

此因各各部派所傳的部派系圖，都未能顯示其真正的歷史系統，各各部派都基於誇示自己才是立於系圖最高且最古地位之意圖而傳承其系圖。尤其被視為闡明從來部派流出次第之唯一證據的《異部宗輪論》，此一意圖最為明顯。此書完全是為提高說一切有部之權威而編成，此乃對此作稍具批判性研究的人都容易得以發現。加之，如同筆者屢屢言及，各各部派之立腳地絕非自初始就確定，而是經過長久年月，各有相當的發展與變遷，更且於發展與變遷之際，各各部派之間由於相互反駁，因此或有交涉，或有影響，遂逐漸完成各自獨立之方向，此乃不爭之事實。《異部宗輪論》中所紹介的各部派之宗義觀，就筆者看來，其所介紹恐是《大毘婆沙論》（西元二世紀）以後圓熟的部派的意見，各部派之宗義絕非自初始就是如此。從而若欲真正研究部派佛教之發展，傳統的說法當然可以作為史料之一而參照，但未必應拘泥於傳統所說，而是應闡明各各部派各自之立腳地，同時，更有必要探尋各派相互間的思想關係，藉以瞭解彼此的連絡與開展次第。當然，剋實而言，此乃相當困難之事業，但作為部派佛教研究方針，則必須達於此地步。

第二節　部派佛教中的分別上座部之地位

若是如此，部派佛教是依何等順序而發展，當然一一探尋有其困難，但筆者大略作出如次觀察。亦即：

根本上座部｛有部或犢子部系之諸派（實在論的）
大眾部系之諸派（觀念論的）

從而若欲研究部派佛教，先決問題是必須先探究此根本上座部。《異部宗輪論》以所謂的「雪山部」比擬之，此當然不可信用，就筆者所見——當然有所限制——南方上座部之宗義，尤其七論所表現的，較為近似。

此因南傳所謂的分別上座部在形成現今之形態之前，雖經過種種變遷，然其宗義受根本七論所局限，故較為素樸，超出尼柯耶（Nikāya）以及律的特殊意見極少。亦即七論所顯現的神學的見解，在種種法義之整理、分類或解釋上，雖是超出經典所說，極其煩瑣，但就其宗義內容而言，如同有部的三世實有論、犢子部的有我論，乃至大眾部的假名論等如此特殊意見，並沒有顯著表現，只是將經典所說的法相（且是表面的），予以解釋與整理而已。就此而言，筆者認為南方分別上座部既是諸部派之一，同時也代表諸部派之最古立場。從而部派佛教之研究，首先必須釐定南方派的確定的教理。然而奇怪的是，就筆者所知，依此見地而進行的南方分別部之相關研究卻不得見之。

第三節　分別上座部的宗義

若是如此，應如何決定南方上座部的立場？此有積極的方法與消極的方法等兩方面，並且必需兩者相輔，才能夠獲得近乎完整之宗義。

積極的方法是除去七論中的《論事》（*Kathāvatthu*），其次彙整其他六論以及《無礙道論》（*Paṭisambhidāmagga*）之宗義，進而雖只是少量，但《彌蘭陀王問經》（*Milindapañha*）所說等亦可參照，從種種方面窺其法相論。

消極的方法是利用《論事》（*Kathāvatthu*），探查被南方上座部派視為「非」的主張，界定其積極宗義之界限。此因對於《論事》是於何時、何處製作，雖猶有異論，但無可懷疑的是，分別上座部據此以界定他派與自派之界限，因此，縱使論中沒有提出自派之積極意見，但據此可知此派所不認可之教理，進而得知本派之積極說。更且《論事》所論述的是，各各部派所處理的種種重要教理，因此，就整理其中所表現的題目與組織其立派的理論而言，就訂定分別上座部之教理而言，可以說是絕對必要的材料，同時，《論事》之利用是絕對必要的方法。此因若依據其他論書而推定出不能確定的本派之立場，能否進而依其立場而得出某種理論？因此，如此制限性的界定的方法不能採用。

就此而言，筆者認為作為界定分別上座部之宗義的第一條件，首先是依據《論事》而確定其所以視為「非」之教理，其次再探查其積極說，至於其積極說之探查，若以《毘崩伽論》（*Vibhaṅga*）

為中心，並參照《彌蘭陀王問經》所載，大致即得以了知。

筆者據此所得之結果並沒有超出尼柯耶太多，就某種意義而言，是穩健說，同時就某種意義而言，是平凡說。但相對於具有特色的諸部派之主張，在訂定基本的標準上，相對於《宗輪論》是以有部宗義為標準而見諸部派之舉，此更具學術意義。此乃筆者提倡——對於斯學之專家雖是明明白白的，但未嘗有人嘗試此一研究法之所以。

第二章 關於分別論者與部派之所屬（赤沼教授所論讀後）

第一節 問題之出發點與文獻

在《宗教研究》雜誌（新第二卷第五號），赤沼智善教授就所謂的「分別論者」，發表其綿密的研究。文中屢屢觸及筆者所論。此因筆者先前在《阿毘達磨論之研究》（本書第一部第二篇）中，論述南方論部之中心的 *"Vibhaṅga"*（分別論）與《舍利弗阿毘曇論》之關係時，曾言及分別論者，但對此並沒有提出適確之結論，故促使赤沼教授進行此一研究。筆者對於赤沼教授認真的學究態度，表示敬意，尤其對於筆者所播之種，赤沼教授能給予努力探究實無任感謝。但對於赤沼教授所提出的結論，若依據筆者其後所得研究成績，終究無法予以承認，此乃最深感遺憾的。當然有關此一問題，筆者的研究還在進行中，在到達不可動搖的結論之前，前途仍然遙遠，但由於先前在論述之際，筆者大致所作之推測必須予以訂正的，其數不少，而對於赤沼教授所論，若不提出異議，筆者亦不能安心。剋實言之，此一問題之種是筆者所播，筆者對此既然略作研究，而予以發表，現今赤沼教授既然提出解決方針，筆者既然對此不滿，據此而發表自己所持意見，應是學界的一種義務，此乃筆者對此問題再次提筆之所以。

在論究此一問題之際，所使用以及參照的文獻，筆者與赤沼教授相同。雖是些許，但所追加的是赤沼教授所忽略的《大毘婆沙論》所引用的二句。亦即：

△分別論者說「預流、一來亦得根本靜慮」。（大毘婆沙論第百三十四卷，大正二七，六九三b）

△如分別論者唯許初靜慮建立（五）支建立許非餘。所以者何，依契經故。如契經說：毘舍佉鄔波索迦往達磨陳那苾芻尼所，問言：聖者！初靜慮幾支？答言：具壽！有五支。謂尋伺喜樂心一境性。彼鄔波索迦既不問上靜慮支，彼苾芻尼又不說。故知上諸靜慮不建立支。（同上第百六十卷，大正二七，八一三c）

今依據赤沼教授所訂順序，暫將前者訂為三一b，後者為三四b。此外大抵是使用相同材料進行議論，因此在披覽本文時，希望參考前述《宗教研究》新第二卷第五號赤沼教授之意見及其材料。

第二節　赤沼教授之意見與筆者的主要歧異點

首先在順序上，有必要就赤沼教授與筆者所見的主要歧異點，略為一述。赤沼教授探查有關分別說的種種文獻，對於彼應隸屬哪一部派，詳細檢討中國與日本學者所見，最後作出「分別論者，無非是化地部之異名」的結論。其所持理由——從來在述及分別論者之所屬時，或說是正量部，或說是化地部，或說是飲光部，或說是假部，或說是大眾部，如是，有種種意見，此中也有認為不專指某一部派，而是依某種立場，種種部派都可以包括的名稱。認為是說假部的，主

要是因於 **Prajñaptivāda**（舊譯為分別部）此一譯語，然就目前是以毘婆闍婆提（**Vibhajjavādin or Vibhajyavādin**）為分別部之主題而言，此應予以排除（筆者對此贊成），此外，無論是正量部或飲光部，在文獻上都不甚充分，而說為大眾部的，與「大眾部及分別論者云云」之文獻矛盾，故亦應排除。唯一可能的，只剩下化地部，若將其宗義與《大毘婆沙》所引用的三十六種的分別論者所說相比較，類似點相當多，且與其中的十個題目合致，因此分別論者必然是化地部之異名，以上是赤沼教授的論證法。此中，對於筆者先前推定分別論者是含括諸部派之異名，以及不可能是大眾部之異名的理由，赤沼教授表示贊同，實令筆者惶恐不已。但坦言之，筆者的看法已有所改變，因此對於前揭的論證法，筆者相當不能接受。今揭舉主要的理由如次：

第一，赤沼教授考證《大毘婆沙》等所引用的所謂分別論者所說之材料，主要是依據漢譯所傳，尤其是《宗輪論》，對於重要的南方所傳的《論事》（*Kathāvatthu*）之紀錄，比較輕視。在「分別論者即化地部」之立證上，僅只利用《大毘婆沙》所載，此舉欠缺公平地看待全體，實亦應依據此論以闡明各部派特徵，以此作為分別論者之考證的預備。嚴格說來，《論事》所揭部派的記事，無非是依據相當晚期的佛音之註，其信用既然不可確定，其有關部派之紀錄自然亦不能安心使用，雖然如此，但以有部為中心而編輯的《宗輪論》之記事也有同樣缺點，因此，以此為依據，同樣也是不能安心。既然可以使用《宗輪論》，則有相同程度信用的《論事》也有必要予以採用。此材料使用之輕重是赤沼教授與筆者所見的分歧點，因此對於赤沼教授的態度不得不感到遺憾。

第二，赤沼教授對於《大毘婆沙》所引用的分別說與化地部宗義一致之點，揭出十項，此無疑是應予以注目之成績，筆者對此深表敬意，可惜的是，赤沼教授所揭的十項，剋實而言，並非只是化地部之宗義，大抵也與大眾部系所說共通。何況此十項的合致之外，在《大毘婆沙論》中，另有其他二十六條（加上筆者所追加的，計有二十八項）合否不明，故據此就作出化地部即是分別論者之結論，似稍嫌草率。當然如筆者後文所述，未必得以否定化地部也是分別論者之一種，但對於赤沼教授所持「大毘婆沙所言的分別論者，專指化地部」的意見，筆者實無法表示贊同。至少在尚無法證明赤沼教授所指出的十項相符的宗義，原是化地部特有，爾後逐漸受其影響，他派也予以採用之前，就論證程序而言，筆者是不能首肯的。

第三，筆者先前對此亦曾言及，赤沼教授將分別論者完全視為是某一部派之異名之舉，是過分草率。先前筆者最為苦惱的是，以正統派中之正統派自居的南方上座部被稱為分別說部，同時《大毘婆沙》等將宗義與此有相當距離的，也稱為「分別論者」，更且至少就有部的立場而言，是基於何等理由而如此看待其所不相容之異端？更且筆者認為兩者實分化自同一系統（一部派），乃至兩者系統實最為相近，兩者之間應有密切的歷史開展。此即筆者大為苦惱，且無從解決之主因。如今筆者發現意欲將南方分別部與《大毘婆沙》所說的分別論者直接予以連結有其困難，故已放棄此一企圖。筆者認為所謂的「分別部」，並不是特定部派之異名，而是依據某種立場，就不同的態度或主義而命名的。就赤沼教授所論見之，赤沼教授將《大毘婆沙》、《俱舍論》與唯識系諸論書所見的分別論視為是某一部派，努力定其所屬，但完全沒注意因時代與立場之不同，分別論者有廣狹之區別，就目前筆者所見而言，是相當不能同意的。

前揭三項，亦即首先在出發點上，是筆者對於赤沼教授的態度無法信服的，更且也是筆者先前所論必須予以訂正的。若是如此，筆者具體的意見究竟如何？今直接提出結論——南方上座部當然是分別論者，同時，飲光部也是分別論者之一，化地部與正量部也未必予以否定，尤其《大毘婆沙》所說的「分別論者」，主要是用以指稱大眾部系中，最為前進的數派——此即筆者所得的結論。

以下逐項就此予以考證。

第三節　大眾部系之主張與婆沙中的分別說

此乃本文之主眼，因此首先就《大毘婆沙》所說的「分別論者」述之。

筆者先前基於《大毘婆沙》所揭大眾部與分別論者主張「佛身為無漏法」之文獻，故主張分別說部與大眾部二者有別（參照本書第一部，頁九四）。依據赤沼教授所說，先前舟橋教授對此已發表過相同意見，今赤沼教授用以證明分別說部不是大眾部之異名時，同樣以前揭文獻為主。但如筆者先前所述，現今筆者後悔如此的推定過於草率。此因概括而言，雖稱為大眾部，但其中含有總本家，也有承繼其系統的種種別家，將本家之大眾部與分家之異名的分別說部並舉，非常不恰當，從而前揭之文不能成為分別部是大眾部之反證。況且依據《宗輪論》、《論事》以及其他材料看來，散見於《大毘婆沙》的分別論者之意見若與大眾部系所說相比較，二者合致的，遠多於化地部，姑且不論傳說是如何，其間的關係，至少大致是如此。筆者雖未能就《大毘婆沙》所引用的分別說都予以確認，但僅以目前所探究的，仍可確定過半數能與大眾部系之主張合致。更且此中能與化地部共通的，含大部分，其中更有化地部之宗義不得見，而是所謂分別論者特有之主張，例如心性本淨論、超人格化佛身論、廣義的無為觀等等。今依其引用順序，列舉如次：

一、分別論者執「信等五根唯是無漏」。（婆沙第二卷，大正二七，七c）此乃化地部之宗義，然依據《宗輪論》所述，此相當於大眾部教理中的「無世間信根」之條。

二、或執「緣起是無為法」。如分別論者（婆沙二三，大正二七，一一六c）。依據《宗輪論》所述，此乃化地部、大眾部之宗義。若依據《論事》（六、二）所述，此乃化地部與大眾部之支派東山部（Pubbaseliya）之宗義。稱友將此視為化地部。（國譯論部第十一卷，頁五八二，foot-note）

三、或執「心本性清淨」。如分別論者。（婆沙二七，大正二七，一四〇b）

四、分別論者說：「染污不染污心其體無異。謂若相應煩惱未斷，名染污心，若時相應煩惱已斷，名不染心。如銅器等，未除垢時，名有垢器等，若垢已除，名無垢器等。心亦如是。（婆沙二七，大正二七，一四〇c）

△有隨眠心無隨眠心其性不異。聖道現前與煩惱相違，不違心性。（聖道）為對治煩惱，非對治心。（恰）如浣衣磨鏡鍊金等物，與垢等相違，不違衣等，聖道亦爾。（婆沙二二，大正二七，一一〇，上引用，一心相續論者主張）

前揭三文，皆屬同一主張，主要是主張心性自體清淨無垢之所以。此與佛身無漏說等相同，就主張而言，是極為顯著的，因此，若能探查是哪一部派所唱道，在闡明分別論者之正體上，將是極為必要的契機。徵於《宗輪論》，心性本淨說顯然是大眾部（含一說部、說出世部、鷄胤部）的本宗同義之一，且是不共通他派之主張。更徵於《論事》，《論事》雖無明確的提出心性本淨說，但前揭的四與△所揭，與心性同一說相當的，是與大眾部系所屬的案達羅派（Andhaka）的主張。亦即對於《論事》（三、三）所載的「唯有貪欲心之解脫」，佛音指出此乃案達羅派之主張，並給予如次之解釋：「絕無以離貪欲之心而求解脫之理由。恰如污穢衣服依其洗滌而脫垢膩，唯有以貪欲心而得以從貪欲解脫。」顯然是客塵煩惱說，可以將此與前揭的四及△之引用文相比較。文句雖略有差異，但精神上，完全同一趣旨。若是如此，《宗輪論》所揭大眾部之主張，詳言之，應是屬於該系統的案達羅派的主張，而《大毘婆沙論》將如此的主張，以分別論者或一心相續論者之名稱之。

五、分別論者將擇滅、非擇滅、無常滅等三種滅稱為無為（婆沙三一，大正二七，一六一a）。將擇滅、非擇滅視為無為之舉，同於有部、化地部及大眾部，但特將無常滅視為無為，則與《論事》（一一、八）指出案達羅派視無常為常規（Aniccatā parinipphannā）相當，從而也可認為此乃案達羅派之主張。

六、分別論者說「諸有為相（之體）皆是無為」（婆沙三八，大正二七，一九八a）。此乃《宗輪論》所介紹的大眾部及化地部的九無為中的思想，但就特將有為相之體視為無為的部派而言，應是指《論事》（一九、五）所介紹的北道派（Uttarāpathaka）所持「諸法真如無為」（Sabbadhammānaṁ tathatā asaṁkhatā）之說。此因所謂的一切法之真如，無非是有為法之本體。將有為相之體解為是生住異滅等四相之主體，就筆者所知，並沒有主張四相或三相其任一是無為的部派，但若從前揭第「五」項所舉的視無常滅為常規的精神而言，此仍是案達羅派之主張。總而言之，從概念之常恆性出發，好持「無為論」的部派，就《論事》所載而言，大抵是屬於案達羅派或與其接近之部派。

七、分別論者說「諸法皆攝他性，非自性攝」（婆沙五七，大正二七，三〇六b；同卷一〇六，大正二七，五五〇a）。如赤沼教授所指出，此乃化地部相當顯著之宗義。但未必僅局限於化地部，依據《論事》（七、一）所載，案達羅派之分派的義成部（Siddhatthika）亦持此論。彼作此說：「任何法皆非他法所攝。」

八、或執「不染污心亦有相續」。如分別論者。——謂契經說：菩薩正知入母胎，正知住母胎，正知出母胎（婆沙六〇，大正二七，三〇八c）。此乃主張菩薩為濟度眾生，別無染心，自發性的出生於種種眾生界，依據《宗輪論》所載，此乃大眾部、雪山部與經量部所主張，若依據《論事》（二三、三）所載，則是案達羅派之主張。無論如何，無可懷疑的，是大眾部系的一種主張，而且是化地部的主張之中所不得見的。

九、阿羅漢不退（取意）（婆沙六〇，大正二七，三一二b）。依據《宗輪論》所載，如同化地部，大眾部亦有此主張，若依據《論事》（四、一〇）所載，則是案達羅派之主張。

十、隨眠是纏種子，隨眠自性心不相應。諸纏自性與心相應。纏從隨眠生……（婆沙六〇，大正二七，三一三a）。依據《宗輪論》所載，此乃化地部與大眾部之主張，若依據《論事》（九、四；同一四、五）所載，則與案達羅派之主張相符。

十一、或說「四沙門果唯僅無為」。如分別論者（婆沙六五，大正二七，三三六c）。依據《論事》（一九、三）所載，此與案達羅派之分派的東山部「沙門果無為（Sāmaññaphalaṁ asaṅkhataṁ）」的主張相符。

十二、分別論者撥無中有（婆沙六八，大正二七，三五五a；婆沙一三五，大正二七，七〇〇a）。依據《宗輪論》所載，此乃化地部與大眾部之主張。若依據《論事》（八、二）所載，此與南方上座部之主張相同。

十三、如譬喻者、分別論者彼作是說：世體是常，行體無常，行行世時，如器中果，從此器出，轉入彼器，亦如多人，從此舍出，轉入彼舍。諸行亦爾。從未來世入現在世，從現在世入過去世（婆沙七六，大正二七，三九三a；同一三五，大正二七，七〇〇a）。此乃具有顯著特色之主張，與此完全合致的特定部派之主張，筆者尚未得見。但若就與此接近的思想而言，所述雖極為簡單，但《論事》（一五、三）所揭的「三世是預先規定」（Addhā pariniphanno），應與此相當。遺憾的是，佛音並沒有指出是哪一派之主張，《論事》的英譯者推想是案達羅派的主張，應是無妨（參照 *The Points of Controversy* p. 259 foot-note）。

十四、如分別論者「讚說世尊心常在定，善安住念及正知故」。又「讚說佛恒部睡眠，離諸蓋故」（婆沙七九，大正二七，四一〇b），依據《宗輪論》所載，「佛無睡夢」之說是大眾部之主張。又，對於《俱舍論》第十三卷的有餘部說諸佛常在定，無無記心，《頌疏》解曰：「若依大眾部宗，佛無無記心，常在定故。」將有餘部視為大眾部。就筆者所見，《論事》不載此說，故此處所說的大眾部，不能確知是何部派，但無疑的，應是大眾部系之主張。又依據《宗輪論》所載，大眾部主張佛在常定，不說名等，若依據《論事》（一八、二）所載，此乃 Vetulyaka，亦即大空派（Mahāsuññavādin）之主張。此大空派比案達羅派更為進步，但仍可視為屬於大眾部系之遊軍的部派，總之，將佛身理想化，是大眾部系的一種特色，更且在《婆沙》中，與分別論者的主張一致的，相當多。

十五、有說「無色界有色」。如分別論者（婆沙八三，大正二七，四三一b）。依據《宗輪論》所載，此乃化地部與大眾部之主張，《論事》（八、八）作為案達羅派之宗義，揭出 Atthi rūpaṁ arūpesu（無色界有色）。

十六、有餘執「道是無為」。如分別論者（婆沙九三，大正二七，四七九c）。依據《宗輪論》所載，此相當於化地部與大眾部所說的「道支性無為」，此亦包含於《論事》（六、三）所揭北道派所唱導的四諦無為之中，又與《論事》（六、一）所載案達羅派的 Niyāmo asaṁkhato（道無為）相當。

十七、或說「四聖諦一時現觀」。如分別論者（婆沙一〇三，大正二七，五三三a）。依據《宗輪論》所載，此乃化地部與大眾部之主張。依據《論事》（二、九）所載，案達羅派、有部、正量部、賢乘部等皆持漸現觀說，反之，南方上座部卻持頓現觀說。從而就此而言，是異於大眾部與案達羅派的主張，對此有再作研究之必要。

十八、犢子部與分別論者執「音聲為異熟果」（婆沙一一八，大正二七，六一二c）。依據《論事》（一二、三）所載，此乃大眾部之主張，大眾部持 Saddo vipāko（聲異熟）之說。依據《論事》（一六、八）所載，案達羅派執一切色法為異熟果，據此推論，應是主張聲為異熟果。

十九、分別論者說「預流、一來亦得根本靜慮」（婆沙一三四，大正二七，六九三b）。此與《宗輪論》所傳大眾部主張「諸預流亦得靜慮」之說相符。

二十、譬喻者、分別論師說「無想定滅盡定，細心不滅」（婆沙一五一，大正二七，七七二；同一五二，大正二七，七七四a）。《論事》（三、一一）指出此乃案達羅派之主張。

二十一、分別論者與大眾部說「佛之生身為無漏法」（婆沙一七三，大正二七，八七一c）。依據《宗輪論》所載，唱說佛身無漏的，是大眾部；《論事》（二、一〇）指出是案達羅派之主張。此說本是本家大眾部之主張，此依《大毘婆沙論》第四十四卷（大正二七，二二九a）僅揭出大眾部，介紹佛身無漏說之事，即可知之，可能爾後案達羅派繼承此說，且更加宣揚，因此才有前揭的「大眾部與分別論者」之說。

△若依據分別說，一切凡聖眾生並以空為其本。所以凡聖眾生皆從空出故。空是佛性，佛性者即大涅槃（佛性論，縮刷暑二，七四右，大正三一，七八七c）。此乃出自世親《佛性論》之說，雖是附錄，但與此相關，故揭之於此。就筆者所見，此說在特定部派的主張中，不能明顯見及，然就其思想言之，與大眾部系仍有密切關連。《論事》曾介紹 Vetulyaka（亦即大空派）之說（一七、六—九；同一八、一—二等），前揭之主張可以當作是大空派的空說與心性本淨說結合所成。此大空派主張佛陀「不住人間界」（*K. V.* 18, 1）、「未嘗說法」（ibid. 18, 2），此與《宗輪論》所載的大眾部的佛身論相符，因此顯然是承繼大眾部之系統（此非大乘，此徵於佛性論將此視為小乘教，即可知之）。

上來所揭，只是筆者所作的不完整的調查範圍，但《大毘婆沙》所引用的三十八項中，過半數與大眾部系之主張一致或接近，實是驚人。當然此中有些稍見怪異，但若從未作比較的，再稍加努力予以比較，相信能與大眾部系之主張合致的，必然不少，至少過半數的合致，是可以確定的。就《大毘婆沙》而言，其所說的分別論者，視為是大眾部系的可能性還高於化地部。此因大眾部系的立場與分別論者的主張得以相符的，其中包含化地部與分別論者所說的大部分，進而更包含眾多化地部所不明言的。

第四節　大眾部之遊軍派與分別論者

筆者先前暫時籠統的使用「大眾部系」一語，現今必須進一步確定與分別論者合致的，究竟是大眾部的哪一派？依據《異部宗輪論》所載，與所謂「分別說」合致的，是與本家大眾部及其分派的一說部、說出世部、鷄胤部共通的，亦即所謂的「本宗同義」之大部分。但若依據《論事》所載，所說的大眾部，是指遊軍派的案達羅四派（此中含義成部、王山部、東山部、西山部），以及更為開展的北道派、大空派（Vetulyaka），此等的主張與分別論者之說相符。筆者採取《論事》所載。此因《宗輪論》所介紹的大眾部之教理，作為初始的主張，似乎稍嫌過於進步，但若將此視為最後的遊軍派之說，則可首肯。從而欲徹底闡明此一問題，需要更釐清大眾部與案達羅派、北道派等的關係，但此實是一大問題，此處避免過於深入，僅簡單略述筆者所作的推定。

無論上座部或大眾部，都是逐漸分化，當大致成為定數（所謂十八部）時，承繼大眾部系統，但更為前進的自由思想家以南印度之案達羅為中心而崛起。此即南傳所謂的 Andhaka 四派。與此有關連，且更為進步的，鼓吹幾近於大乘思想的，是北道派與大空派。此等提出頗為顯著的主張，因應大乘思想興起之氣運，勢力逐漸強大，對於化地部恐是給予莫大的影響，但就學派系統而言，此等屬於出自大眾部之異分子，故將此等視為大眾部派之遊軍，是在所謂的十八部以外，此即是南傳分派史家所持態度。徵於北傳，與此事實相當之傳說，是以賊住大天為中心的大眾部最後之分派，亦即諸書中，有關制多山部、北山住部、東山住部、西山住部、王山住部等諸派崛起之記載。但在《異部宗輪論》與西藏所傳《Bhavya 分派史》等書中，費了相當大的力氣，對此等或取或捨，仍置之於十八部中，因此，形式上，在正統大眾部中仍占有地位。《宗輪論》所載的大眾部之教理，在南方所傳中，是被當作遊軍派的主張，即因於遊軍派也被攝取於正統大眾部中，因此，將發揮最自由之特色的，視為大眾部之代表。大眾部是如何的進步派，若就第一分派當時的立場而言，《宗輪論》所傳的佛身論、無為論等主張，實難以接受。但如果是作概括的推定，《宗輪論》所傳，自然無可懷疑。

以上的推定若是無誤，《大毘婆沙》中的分別說與此等遊軍之主張何以合致的主要理由，即得以理解。有別於一般的上座部的此等遊軍派，雖繼承大眾部之意見，但亦嘗試提出與一般大眾部相當歧異特色的主張，因此，對於一切皆予以批評，意欲確定自家意見的《大毘婆沙》之編者在作批判時，或是為避列舉其部派名之煩，或是基於某種理由而以分別論者之名總稱之。對於何故以「分別論者」之名稱之，實言之，筆者猶未能明白，恐是因於遊軍派揭舉彼等係繼承佛陀分析的態度與批判的精神此一之名目，嘗試得出彼等的主張所致。若大膽予以想像，或許彼等意欲將當時已暗地興起的大乘思想與在來傳說的思想予以調和，故以分別論名之，但尚未有證據得以證明此一想像，故筆者仍不敢提出如此之主張。

應予以注意的是，筆者絕非認為遊軍派中的各派所說，都與《大毘婆沙》所紹介的分別論者之說合致。諸多問題之中，就算是同志，也有意見相異的，例如東山部主張甲，而王山部主張乙，諸如此類的問題不少，從而《大毘婆沙》雖然概括的稱之為「分別論者之說」，但也有案達羅派的某派不予以承認的，此當切記。要言之，《大毘婆沙》所指稱的分別說，主要是此等遊軍派系統的主張之概稱，並非意指全部。

第五節　南方上座部與飲光部、分別說部

如前所述，就《大毘婆沙》所載而言，所謂的分別部，主要是指大眾部之遊軍派，若是如此，分別部似乎就是意指此等遊軍派，但廣義而言，絕非只是如此，此外尚有其他。《大毘婆沙》所揭之中，未能與特定部派之主張一致的非常多，此等之中，或許也含有大眾部遊軍派以外的部派，更且在俱舍系、唯識系的論書中，明白地將遊軍派以外以及上座部系的部派稱作分別論。極為明顯的，有二派。其一是南方上座部，另一是飲光部。

首先就南方上座部而言，——依據南傳，阿育王時，意欲淘汰多數賊住比丘，因此由目乾連子帝須擔任主任，一一予以試驗，若是稱佛為「分別論者」（Vibhajjavādin）的，才允許留在僧團，不然者，則予以驅出，此乃《大史》、《善見律》等所載的有名事件。依此標準淨化僧伽，由此而成立的是南方所傳的上座部，爾後上座部（Thera-vāda）被視為分別說部，此乃眾所周知之事實。當然，實際言之，阿育王時代果真有帝須長老，作此試驗與否，猶有研究之必要，但以正統上座部自居的南方所傳部派，自己稱為分別說，是不爭之事實。但問題是，《大毘婆沙》以來，習慣將大眾部的極端派稱為分別部的北傳，有否將傳於錫蘭的部派稱為分別說部的例子。徵於《大毘婆沙》，勉強說來，其分別論中，可以視為是南方上座部所屬的，有二句。其一是《大毘婆沙》第六十卷（大正二七，三一〇c）與第一百八十五卷（大正二七，九二九b）所引用的有關齊頂羅漢（samaśīrṣin=首等人）的論述。赤沼教授亦採用此資料，視為化地部的宗義之一，但南方派亦有此說，此徵於 "*Puggala paññatti*"（頁一三）所揭，即可知之。更且就筆者所見，大眾部的遊軍派中，雖不予以

否定，但亦不予以明確肯定，故就此而言，可以認為化地部與南方上座部都相當於所謂的分別說。第二，是四諦頓現觀說，此如前所述，依據《宗輪論》所載，是化地部與大眾部之主張，但依據《論事》所載，有部與案達羅派不承認此說，但上座部贊成（僅就將漸現觀說視為異端而言），就此看來，上座部也可視為是分別論者。此上二點，基於《大毘婆沙》的立場，可以推定南方派也被稱作分別部，但材料相當不足，終究如同案達羅派等，不能安心作此推定〔依據論事（八、二），南方派被稱為「無中有論者」，因此也應是分別論者之流〕。

進而在唯識系論書中，也有明顯將此說為分別說之例。此即出自有關「有分識」（bhavaṅga）之唱道者的稱呼。所說的有分識，可以說是「無意識的心體」之義，作為術語，契經中雖未表現，但在“*Nettipakaraṇa*” 91 與“*Milindapañha*”（text p. 300）等，已被當作術語使用，進而在佛音的註釋書與“*Abhidhammattha-saṅgaha*”中，在作心理論的說明時，此乃不可欠缺之原理。其之產生，是在原是機械論的南方上座部卻逐漸生機論化之際，至少在命名上，可以說是南方上座部之特產。此予以紹介的唯識系論書，赤沼教授亦引用之，真諦譯的世親《攝論釋》第二（大正三一，一六〇c）載有「上座部立名有分識」，無性《攝論釋》第二（大正三一，三八六b）云：「分別說部亦說此識，名有分識。」進而世親《大乘成業論》（大正三一，七八五a）云：「赤銅鍱部經中，建立有分識名」，《成唯識論》第三卷云：「上座部經分別論者俱密意說此名有分識。」更且指出此與化地部之窮生死蘊有別。若予以總括，有分識之主張者有分別論者、上座部、赤銅鍱部等三種，但此絕非是各別的部派，實是同一派之異名。此因赤銅鍱其原名為 Tāmraparṇī 或 Taṁbapaṇṇī，是錫蘭的某一都會之名，要言之，無非是錫蘭派之意。更且彼既以上座部自居，當然可稱為上座部，從而所謂「分別論者」，即是錫蘭所行的上座部（亦即分別說部）之意。《成唯識論》雖作「上座部經」與「分別論者」之二分，然其主要是將南方所傳契經都視為上座部共通之聖典，更且錫蘭派特別提出此有分識，故暫且從二方面而作說明。

要言之，是否將南方上座部稱為分別論者，無法從《大毘婆沙》得出決定性的結論，但在世親時代，在北方，至少已將此視為分別論者之一，此依前揭文獻是必須承認之事實。

其次是飲光部，其主張被稱為分別說部，是始自於《俱舍論》。亦即在論述三世實有論時，有如次之論述：

若人唯說有現在世及過去世未與果業，說無未來及過去世已與果業。彼可許為分別說部。（俱舍新譯第二十卷。國譯論部第十二，頁四一二）

就主張此說的部派而言，如赤沼教授所述，依據《宗輪論》所載，或依據《論事》（一、八）所載，或依據《大毘婆沙》第五十一卷所載，無疑的，是指飲光部。從而就此而言，飲光部也可稱為分別說部，但赤沼教授依據飲光部的教理與《大毘婆沙》所引用的分別說相符的不多此一理由，認為此處所說「分別說部」的意味很淡，並不是部派異名的名稱，其對於化地部說之障礙遂被排除。但筆者毫不諱言，只將分別論者限定為某特定之一派，從而將《大毘婆沙》所說的分別論者或俱舍、唯識系論書所載的分別論者，都視為同一派，如此先入為主的態度，絕非正當之批判。縱使其意味極輕，但既將持某種主張的，評斷為分別說部，則於作此評斷之背後，可以想見「分別說」之稱呼已有相當廣泛使用之習慣。況且徵於眾賢《順正理論》，也是將前揭飲光部之說視為分別論者之說，因此《俱舍》以後，至少就前揭主張而言，飲光部被視為分別論者之一，終究是無法否定的。《順正理論》曰：

謂增益論者說「有真實補特伽羅及前諸法」。分別論者唯說「有現（世）及過去世未與果業」，剎那論者唯說「有現（世）一剎那中十二處體」，假有論者說「現在世所有諸法亦唯假有」，都無論者說「一切法都無自性皆似空花」。（正理第五十一卷，大正二九，六三〇c）

亦即在列舉與說一切有部相異的種種主張中，特將飲光部稱為說分別論者，可以說是基於折衷論而給予如此稱呼。固然將飲光部稱為分別論者，可能並非飲光部自己如此命名，而是《俱舍》等給予此一稱呼，爾後被《正理》繼承，但無論如何，作為與《大毘婆沙》、《俱舍》、《唯識》等研究有關連的問題，既然是在闡明分別論者之本體，則飲光部亦應收入於其中。

第六節　結論

以上所述雖非完全，但就分別說相關的主要文獻，筆者提出結論如次。總括而言，（一）「分別論者」一語，不是某一特定部派之異名，而是從某種立場，就其總體的態度以及處理各各問題之際的態度或主義而予以命名。（二）其範圍並無一定，因時、處、位，其稱呼多少有不同，故其中也有某種程度的變遷。（三）具體而言，《大毘婆沙》所說的分別論者，就明顯可見的而言，主要是指大眾部的遊軍派；《俱舍論》所說的分別說，是指飲光部；唯識系諸論書所說，如同《大毘婆沙》所見，是以有分識為中心的南方上座部的主張。——此即筆者所獲得的結論。就此言之，對於

《唯識了義燈》第三卷所說的「並無一定，從某種立場是指大小乘諸部」（佛教大系本，唯識論第二，頁四五），以及西藏所傳大眾部所傳分派表中，特設「分別派」（Vibhājyavādin），此中含化地部、飲光部、赤銅鍱部（Tāmraśāṭīya）、法藏部等（參照國譯論部，宗輪論附錄，頁三二一—三二三），筆者取消先前的否定，大體上是贊成的。但就前者而言，不能同意其「大乘」亦包含於其中之說；就後者言之，沒有將遊軍派納入於分別部，以及將分別部攝入大眾部中之舉，筆者亦難以贊成。總之，不能將此限定為一派，應是遍及於數部，如此的見解必須贊成。

因此，作為最後的結論，必須就此二點，再作論述。第一，何故對於種種部派都以「分別說」名之，換言之，「分別」的意義有何等變遷？第二，習慣上所說的分別說部中，究竟是哪些部派？剋實言之，前文對此已多少觸及，但最後再予以彙整如次：

首先就第一點的「分別」的意義言之，徵於「尼柯耶」，當然「分別論」（vibhajjavāda）之語未得見之，但經中屢屢可見「分別」（vibhajati）一語（參照 Davids-Stede: *Pali Dictionary*）。此際的分別，如 Davids-Stede 的巴利字典所釋，主要是意指分類詳說，但此間含有從批判的論究進而止揚兩極之意，用於表現捨兩邊而取中道的佛陀特有的態度，此徵於種種用例，即可知之。此一特質最為明顯的，是將四記答中的第二，名為「分別記」（vibhajja vyākaraṇa or vibhajya vyākaraṇa）。此因所謂的分別記，是分析質問之趣意，是一部分予以肯定，同時另一部分予以否定的答辯法，可以說是中道的答辯。從將此方法名為「分別」，即能瞭解「尼柯耶」所載的「分別」是何等意義。如是，如此的「分別」，一方面是分類詳說，另一方面具有批判性的中正，具有跨越兩方之意，以此分別的態度而研究，才是契合真理的方法，尤其在阿毘達磨中，盛用此語，此即南方產生 Vibhaṅga（分別論），北方論部在處理種種題目之際，附上分別某某品等之章題之所以。

南方上座部自稱分別說部（Vibhajjavāda）是始於何時，無從得知，總之，其命名之精神，在佛教界逐漸傾於一方的趨勢中，被用以表示具有最強的批判性的中止態度，堅守繼承佛陀精神之立場的部派，此徵於前揭之傳說，即可知之。更且實際上，南方上座部努力避免極端，說得嚴重點，是平凡，說得好聽，是秉持中道的態度，頗適合此一名稱。《大智度論》第十八卷批判小乘論部時，云：「入阿毘曇門則墮有中，若入空門則墮無中，若入蜫勒門，則墮有無中」（大正二五，一九四a），所說的阿毘曇，是指有部；空門是指大空派；蜫勒門是指南方論部，亦即對於實有的問題，南方派是立於有無之中間，此乃一般所見（其實被判為未分化的，也是如此），更且指出採取如此態度的，是所謂的分別說部之特長與南方派之所信。

但從另一方面觀察之，由來將批判的態度或分析的態度視為是中正的態度，具體而言，其範圍並無一定。對於所見，採取正反立場的，也都適合以此語表示，此徵於大乘將「中道」一語視為「真理」的態度是一致的，但在適用時，卻有正反等二種情況，即可知之。部派佛教的教理逐漸分化時，某些主張相當極端的人，其所揭也是以分別的態度，強調彼等契合傳統精神，如此的人也不少。總之，筆者的見解若是無誤，最為極端的大眾部之遊軍派在作觀念論的理想論的考察時，喜歡賣弄「依據分別的論究法的結果」之語，此即《大毘婆沙》將此流派稱為分別論者之所以。從而此際的「分別論」其義與其說是中正的，不如說是指「理論的態度」，但從反對派的角度而言，此語轉化成只是賣弄小道理的自由論者之意。以上座部自任的《大毘婆沙》，將採取符合自己主張的立場的，稱為「應理論者」（Yuktavādin，育多婆提），反之，「毘婆闍婆提」（亦即分別論者）則被視為異端，實肇因於此。與正統上座部相同，極端的反對派也採用相同稱呼的理由，依此才得以理解。

如是，「分別說」一語被廣泛使用時，其中所含的折衷之意逐漸抬頭，也是自然之數，飲光部可能是將三世實有論與現在一剎那之主義予以調和而主張有條件的實有論，《俱舍論》所以評為「許為分別說部」，正是基於此一立場。若如赤沼教授所言，化地部又名分別論者，其根據與其說是化地部之教理與大眾部遊軍派共通點甚多，不如說是化地部雖出自上座部，但逐漸傾向於大眾部系，是一種折衷派。

第二，習慣上所說的分別說部，究竟含攝那些部派？是因為「分別說」之稱呼已被如此廣泛使用，最後是基於某種意義而將某一部派攝於此中？事實並非如此。此一稱呼，無論是自稱或是他稱，主要是基於習慣，不具如此稱呼習慣的部派不能納入於此中。例如有部、犢子部、譬喻師等，縱使其教理中，含有與所謂分別說部共通之主張，但由於不曾以「分別論者」自稱，他人亦不曾以此稱之，故不能攝於分別部中。因此，問題應是攝於此中的是哪些部派，才是合乎歷史的習慣與部派性質之所以？筆者的推定若是無誤，如前所述，極其明顯的，大體上是三部類，若再擴展，大概是七、八派。

一、南方上座部（一名赤銅鍱部）
二、飲光部
（以上）上座部系
三、大眾部系遊軍派（東山部、西山部、王山部、義成部＝以上案達羅派）以及北道派、大空派

但問題是，Bhavya 第二傳中，被攝於分別部的法藏部，以及中國註釋家所比擬的正量部，尤其赤沼教授所極力主張的化地部等應如何處置？尤其是法藏部，若依據《宗輪論》所載，其與大眾部

之教理一致者頗多，而正量部，若依據《論事》所載，其「有我說」的主張類似犢子部，但在其他方面，與大眾部以及案達羅派共通的主張甚多，因此，在某種意義上，與《大毘婆沙》所說的分別論者的主張合致的，也不少。但就筆者所知，並無特別發揮分別論之特徵的，因此筆者雖未必予以否定，但暫且作為懸案，不作斷定。至於化地部，赤沼教授已有綿密考證，更且稱友於其《俱舍註》中，將《大毘婆沙》所說的分別說當作化地部，而中國與西藏也有將彼比擬為分別部之說，因此，筆者認為將彼視為分別論者之一類，應較為妥當。至少說為「許為分別說部」的程度是穩當的。但以此為正體，終究是不能左袒的，此即在此如此費力種種論述之所以。

本來只是想簡單將筆者所注意的，略加論述，不料卻占如此長的篇幅。雖是如此，但猶殘留諸多疑點，誠是慚愧不堪。期望將來能根本的就此問題再予以論究，如今可說只是被赤沼教授拖著走，故暫且只能將《阿毘達磨論之研究》之後，筆者所見發表於此，期望赤沼教授及他者能予以批判，筆者得以作為將來備考。不只如此，此一問題看似細微，但從另一方面看來，就部派史之研究的《宗輪論》等的處理方式而言，就闡明《大毘婆沙論》的背景而言，進而就推定初期大乘的狀況而言，實具有重大關係，因此筆者所提的與此有關的不完全之見解，希望對於此一問題能產生予以注意的效果，此乃筆者提筆論述此一問題的原因之一。筆者雖認為先前所述大抵與現今所揭相近，但也承認其中不完全的，猶有不少，故絕非將來仍將固執不變。合併《宗教研究》雜誌其前號所載赤沼教授所論的研究，若能獲得任何人予以訂正，將是無限欣幸。

遺憾的是，筆者的結論未能與赤沼教授所述一致，無論如何，對於赤沼教授真摯的態度仍表示敬服，同時，在種種方面，筆者從該文獲益良多，更是感謝不已。**（大正十四年十月二日）**

第三章　佛教心理論發展之大觀（特以心體論為中心）

第一節　序論

佛教於其發展過程中，雖有種種學術發生，但就其特長而言，應是心理論。此因佛教的教理，是從正視事實而出發，而所謂的事實之中，最直接的心理的事實觀察，最受重視。例如「無我論」，從修養的立場而言，雖是對於「無我」的觀法的規範，但就事實判斷論之，應是出自於其心理觀而獲得的結論；又如十二因緣說，是以心理，尤其是認識關係為中心，意欲闡明生命活動進展之狀態，此等都是佛教之重要教條，可以說直接或間接與心理論有關係。況且在小乘部派佛教形成時，在大乘唯識佛教形成時，其心理的觀察越發精緻，至少在心理論此一科目上，印度其他學派固然不用說，相對於同時代的世界諸學派，佛教可說是嶄然拔其頭角的。

從而對於佛教的心理論，自古以來就從種種立場予以研究，尤其到了近代，更引起學者們注意，甚至已有與此有關的二、三種著述問世。西洋方面，例如 Mrs. Rhys Davids 的 “*Buddhist Psychology*”（London, 1914）、Dr. Wolfgang Bohn 的 “*Die Psychologie und Ethik des Buddhismus*”（Müunchen, 1921），是較具整理性的佛教心理書；日本方面，就筆者記憶所及，井上圓了博士的《哲學館講義錄》中，載有關於佛教心理之講述，數年前，橘惠勝有《佛教心理之研究》（大正五年，東京）

一書，將其研究成績公諸於世，也是乘此氣運而出的結果。但毫無諱言，作為佛教心理書，此等尚有不少遺憾之處。Mrs. Rhys Davids 所撰，雖是其中最為卓越，但如彼於表題所述，其所取材料僅限於巴利文，對於心理論最發達的漢譯《阿毘達磨》，完全沒有觸及，在組織上，頗有不足之感。Dr. Wolfgang Bohn 所撰，只是短篇，其材料也偈限於尼柯耶（阿含部聖典），更且似乎僅以譯作為依據，因此，相較於 Mrs. Rhys Davids 所撰，更是不充分。井上所撰，遺憾的是，筆者未能披閱，故無法論述，但大致應是以現今的說明方式揭示《俱舍》、《唯識》的心所論；橘惠勝的《佛教心理之研究》，主要是以《唯識論》之五位為基礎，一味以種種引用句而作說明，故其中有不少難解其意的。有關佛教心理論的此三、四本著作問世，對於學界實是值得欣喜，但都是不完全，終究無法據此窺見佛教心理論之全景，實是遺憾。

意欲窺見佛教心理論全景，漢巴的阿含聖典固然不用說，種種阿毘達磨論書乃至大乘唯識系之經論皆應觸及，一方面闡明其歷史的開展，另一方面，有必要以現今心理學體系予以某種程度的整理。僅基於有限的經論，對於其心心所論作羅列的說明，終究無法究盡佛教心理論之要。從而至少就材料方面，對於此一問題，能作廣泛研究的，自然是我等，尤其是接受新教育的人。此因西洋學者在使用漢譯經論上，不免多所不便，而雖說是日本學者，但對於舊式的人而言，心理論的概念不免不完全。

但剋實言之，徹底的研究此一問題，實是相當大的事業，其具有任何人都無法於一朝一夕完成之性質。材料史的處理，問題的所在，組織的方法等等，有種種困難的問題存在，至少就全體的立場而論，目前是連方針亦未見予以提出。

對於此一問題，筆者所作的研究猶未到達得以發表意見之程度。雖然如此，膽敢在此提出此一問題之所以，是因於縱使不完全，但有關全體的研究，若能提出大體的方針，對於筆者本人，以及將來進行此一研究之人，相信多少有所助益。但必須預先說明的是，篇幅所限，本文之主旨僅在於以心體論為基礎，一窺佛教心理觀發展之大體。當然心理學之主題並不是在心體論，而是有關心作用之法則，佛教心理論之特長，實在於此。但從全體的立場而言，佛教之心理論仍是以心體論為中心而發展，因此，以此為中心，簡單一窺其發展狀況，此乃採取前述方針之所以。又，剋實而言，佛教心理論其發展雖經過種種階段，但現今只是提出其大體方向，只是從原始佛教（尼柯耶佛教）出發，經由部派佛教（阿毘達磨佛教），進展至唯識佛教等三階段而已，此亦必須預先說明。

第二節　佛陀在世當時的心理論之概觀

就佛陀當時學界的心理論見之，大體上可分為二類。其一，可以說是靈魂的心理論（Die spiritualistische Psychologie），另一是唯物論的心理論（Die materialistische Psychologie）。前者將心視為是依據固定的靈魂或自我之活動的作用，主要是當時的「有我論」者的主張，後者認為心理作用無非是物質性的生理活動的一種變形，此乃所謂「順世論」一流的唯物論者所唱。

若是如此，佛陀是主張何等的心理觀？前揭兩說共非，同時在某種意義上，止揚前揭二說而樹立的中道的心理觀，即是佛教心理論之特徵。亦即吾等的心理作用，不是固定的靈魂之作用，也不是物質的副產品，而是自身獨立之作用。但此絕非單獨的存在或作用，而是在種種要素（蘊、處、界）

與種種關係（因緣）之上，所成立的現象，更且是一刻亦不曾停止之現象。此或稱為心（citta），或稱為意（manas），乃至或稱為識（vijñāna），但絕非認為有某「一物」，要言之，無非將種種要素的複合作用，暫且予以命名而已。而此間所以有統一，就認識的而言，主要是依據悟性（識）；就情意的而言，主要是依據活動性（行），統轄一切的作用——此即是佛陀心理觀之大體。就此而言，佛陀心理觀若用近代所說的方式表示，即是與所謂經驗的心理學（Die empirische Psychologie）頗為相近的立場（參照拙著原始佛教思想論中的心理論）。

從而就此而言，佛教的心理論，其主要任務是解剖心的要素，闡明其相互的連絡，探究心的活動法則，是其主要任務，此間並沒有關於心的本質的形而上學的問題。但爾後的佛教心理論，大體上，是在心理現象論上大為開展，此乃不爭之事實。

必須注意的是，佛教心理論並不只是闡明心理活動之狀態而已。在輪迴論的考察上，是及於過去與未來，同時，據此而揭示輪迴之連鎖。心只是一種經過的現象而已，若是如此，輪迴於三世的，究竟是何者？作為心理論之重要問題，此乃是必須予以解決的。茲徵於聖典：

> 有業報而無作者，（五）陰滅已，餘（五）陰相續。（雜十三，大正二，九二c）
>
> 諸業愛無明，因積他世（五）陰。（雜十三、大正二、八八b）

三世的輪迴，主要在於五蘊之相續（以欲愛為根本）。雖是充分的說明，然其真意不甚清楚，至少不容易入於俗耳。因此，在佛陀時代，早已出現應以某種固定的原理作為輪迴主體之論點，此徵於荼帝比丘（Sāti）提出死後識（vijñāna）仍然相續的主張，即可知之（*M.* 38 *Mahātaṇhāsaṃkhaya*；

中阿含五四之荼帝經）。固然如此見解，就佛陀的立場而言，是嚴重的誤解，必須立刻破除，但在為數眾多的佛弟子之中，必然仍有暗中抱持此種見解，爾後亦執持不捨的人。加之，在種種意義上，作為心之一大要素，佛陀亦承認所謂的無意識的要素。亦即無明、業等的觀念，都作為意識以前或意識之根底，是心理活動之基礎，在佛教之教理上，此並無加以說明之必要。更且無明與業，含有僅以「五蘊積聚說」難以說明之意義，縱使排斥荼帝之流的解釋，但作為經驗的心理活動之根底，仍然必須承認有某一物存在。

如是，原始佛教之心理觀，大體上是從與所謂經驗的心理學極為相近的立場出發，但最後仍然必須納入心的本質的形而上學的考察。作為佛教心理論發展之出發點，此乃必須切記的，故若將此後所發展的佛教心理論之中心，視為即是就此所作的解釋並不為過。

第三節　部派佛教之心理論

第一項　機械論的與生機論的

若是如此，對於以前揭思想作為背景的部派佛教（小乘教）之心理觀的開展，嚴格說來，是有種種的異論，但大體上，可以分成二流或三流。說為二流的，是機械論的考察（mechanistic view）與生機論的考察（vitalistic view）；說為三流的，是在此二流之上，再添加與心之本性有關的形而上學的考察。三者都是出自小乘諸部派中的考察，更且就歷史而言，三者是相互交涉而發展。以下稍就其一一之特質加以說明。

第二項　機械論的心理考察

首先就機械論的觀察觀之，此一流派忠實持守原始佛教五蘊假和合說之精神，完全將心視為諸要素之集合體，不承認其中心有他物存在。此猶如瓦吉拉比丘尼（Vajirā）所提的有名的「車喻」，如同脫離由部分所成之總合，並無另外的車體，若脫離種種要素之結合，則無另外的心或人格。總地說來，部派佛教其大半都屬於此一流派，但在文獻上，至少南方所傳的上座部以及北方所傳的說一切有部是其代表。此因此兩派的學風極其煩瑣與機械性，其心理觀完全著重於心理要素之分析，疏於統合的全一的觀察，因此在機械的主張無我論之上，是一致的。當然就格式而言，南方上座部是素樸的，北方說一切有部是更為複雜化、哲學化，仍有如此的差異，總之，其學風近似，是不爭之事實。

若是如此，何者是此等部派心理觀之特長？簡單予以概括，大約有如次三項：

第一，如先前所述，詳細分析心的要素。當然，原始佛教原以五蘊為首，從種種立場分析以及說明「心」，但並未作詳細說明，及至此等流派才進行分析的觀察。亦即從認識外界的立場，將心的主要作用分成六識，進而抽出內心之作用，名之為「心所」（caitasika ; cetasika），詳列心所之種類，用以作為心的作用。實言之，此心所論乃是部派佛教心理學最大特長，佛教之心理論所以如此精緻，主要即是此等機械論者努力所致。第二，詳細論述與前揭心所論有關連的因緣說。識也是因緣（關係或條件）的產物，此乃原始佛教所說，但關於因緣並沒有詳細說明，直至此時，隨著心理論之發展，對於此一問題才予以詳細論述。亦即隨著將心之作用作種種分析，自然有必要闡明其生起之條件。如是，南方論部揭出二十四緣（參照 *Paṭṭhānapakaraṇa*），北方說一切有部揭出六因四緣等，以機械論的考察為立場的部派對此問題予以探討，但嚴格說來，因緣論未必只是用於說明心理作用。廣泛而言，是有關世界觀之全部。雖然如此，但主要的，還是在於心理論，此徵於二十四緣說，或十緣說（見舍利弗毘曇第十五卷），乃至六因四緣說，即可知之，總之，是伴隨心理的分析而發展的。第三，——雖是因緣論的一部分——但主要是對於「相應」（samprayoga）而作的考察。所謂相應，是指種種的心的作用之間的並起與連絡。就現今所言，近似聯合法則。亦即從主體的意識與心的作用的心所營造共同作用的條件之探查，進而探查隨著某種心作用之生起，另有多少種類的心的作用並起。此因將心的作用作種種的要素分析之後，有必要予以彙整成具體的心理活動，此乃機械論的考察必然導出之理論。二十四緣中的相應緣（sampayuttapaccaya），六因中的相應因（samprayukta-hetu），即是指此條件，但剋實言之，此一問題相對於其他種種因緣，具有作為獨立題目之價值。此依反對機械論的觀察的訶梨跋摩，於其《成實論》中，以三品（No. 65–67）的篇幅，予以評論與辯難的事實，即可知之。

前揭三項是南方上座部與說一切有部等機械論者所開展的主要心理學之特長。彼等據此闡明心的複合作用之所以及其活動之法則，藉此既有助於事實的正確見解，同時，亦有助於修行。雖有過分機械分析之弊，但據此而作出緻密豐富的心理考察，故其功能是必須承認的。用現今的話語表示，此一流派近似認為心只是觀念之束縛而提出聯合心理學之休姆一流的立場。

第三項　生機論的心理考察

如是，由於機械的觀察，佛教之心理學遂大為開展。然其弊端是過分傾向於分析，無視於心是統合性的，且具有創造的方面。要言之，彼等將心比喻為車，剋實言之，車是無機的結合，先有部分，而後才合成全體，但吾人的心之作用是有機的結合，至少就發生的而言，是全體在先，部分於其後生起。機械論者何以忽視此顯而易見之道理？以「車喻」論述心之集合體，從《彌鄰陀問答經》乃至《俱舍》之破我品都是如此，然此終究不能說是正確的比論。況且機械論者以諸蘊假和合說明現實的心理活動，如前所述，由諸蘊結合而形成一有機體，但對於其原動力之無明與業若不給予實質的意義，則對於三世輪迴論將帶來莫大的困境。「諸蘊假和合說」是與心的現象有關，此當然是完全予以承認，但對於無明與業，若再給予稍微深切的形而上的意義，意識的現象固然不用說，無意識的活動也包含在內，故輪迴論並非無理的考察法自然產生。生機的考察之產生即因於此。從而如此的考察，性質上，雖是在機械論之後才出現，但暗地裡，如前所述，在佛陀時代其實早已萌芽，故其系統可說相當古老。遺憾的是，有關此一流派的完整文獻完全不見留存，雖然如此，若從片段流傳的種種文獻看來，屬於此一流派的部派其數之多，超乎意想。今試揭其名稱如次——

（一）犢子部（跋闍子部）。（二）正量部。（三）法上部。（四）賢冑部。（五）密林山部。（六）經量部。（七）化地部。（八）赤銅鍱部（Tāmraparṇīya）。（九）大眾部末計（參照異部宗輪論。*Kathāvatthu 1*，成業論。三彌底部論。大乘法苑義林章卷一等）等。

當然，嚴格說來，此中某些記載不能完全信用。例如化地部，依據世親的《成業論》所載，此部立「窮生死蘊」，但《宗輪論》載為「定無少法能從前世轉至後世」，顯然是否定生機的原理之存在的。總之，有如此眾多主張生機論（**vitalism**）的部派，對於習慣於機械的無我論的從來的觀點而言，豈非驚人。更且此中如犢子部、正量部、化地部（依據世親所述）等，在所謂的十八部之中，都屬於嚮噹噹的部派，故相對於機械的無我論者，生機的有我論者是何等的活躍。

若是如此，此等部派的主張究竟是如何？當然各自不同——此中也有難以瞭解的——但概括而言，如前所述，都是繼承諸蘊假和合說，更且都是承認有作為統一原理的一種生命的原理。亦即犢子部稱此為非即非離蘊，經量部稱此為一味蘊，化地部稱此為窮生死蘊，至少就譯語而言，都帶有一「蘊」字，此正是前述意義之所發揮。但此「蘊」字，只能表現生命論的意義，無法表現心理的意義，因此，有時用「識」取代「蘊」，或說是根本識，或說是有分識，乃至說為細意識的部派也有，然其真意終究是代表大致相同的觀念。同樣的，也有說為「勝義補特伽羅」（paramārtha pudgala，實我）的。無論哪一種名稱，總之，都是意指五蘊之根底的認識之主體或記憶之原理，在承認有某一貫串生死之物上，彼等完全立於共通的思想。彼等認為五蘊不外於只是渾一原理之種種相，從而其結合，終究只是其種種相依種種關係而有連絡。亦即可以說機械論者是從原始佛教的五蘊積聚觀出發，而生機論者是從十二因緣觀出發，對於無明與行等，給予生命論的意義。從而其生命的原理，表面上類似外道之自我觀，然其精神大為不同。外道的自我是固定的，而佛教的生機論者完全將此視為流動的，此徵於被機械論者評為附佛法外道的犢子部將非即非離蘊我辯解為是非斷非常，即可知之（參照俱舍論第二九卷破我品）。更且就筆者所見，表面看來，看似異於原始佛教所說，但至少若將佛陀的真意作論理的推進，最後必然到達如此結論，對此，筆者已在他處論及（參照拙著原始佛教思想論第二篇第二章，四）。

第四項　前揭二種潮流之間的中心論爭課題與各自的特色

此等生機論派之心理論，大體上，是就與機械論派相同的題目而論究。亦即對於外界之認識與內心諸機能闡明其作用，在如此的心理論之題目上，生機論者或機械論者都相同。但是生機論者的特色恰好與機械論者將心的種種機能都視為是片段集合的結果相反，而是將此視為渾然一體的種種相，將一切作統一的處理。今試將當時佛教界諸派之間主要的心理論之特色揭之如次。

當時部派間，雖有成為議題的種種的心理論，然其主要的，大抵可彙整成四項。

1. 識體一異論
2. 心心所同異論
3. 識見根見論
4. 纏（paryavasthāna）與隨眠（anuśaya）之同異論

第一的識體一異論，就將此視為認識機關而言，在原始佛教時代，已認為吾等之心有眼、耳、鼻、舌、身（觸覺）、意等六感之作用，到了部派佛教時代，成為問題的是，此等六識之作用究竟是依據各別的機能，或是同一機能的不同作用？《成實論》第六十八多心品至第七十非多心品等三品，是論究此一問題的代表性文獻，徵於各各部派的主張，南方上座部與說一切有部等機械論者認為六識各屬不同的機能，主張所謂的六識別體論，此乃依其立場所得的當然歸結（但日本俱舍學者中，也有主張六識一體論的人）。相對於此，主張所謂一體論的，究竟是哪一派？遺憾的是，筆者不得而知，文獻上雖不能確定，但大體上，主要是生機論者的主張，此依其立場之性質，應無可懷疑。徵於犢子部，主張識體同一論的文獻雖不得見，但犢子部論述六識之染不染，認為前五識都是無記，非染，從而亦無離染，將染與不染責任歸於第六識（宗輪論、大乘義章卷一等）。此乃將所有心的作用之本源視為第六識（嚴格而言，是非即非離蘊我）的自然歸結，從而前五識之作用都出自第六識。又徵於經量部，同樣不得見有關識體一異之文獻，但應是一體論者，此依受經量部感化的訶梨跋摩於其《成實論》中，明顯主張一體論的事實，即可知之。進而如後文所述，徵於與生機論者有密切關係的所謂的心性論者所說，《大毘婆沙論》第二十二卷將此說為「但有一心，如說一心相續論者」（大正二七，一一〇a；卍版八九左），名之為「一心相續論者」，顯然是主張一體論。如是，縱使沒有明顯的文獻，但從此等材料以及屬於生機論的系統的部派的立場看來，彼等應是主張六識一體論的。亦即以譬喻言之，機械論者將心識解為有五窗之一室，以主猿為中心，另有五隻僕猿，合為六猿而活動，反之，生機論者是認為唯僅有一猿，從種種窗口探出其首，作種種辨別。若採用今日所表現之方式，機械論者認為吾人心之作用有種種中樞，反之，生機論者認為唯有一個中樞起種種作用。

第二的心心所同異論，此乃類似先前識體一異論之問題。此即被認為心之主體的「識」（心王）及其作用的「心所」的關係論，亦即有關心所與心王是不同的機能，或是直接將心王作用的種種相稱為心所的論述。對此，其意見也異於機械論派，依據《大毘婆沙論》（卍版卷二，七丁右。大正二七，八c）所載，有部大論師的法救與覺天主張「同體論」，但總括而言，以南方上座部為首，「心心所別機能論」是有部的一般意見。說得更精確些，從「別機能論」出發，詳細建立心所論是彼等機械論者的特色，此如前所述。反之，生機論者於其性質上，是主張同體論，被稱為經部之先驅的譬喻師依從經說，承認五蘊中有受、想、行等三種心所，至於其他的心所，則是心之作用的種種相

（參照婆沙四二卷，大正二七，二一六b。大正二七，二一八c）。受其影響的《成實論》，更反對認為所有心所都有獨立之作用（成實論六〇—六四）；依據《論事》所載，被認為屬於「心性論派」的義成部（Siddhatthika）、王山部（Rājagirika），同樣不承認心所（*K. V. 8, 3*）。亦即生機論者基於其統一的心理觀之立場，提出與機械論者相對的主張。有部的法救與覺天所以主張同體論——未能確定——或許是受所謂譬喻師影響，若真是如此，則前揭之特色就更為明瞭。

第三的識見根見論，是就感覺的認識發生時，感官（五根）究竟是只接受印象之門，或是自己也有某些認識作用而論述。就今日而言，是有關神經作用與意識作用之區別與關係的問題。各派對此問題的意見紛歧，因此相當難以定其分野。同樣的有部之中，世友主張根見，法救主張識見論，妙音認為依作為心所之慧而認識（婆沙一三，大正二七，六一c）。進而徵於大眾部，若依據《宗輪論》所載，大眾部顯然屬於識見家，但依據《論事》（一八、九）所載，卻是根見家，何者所說為正，難以決定。總之，無非是從包括「根」（亦即知覺神經）之心理、生理的性質而產生的見解，大略而言，機械論者都屬於根見家，而生機論者屬於識見家。可說是機械論者之代表的有部，雖有種種意見，但仍以「根見論」為正義，反之，屬於生機論的譬喻師基於根與識和合而考慮識之作用（婆沙一三，大正二七，六一c），進而《成實論》明顯地主張「根無知覺」的「識見論」（參照成實第四八品根無知），絕非偶然。此因就其立場之性質而言，對於根，機械論者自然給予心理觀的一種獨立性，反之，生機論者要求心理作用都統一於心。

最後，第四是有關纏與隨眠同異之異論，通常，所謂的「纏」，是指煩惱的意識活動，而對於「隨眠」，或解為同樣的意識之當體，或解為無意識之狀態，見解有所不同。亦即問題之所在是，煩惱都是意識的？或是也有作為習氣的無意識的煩惱？從而看來似乎是有關特殊心理論的問題，然其背後，實為重要之論題。亦即若將煩惱都視為意識的，即是將吾人之心理視為意識的活動，反之，主張纏以外，另有無意識狀態之隨眠的，即表示承認無意識的心理活動也具有意義，因此，仍是觸及近代心理論的大問題。徵於部派所見，與此有關的問題，各派所說不同，但大抵機械論者將隨眠解為意識的，如有部主張「一切隨眠皆是心所。與心相應，有所緣境」（宗輪論有部之項），顯然是否定其無意識之狀態。當然有部對於纏與隨眠亦有所區別，但主要是就其廣狹之範圍，並非就其意識的或無意識而區分。同樣的，南方上座部將隨眠視為意識的狀態，此徵於《論事》將「隨眠無所緣」（九、四）或「欲貪之隨眠異於其現行」（一四、五）視為異論而予以駁斥，即可知之。相對於此，就生機論者的主張見之，所謂的譬喻師曰：「隨眠不於所緣隨增，亦不於相應法有隨增義」（婆沙二二，大正二七，一一〇a），是將隨眠視為無意識的當體；犢子部曰：「隨眠唯於補特伽羅有隨增義。」（婆沙二二，大正二七，一一〇b）同樣否定隨眠是意識的，將隨眠視為薰習非即非離蘊我之習氣，凡此，與此系統有關係之部派都將纏與隨眠作區別（婆沙六〇，大正二七，三一三a；參照成實論一二一之煩惱相品；宗輪論所載化地部之項等）。亦即彼等將隨眠視為煩惱之種子，是無意識的可能體，而纏是意識的現行之當體，藉以揭示於其所立的生機的原理的意識之上，還有更為深層的意義。

上來盡可能僅就心理問題，揭出與機械論相對的生機論之特質。嚴格言之，彼此互有交錯，故分野不明之處不少。此因各部派相互影響，其中也有基於與其根本立腳地無法調和而完全採用他說的。但大體上，至少都是依據其根本立腳地而提出有關心理各各問題的相異見解，在佛教心理論發展之研究上，此乃極為必要的契機，此必須切記莫忘。

要言之，機械論者完全是立腳於心的種種相狀，予以分析性的論究，更且認為各個要素都具有莫大之意義，相對於此，生機論者所以揭出其種種相狀，主要是意欲統一生命之根源。就此而言，如果機械論的功績在於擴及於心理論而作觀察，則生機論者的功績是在於朝向於統一的方面發展。

第五項　機械論的心理觀與生機論的心理觀的部派之所屬

如是，從原始佛教出發的心理觀，到了部派時代，分化成機械論與生機論。就其所屬部派見之，此二流大部分屬於上座部。是南方上座部與說一切有部之上座部所屬，固然不用說，先前所揭生機論之九派，除了大眾部之末計，其他在名目上，至少都屬於上座部。因此，成為問題的是，大眾部派的心理觀之特色是如何？一一分別而見，當然同樣的大眾部中，也有種種的心理觀。如「心遍於身，心隨依境，卷舒可得」（宗輪論）之說，類似耆那教所說，是將一切視為假名無實體的唯象論的心理觀。若欲總舉大眾部心理觀之特色，無非是與心性有關的考察。亦即有關吾人心之本性是染是淨或善惡的問題之考察。此因若將吾人成立之本源置於無明，則心之本性必然是染，但若稍作大乘性的解釋，於此無明背後，潛藏著追求永遠之要求，此即可視為本性是淨，因此，有必要作出決定。徵於契經所說，經典中當然沒有明確指出究竟是何者，但巴利語「中阿含」第七《服喻經》（*Vatthūpama Sutta*）指出吾人之心生起煩惱，恰如衣服染著垢膩，因此，煩惱只是附著於本性的外來物。如是，大眾部對於此一問題的論述，即是其心性論，其所主張即是心性本淨說或心性同一說。在大眾部之條下，有如次記載：

心性本淨。客塵隨煩惱雜染，故說為不淨。

此即有名的「心性本淨論」，亦即就事實而言，吾人之心雖有染淨兩方面，但清淨的方面是主位，雜染的方面只是客位。在《大毘婆沙》第二十七卷，此本淨論是作為分別論者之說（大正二七，一四〇b），而被視為犢子部或正量部所傳的《舍利弗阿毘曇論》第二十七卷（秋三。七二枚右；大正二八，六九七b）也有此說，何者首唱雖然完全無法得知，但從種種徵證，可以認為首唱者是大眾部中的一派。此因大眾部始終都是立腳於理想主義的部派，因此在修行之促進上，也是以理想之完成作為風習，以及若參照南方之《論事》（*Kathāvatthu*）所載，大眾部中的一派曾嘗試提出近似此說的主張。例如案達羅派主張有學的聖者之中，已有無學之智慧（*K. V. 5, 2*），俗智在某種程度上，亦契合真性（*K. V. 5, 6*）。亦即雖未到達心性本淨說，但已認為吾等心中含有與聖者相等之要素等等頗為相近之思想。案達羅派是大眾部所屬數派之總名，因此《宗輪論》所載的大眾部有心性本淨說，值得相信。

其次，所謂的心性同一說，此類似前揭的本淨論，但未必稱此為本淨，而是迷悟同一之主張。《大毘婆沙論》名此為一心相續論者，其主張如次：

有隨眠心無隨眠心，其性不異，聖道現前。與煩惱相違不違心性。為對治煩惱，非對治心。（恰）如浣衣磨鏡鍊金等，物與垢等相違，不違衣等，聖道亦爾——（婆沙二二，大正二七，一一〇a）

亦即正是從前揭的《服喻經》等之說出發，最後得出心之本性迷悟同一之結論。當然此所謂的一心相續論，《大毘婆沙》並沒有明言與大眾部的主張有關，但若與先前的心性本淨說相對照，即可視為同樣是大眾部派之主張。

若是如此，此心性論與先前的生機論有何差異？大體而言，心性論與生機說極為相似。此因生機說是主張在現象的心理活動之根底，有某種生命的原理，而心性說也是從相同的要求出發，但僅以闡明其染淨的性質為主。此間當然有不同之處，兩者未必是同流。（一）首先在出發點上，生機說是適當地解決輪迴論，而心性說是以修行論為其根底。（二）生機說是著重於無意識的生命，而心性論完全著重於精神自體。（三）從而相較於生機說，心性說至少在傾向上，更有可能趨近於形而上學，因此若將生機說視為染識之阿賴耶識之先驅，則心性說應是淨識的阿賴耶識或如來藏識之先驅。今徵於般若流支譯《唯識論》對於淨識之說明，不外於即是前揭一心相續論之開展，即可知之。《唯識論》曰：

> 心有二種。何等為二？一者相應心，二者不相應心。相應心者，所謂一切煩惱、結使、受想行等諸心相應。……不相應心者，所謂第一義諦、常住不變、自性清淨心。（大正三一，六四b；來九，七八枚右）

亦即將前揭一心相續論者的心性，給予第一義諦、常住不變之名，此依兩者的比較，即容易瞭解。總之，生機論與心性論有前揭三點之區別，筆者認為兩者立場相近，但慮及大眾部之主張，故將心性論視為生機論之別流。

無論如何，心性論大體上與生機論類似。從而就以此為依據的心理現象論而言，大眾部與生機論同軌乃是不爭之事實。亦即就心心所同異論而言，如前所述，至少義成部、王山部等，不認為心外別有心所，在識見與根見的問題上，依據《宗輪論》所載，大眾部顯然屬於識見論，進而在隨眠與纏之關係上，是將隨眠解為無意識的狀態，此等都與機械論相反而與生機論一致。就此言之，在心理現象論之立場，大體上，將大眾部——特別其心性論派——攝屬於生機論，並非不恰當，雖然如此，但若從心體之立場而言，應分為三流。

第四節　大乘佛教之心理論

上來以心體論為中心，略述原始佛教至部派佛教心理觀之大要。對於部派佛教所說較詳之所以，是因為佛教的心理觀在此時有極其複雜的發展，發揮出種種特質。最後作為此文之終結，試將大乘唯識論其心理學的特質，簡單予以整理如次。

筆者無意勉強應用黑格爾流的歷史開展論，但在研究從原始佛教出發的心理觀發展之經過時，卻發現其正反合說正好與此相符。如前所述，原始佛教之心理觀是當時唯物論的心理觀與唯心論的心理觀之結合。到了部派佛教，大體上分化成機械主義與生機主義。由此而產生綜合兩者的一派，也是自然之數，有此企圖的，即是唯識佛教。當然就全體觀之，唯識佛教的出現並不是僅只繼承部派佛教而已。此間有極為複雜的思想經過。但今暫且僅就心理論的立場而言，唯識論之心理論可以說主要是綜合前揭部派佛教的二種潮流而成。今試見其主要特徵如次。

第一，唯識哲學的生命或心理的原理，無庸贅論，即是阿賴耶識（ālayavijñāna），此阿賴耶識之思想本是從原始佛教的欲、無明、業等觀念出發，經由部派佛教之生機觀而給予更為哲學的考察所成。之所以將此稱為「第八識」，是因於由五蘊所成的「現象心」之中心被當作第六識，然而潛藏於其深處的原理並不在第六識的範圍之內，因此，遂有第七、第八識之說。就此而言，唯識思想的根本，應是出自部派時代的生機觀的主要系統。

第二，阿賴耶識的性質是淨或染？對此，在中國的翻譯者之間，存在著相當大的異解。成為阿賴耶識之背景的思想中，有以此為染的理由，同時也有心性本淨論的理由，阿賴耶識哲學之主唱者對此沒有予以明確表示，遂導致爾後異論紛起。

第三，將阿賴耶識視為根本識，是承繼自部派時代的識體唯一論之系統，但與此同時，在現象上，主張「八識並立」的，是承繼自六識別體論之系統。亦即在此可以窺見機械主義與生機主義之調和。

第四，唯識哲學一方面承認阿賴耶識有緣慮作用，亦即心理作用，另一方面又說「緣即變」，將其緣慮作用解為「現象變現」之意。此乃將部派時代依「纏」與「隨眠」而爭論的意識與無意識之論予以調和，且予以一般化所致。

第五，如同七轉識之說，在認為種種的心之作用（心所）是由阿賴耶識所變現的觀點上，唯識哲學是承繼自心心所一體論之系統。但另一方面，現象上所謂的八識心王之外，承認心所獨立的觀點，無疑的，是承繼自心心所別體論，尤其是有部之心理觀，此乃不爭之事實。甚至將唯識的心所觀認為只是有部所說稍作變化，並無不可。亦即就此而言，可以說它是調和性的產物。

上來專以阿賴耶識為主題，提出五項。剋實言之，依據如此的特質而追索其系統至於部派時代時，尚有諸多事項得以揭舉，但恐文繁，故予以略過。要言之，基於阿賴耶識而成的心理論，其量或質，若與部派佛教時代所說相比較，已有相當的發展，然其材料大抵出自於部派時代。更且是兩大潮流——以生機論為主——綜合調和所成。到了唯識哲學出現，佛教的心理論臻於大成之所以，完全是上來所述的背景思想完全被利用所致。當然就西洋心理觀發展之傾向而言，至少在態度上，佛教採取的是相反的形式。此因西洋之心理學是脫離哲學，逐漸向經驗主義、現實主義推進，反之，佛教的心理學卻是向哲學推進。之所以如此，是因為佛教的心理論並不是獨立的，而是具有據此解決其他種種宗教問題的任務。唯識哲學完成此一任務，同時，作為事實的心理現象論意欲作統一的且廣泛的說明，因此朝向最高處推進，此乃吾人必須切記莫忘的。

必須予以稍加注意的是，唯識哲學雖是生機論與機械論之調和與大成，但嚴格說來，其間也有只是機械的結合，從而亦潛藏著種種難點。最顯著的例子是，認為八識都有遍行之心所。唯識的遍行心所是將《品類足論》所提出的十大地法（一切心理活動之根底的心之作用）之思想予以精鍊，而形成作意（注意）、觸（感覺）、受（感情）、想（知覺、表象）、思（意志）等五種，就將此視為心理活動之基礎而言，實是卓越的見解。但在性質上，此僅相當於所謂的第六意識，但在《唯識論》中，認為彼通於前五識或第七識或第八識。亦即有部等機械的將十大地法之心所對配六識的方法，被完全採用，進而更推及於八識全體。原先只是以現實意識之活動為基礎而觀察的結果，但當將此推及於是在現實之外，幾乎近於無意識體的阿賴耶識體時，即產生相當大的困難。當然唯識專門家對此也給予種種的說明，但終究是不明瞭、不徹底，總之，無非是過分擴大其適用所致。唯識哲學所以被稱為難解，固然是因於其教理深遠，但也是因於如此的理由，亦即從初始起，其所依據多少已是無理的，此乃不容忽視的。（**大正十三年十一月二十五日**）

附記

前述的佛教心理論發展的大觀中，在介紹一心多心之爭論時，將《成實論》視為是一心派，此完全是筆者疏漏所致。《成實論》對於此一問題是在第六十八卷的多心品至第七十二卷的明多心品等五品中論究，倉促之間，筆者將第五卷之段落視同題目之段落，之所以將訶梨跋摩當作非多心論之主張者，即出自於此誤謬。訶梨跋摩仍是六識別體論者。其實（《宗教研究》新二卷一號）印刷出來時，此一謬誤業已發現，但終究未能予以訂正，實感遺憾。對此疏漏，在此謹向所有讀者謝罪，並作訂正。

在前章的同一記事（第六項）中，將主張心性同一說的「一心相續論者」說為大眾部派，依據《論事》之記事——僅只依據佛音所述——，此乃案達羅派（Andhaka）之主張，故附記於此。亦即《論事》（三、三）介紹 Sarāgaṁ cittaṁ vimuccati（唯有貪欲之心的解脫）的一派之主張，佛音對此作如次之註釋：

Tatha yesaṁ vītarāgacittānaṁ vimuttippayojanan nāma natthi. Yathā pana malinaṁ vatthaṁ dhovīyamānaṁ malā vimuccati evaṁ sarāgaṁ cittaṁ sarāgato vimuccatīti laddhi. Seyyathāpi etarahi Andhakānaṁ.（離貪欲之心，無求解脫之理由。恰如污衣因洗滌而垢膩脫落，如是，唯有貪欲之心而得以從貪欲解脫——。此即案達羅派人的意見）。

亦即識心性本淨或同一說之主張，可以與《大毘婆沙》所引用的一心相續論者的主張相對照。

有隨眠心無隨眠心，其性不異，聖道現前。與煩惱相違不違心性。為對治煩惱，非對治心。（恰）如浣衣磨鏡鍊金等，物與垢等相違，不違衣等，聖道亦爾——（婆沙二二，卍版八九右，大正二七，一一〇a）

文句雖未必一致，但精神完全同一。《大毘婆沙》所說的一心相續論者，無疑的，即是《論事》中的案達羅派。此案達羅派是東山部、西山部、義成部、王山部之總稱，因此，無庸贅言，是大眾部派所屬。據此，大抵可以認為《宗輪論》所揭的大眾部之意見，即是案達羅派的意見，今既將此視為一心相續論者，則主張六識一體的代表者可說正是此案達羅派。凡此種種，擬於他日的研究中，再予以發表，在此僅就與前號雜誌有相關的，附記如上。（**大正十四年一月十六日**）

第四章　佛教心理論中的心之作用之分類及其發展

第一節　阿含經中的心理作用之分類

在前節中，以「心體論」中心，筆者論述佛教心理觀發展之大概。在此，進而擬以「心用論」作為中心，略述佛教心理觀發展之大要。

在順序上，首先應從原始佛教——尼柯耶佛教——開始才妥當，但此一部分，筆者在拙著《原始佛教思想論》的心理論題目下，多少已有論述，故在此僅揭其要項如次。

尼柯耶聖典（阿含部）中，有種種的心理論，若從觀察的態度看來，大抵可以分為三種。第一，可以說是構成論的觀察，將吾人的心理作用分析成種種要素，闡明其特質。如色（物質）、受（感情）、想（知覺、表象）、行（意志）、識（悟性）等的五蘊說，又如段食、觸食、思食、識食等的四食說。此乃以吾人的組織要素為主，從心理論的立腳地予以解剖所得。第二，特從認識論的立場，闡明吾人的心之作用，最簡單的，是識（主觀）與名色（客觀）之分類；較複雜的，是由六根（六感）與六境的關係所成十二處說，以及加上六識而成的十八界說。第三，可以說是發生論的觀察，闡明吾人的心理作用逐漸複雜化的過程。就筆者所知，依據無明、行、識、名色……之系列而成的緣起說即此，更從經驗的立腳地觀之，「根境為緣而生識，根境識三事和合生觸（感覺），依觸而生受想思，乃至進而出生人格觀念（取意）」的定型的說明即此。

如是，尼柯耶佛教以前揭三種根本立腳地為背景，從種種立場將吾人的心理作用作分類的說明，此即是佛教所說的心所之分類的第一步。例如從六根與六識的關係，進而導出六受、六想、六思、六愛等，從倫理或修道的立場，提出慈悲喜捨的四無量心，或信勤念定慧的五根，乃至提出煩惱心的貪瞋痴等三毒，或貪、瞋、睡眠、掉舉、疑之五蓋。如此的分類的論究法隨從僧團的阿毘達磨學風興起，而越發興盛，尼柯耶中，阿毘達磨的分類法極為顯著的「增一部」，即充滿如此的心理的分類。但嚴格說來，如同其後的阿毘達磨，原始佛教心理論其目的並不在於將心理作一般的說明，實際的修行才是其主要目的，其心之作用的分類，相較於爾後的阿毘達磨，可以說是極為便宜主義的，但無論如何，此等是後世心所論之材料，是其分類之先驅，就此而言，在佛教心理史上，具有最為重要的意義，是不容忽視的。（關於尼柯耶心理論，參照 Mrs. Rhys Davids : *Buddhist Psychology*, pp. 1~133 ; Wolfgang Bohn : *Die Psychologie und Ethik des Buddhismus* 中的心理論；拙著《原始佛教思想論》第二篇第二章、第三章）

第二節　部派佛教中的心理作用論

佛教的心理論在阿毘達磨時代（部派佛教時代）大為隆盛，對此，有種種異論，筆者已於前章述之。尤其是將此心之作用稱為「心所」（caitasika or cetasika），依照一定標準，將種種心所予以分類，故將此說為阿毘達磨教學之主要題目，並不過言。但必須注意的是，不能因此就認為將心理作用予以分析整理的學風自阿毘達磨之初期即已開始。初期阿毘達磨心理論仍只是就尼柯耶佛教所給予的五蘊或十二處，乃至四禪、四無量的分類，予以解釋，進而稍稍從種種立場，作所謂的諸門分別，此乃必須切記莫忘的。此因阿毘達磨之初期與其說是理論的，不如說是就與實際的修行有關的德目予以簡明，更且以適確地學習為其目的，尚未趨近將心理論的意識作組織性的研究（參照第一部第一篇第三章）。但當其學風逐漸緻密，當注意到從來只是作為德目而被定義被解說的，其大部分是與吾人心理作用有關的意識時，逐漸地，雖以修道的應用為其目的，但亦將注意力及於一般的心理論，最後遂將分析的考察視為重大的問題。

尤其在進行可稱為阿毘達磨之特質的諸門分別之論究法時，或從三界的關係，或從善惡無記的三性之標準，或從其他種種立場，對種種的德目或心理作用作綿密考察，正是阿毘達磨佛教逐漸開展成一般心理論的原因。如是，先前所述的機械主義者專致於將心象作機械的分析，而生機主義者專致於心的本質方面，此間雖產生種種異論，但相率地，佛教之心理論逐漸完成其體裁。

第三節　作為心之作用的心所及其分類法

心的主體（心王）與其作用（心所）是全然同一，或屬於不同的機能？對此，如前章所述，諸派之間頗有異論。但常識上，吾人之心有種種作用，此乃任何部派都承認的。如屢屢所述，阿毘達磨佛教心理論之特長在於此心之作用，亦即心所之考察，更且無論如何，屬於所謂機械主義者的南方上座部與北方的說一切有部，在此心所論之研究上，具有莫大的功勞。如前所述，此二派並非自初就擁有整然的心所論，世親之《俱舍論》，或 Anuruddha 的 "*Abhidhammatthasaṅgaha*"（Compendium of Philosophy by S. Z. Aung and Mrs. Rhys Davids）等所見的心所論，實是經過長時考察的結晶。

徵於文獻，南方七論中，與心理論關係最深的，無庸贅言，是 "*Dhammasaṅgaṇi*"。此論以善、惡、無記等三性為標準，闡明欲、色、無色等三界有情其心理活動之樣式，例如對於欲界有情緣五境，伴隨樂與智而起善心之際，有幾種心所相應俱起的問題，給予極為詳細之論究。就此而言，Mrs. Rhys Davids 將此論譯為 "*Buddhist Psychology*"，可謂正當，但剋實而言，就其未能觸及心所之整理與分類而言，終究不能視為佛教心理論的代表性著作。此因將心所視為獨立之題目，依照一定標準而予以整理分類，在作為承認心理論所具意義之證據上，實具有極為重要的意義，但此論尚未能觸及於此。在南方的論部之中，正式將心所予以分類的，就筆者所知，只有屬於後世綱要書的 "*Abhidhammatthasaṅgaha*"（約十二世紀之作？），在前文所述的七論之中——，縱使此時氣勢已充分——但尚未以正式的形式表現。更且徵於北方論部，有部七論（發智、六足）中，《法蘊足論》、《集異門足論》固然無庸贅言，就筆者所見，《施設足論》亦未及於心所之分類，不只如此，心理論頗為發達的《識身足論》、《發智論》，其形跡亦尚未明顯表現。雖尚未完全，但最初企圖有此作為的，是世友，其《界身足論》與《品類足論》中的心所之分類即此。有趣的是，相較於《界身足論》，《品類足論》擁有更進一步的整理，此顯示出同一人因撰述時間前後之差異而有不同表現。總之，雖尚未完全，但世友嘗試作心所之分類，在佛教心理史上，此乃一大劃分，爾後的心所論或直接或間接都是受其影響。從而就此而言——將萬有分成五位——世友至少比《發智論》的著者迦多衍尼子更為進步，雖尚未能明確斷言，但與從來的傳說相反，世友應是較晚於迦多衍尼子的人（傳說上，世友是西元前二世紀半的人，迦多衍尼子是前一世紀半——參照佛教大年表）。進而以此考案為基礎，到了《大毘婆沙》，已是更為進步整理的心所論，進而經由法勝、法救的阿毘曇心論系之綱要書，最後由世親的《俱舍論》到《成唯識論》，形成最為完全的心所論。從來若言及心所的分類，大抵是指《俱舍論》或《唯識論》所載，對於前此以何等形態整理，如何至此的經過，沒有給予太大的注意，因此雖稍嫌煩瑣，揭其經過如上。

第四節 心所分類法之變遷

A 1. 界身足論（冬十，一―二。大正二六，六一四b）

一、十大地法（受、想、思、觸、作意、欲、勝解、念、三摩地、慧）。

二、十大煩惱地法（不信、懈怠、失念、心亂、無明、不正知、非理作意、邪勝解、掉舉、放逸）。

三、十小煩惱地法（忿、恨、覆、惱、嫉、慳、誑、諂、憍、害）。

以及五煩惱、五見、五觸、五根、五法、六識身、六觸身、六受身、六想身、六思身、六愛身。

此中，十大地法與所有的心之作用共通，是其根底；十大煩惱地法是指作為一切煩惱心之根底的心之作用；十小煩惱地法是以前揭的十大地法、十大煩惱地法為背景，由此單獨生起的主要的十種煩惱心。如是，將吾人的心之作用從根本予以概括，逐漸及於微細，是此分類之精神。就其最大的缺點而言，此中沒有與善心共通的心理分類，以及對於五煩惱、五見……六愛身等古型分類法並沒有予以整理，而是原封不動的呈現，故不免有亂雜之感。

A 2. 品類足論（冬十，一八。大正二六，六九八bc）

一、十大地法（與界身論同）。

二、十大善地法（信、勤、慚、愧、無貪、無瞋、輕安、捨、不放逸、不害）。

三、十大煩惱地法（與界身論同）。

四、十小煩惱地法（與界身論同）。

此外，五煩惱以下至六思身等諸項，都與《界身足論》相同。

加上十大善地法，此即顯示《品類論》撰於《界身論》之後，是較為進步的。但對於五煩惱等諸項沒有予以整理，一如《界身論》，是其缺點。

B 大毘婆沙論第四十二卷（收二，七二。大正二七，二二〇）

一、十大地法（與品類同）。

二、十大煩惱地法（與品類同）。

三、十小煩惱地法（與品類同）。

四、十大善地法（與品類同）。

五、五大不善地法（無明、惛沉、掉舉、無慚、無愧）。

六、三大有覆無記地法（無明、惛沉、掉舉）。

七、十大無覆無記地法（與十大地法同）。

繼承《品類足論》之四大項目，除去五煩惱以下至六愛身等雜項，更添加不善心、有覆無記心與無覆無記心等項目。如此的煩惱心、善心、惡心、無記心之分類，已將吾人的心之作用完全攝盡，因此，可以說有很大進步。若說其缺點，則是相同的心所被收入於各處。依據《大毘婆沙》所作的說明看來，第二項的十大煩惱地法中，不信以下的初五，其體與十大地法中的受、想、思、觸、欲等五種相同，第五項的五大不善地法中，無明、惛沉、掉舉等初三，已見於第二項的十大煩惱地法中，同樣的，第六與第七的無記法，也與前項所見完全相同。如是，形式上雖有五十八心所，但實際上，其數大致為二十七種，更且在佛教心理上，具有重要意義的，如尋（vitarka）、伺（vicāra）心所，不在此中，因此，仍是不完全的。予以更為整理的，是法勝——法救。

C　法救的雜阿毘曇心論（第二卷）

始於法勝《心論》，及至法救《雜阿毘曇心論》等的一類論書，被視為是《大毘婆沙》之綱要書，更且是《俱舍論》之原型，對此，筆者既已述之（參照第一部第五篇）。因此，在心所論方面，法勝《心論》是就其所繼承的《婆沙》，給予某種程度的整理（冬十一，五五－五六。大正二八，八一一a）。給予更進一步的整理，其心所論已近似《俱舍論》所見的，則是法救的《雜阿毘曇心論》（第二卷，冬十二，二八。大正二八，八八一a）。

一、十大地法（與婆沙同）。

二、十大煩惱地法（與婆沙同）。

三、十小煩惱地法（與婆沙同）。

四、十大善地法（與婆沙同）。

五、二大不善地法（無慚、無愧）。

亦即大體上，是依循《大毘婆沙》所載，但對於大不善地法，是除去與先前重複的無明、惛沉、掉舉，只保留無慚、無愧等二種，又將與先前重複的有覆、無覆之無記心全然除去，避免將同一心所作二重的分類，因此，相較於《大毘婆沙》，顯然更為進步。但不含尋伺等，同於《大毘婆沙》。

D　世親之俱舍論（第四卷）

一、十大地法（與雜心同）。

二、十大善地法（與雜心同）。

三、六大煩惱地法（無明、放逸、懈怠、不信、惛沉、掉舉——先前十大煩惱地法中的、邪勝解（邪解）、非理作意（不順智）、不正知（不正憶）、失念、心亂除去，加上惛沉）。

四、二大不善地法（與雜心同）。

五、十小煩惱地法（與雜心同）。

六、八不定地法（惡作、睡眠、尋、伺、貪、瞋、慢、疑）。

基於十大煩惱地法中的邪勝解、不正憶、不順智、失念、心亂等，與十大地法之心所同體，故除之，但更設不定地法之一項，將尋伺等難以攝於前五項的，都蒐集於此項。

E　成唯識論（第五卷—第七卷）

一、五遍行（作意、觸、受、想、思）
二、五別境（欲、勝解、念、定、慧）｝將先前的十大地法，予以兩分。
三、十一善地法（於先前的十大善地法中，再加無痴一項）。
四、六大煩惱（貪、瞋、痴、慢、疑、惡見。數目上，與俱舍相同，但內容完全歧異）。
五、二十隨煩惱（忿、恨、惱、覆、誑、諂、憍、害、嫉、慳、無慚、無愧、不信、懈怠、放逸、惛沉、掉舉、失念、不正知、心亂）。
六、四不定（惡作、眠、尋、伺）。

大體上，與《俱舍論》相同，但在種種方面，另予以改造。雖是同一作者，但立場相異，亦即此論是世親轉入瑜伽派以後所撰之作。摘記其要點如次：《俱舍論》的十大地法被區分為遍行與別境，此因除了三界九地、三性等之外，《唯識論》另立八識，此八識通於一切，不能置於十心所之中，因此特將十心所中之根本的，視為大地法之心所（遍行）；其他的，視為別境之心所。善地法中的無痴，是相對於無貪、無瞋而列舉，具有均衡的作用；六大煩惱的貪、瞋、痴、慢、疑、惡見等六項，代表所謂的上下兩分結，將此視為根本煩惱，具有徹底的意味。又作隨煩惱，將從來的十小煩惱地法與十大煩惱地法總括於一項，而成二十隨煩惱，更整理八不定而成四不定。相對於《俱舍論》，雖不見有任何進步，但數量有所增減是其特色。

上來所揭五種分類，都是有部系所傳持，更且相互連絡而逐漸發展，南方論部中，能與此抗衡的分類，如前所述，是相傳十二世紀，由 Anuruddha 所撰的“*Abhidhammatthasaṅgaha*”。遺憾的是，對於根本七典是經由何等的論釋，最後才有“*Abhidhammatthasaṅgaha*”如此的綱要書出現，無法得知，大體上，應如北方論部，其間有種種發展的階段。值得注意的是，在法相上的種種方面，Anuruddha 的綱要書是採取與有部教學一致之見解。如此的出發點相同，究竟是自然暗合，或是相互間有直接影響，不得而知，若能將兩方予以比較研究，相信在闡明佛教之教理史上，具有極為重要的意義。對於心所之分類，筆者所以作此嘗試，背後實具有如此重大之意義。

F　Anuruddha's *Abhidhammatthasaṅgaha*（Compendium pp. 94-97）

一、遍行（sabbacitta-sādhāraṇā ＝七，觸、受、想、思、心一境性、命根、作意）。

二、別境（pakiṇṇaka ＝六，尋、伺、勝解、勤、受、欲）。

三、大不善地法（sabbākusala-sādhāraṇā ＝十四，痴、無慚、無愧、掉舉、貪、惡見、慢、瞋、嫉、慳、惡作、懈怠、睡、疑）。

四、大善地法（sobhaṇa-sādhāraṇā ＝十九，信、念、慚、愧、無貪、無瞋、中捨、身輕安、心輕安、心所輕相、心輕相、心所柔軟、心柔軟、心所適業、心適業、心所有能、心有能、心所直、心直）。

五、律儀（virati ＝三，正語、正業、正命）。

六、無量（appamaññā ＝二，慈、喜）。

七、慧（paññindriya）。

此上主要是以“*Abhidhammatthasaṅgaha*”為材料而作的整理，就純粹的心所論之立場而言，至少與北方論部相較，較為亂雜。但從遍行、別境、大善地、大不善地等的表現看來，則與北方最為進步的《唯識論》有所共通，此應特加注意。

第五節　佛教心理論研究之部門

上來所探究的是，心所分類法之發展，最後的問題是，佛教的心理論之研究與整理應分成多少部門，才符合前揭的分類精神？此因前章所述，只是枚舉式的說明各個心所，作為佛教心理之研究，此猶不能得其體，因此有必要將之分成若干部門，並且給予學問形式之研究。筆者認為將此分成二部門或三部門，既能契合其分類精神，又是合乎近代心理學之研究。

第一部門，可以說是一般的心理論。此一部門是以大地法或遍行（加上別境與不定）之心所為中心，闡明心理活動之一般相狀是其趣旨。亦即從感覺論到感情（受）、意志（思）、表象（想）等，論究此間的注意（作意）、統覺（定）、判斷（勝解）、記憶（念）、聯想（想應或相生）等種種問題。當然此無法僅從對於心所的字句的說明而作論究，種種論書中，雖未必可以見及標出所謂的「心所論」，但論及此等問題的文獻隨處可見，因此若予以參照，再進行組織的研究整理時，至少應有概略的成果。

第二部門，可以說是應用心理，是特地處理作為倫理基礎的心理活動的部門。在佛教心理論中，此最為重要，佛教心理論是以此問題為中心而發展，此徵於心所分類之精神即可知之。亦即善地法、無記地法、煩惱地法等之分類，完全基於此一必要而起。此一部門是從善惡的標準出發，闡明吾人心理活動中的善德（善心所）、惡德（不善心所、煩惱心所），特別是行為論，給予莫大的注意，上自性善性惡之問題，往下至少亦觸及性格論之業論，因此，闡明與廣義倫理相對的心理學之根底，是其趣意。

前揭二種部門大體上已可囊盡佛教心理論，但剋實而言，就佛教心理論而言，僅此二個部門猶有不足之感。此因前揭二種部門，可以說都與常態心理有關，但佛教心理論中，除此之外，另有某種意味的變態心理之部門。亦即藉由修道而將吾人精神生活提高在常態以上之過程的，是種種論書所揭的定品、智品之內容。筆者暫且將此稱為修道心理（宗教心理）。此乃有關禪定、神通、悟道等的心理論。就佛教心理論而言，此具有相當廣泛之意義。色界無色界的心理的分別，無非也是在闡明此修道心理，因此，若不能理解此修道心理，對於佛教之常態心理必然也無法瞭解。與此修道心理論有關的一一的心的要素，雖然不出於前揭的種種心所，但至少就其組合而言，修道心理與前揭二種部門是不同的，因此另外給予一種特殊的地位，應是妥當的。何況若依今日之心理學上的問題見之，此一部門實與催眠心理、宗教心理、變態心理等有關，具有學問的性質，因此將此定為**第三部門**，予以特別處理，應是頗有意義。

如是，若依前揭三種部門，蒐集散見於經論的心理的說明，闡明其歷史關係，同時，對於其事實的意義，予以批判性的考究，予以次第的組織與整理，將是今後佛教心理研究的主要課題。

第五章　印度佛教與瑜伽哲學之交涉（特以三世實有論為主）

第一節　佛教思想與瑜伽思想之間的類似點

在相傳巴丹闍利（Patañjali）所造的《瑜伽經》（*Yoga-sūtra*）中，含有不少與佛教共通的材料，此已有種種學者陸續指出。此中，雖有學者認為據此可以證明佛教是受瑜伽派（嚴格而言，應是Sāṁkhya-yoga）影響而成立，但如後文所述，筆者對此不表贊成，筆者認為《瑜伽經》是受佛教影響而完成。無論結論是如何，總之，兩者之間有密切關係，是不容懷疑的事實，此因六派哲學中，瑜伽派除外，並無與佛教有如此深切的因緣。今嘗試參照毘耶舍（Vyāsa）所撰《瑜伽註》（*Yogabhāṣya*），專依《瑜伽經》之經文，指出其與佛教的主要類似點如次。

一、本經將三昧分類成有心三昧（saṁprajñāta samādhi）與無心三昧（asaṁprajñāta samādhi）等二類，進而將有心三昧分成四段。亦即有尋（savitarka，有覺）、有伺（savicāra，有觀）、無尋（nirvitarka，無覺）、無伺（nirvicāra，無觀）的四等持或四等至（一，一七。同四二—四四）。應予以注意的是，有心三昧的四種分類，此與佛教中的四禪的說明有密切關係。此因佛教將「粗略的考察」稱為尋（覺，vitarka），「細微的考察」稱為伺（觀，vicāra），藉由尋伺之有無，說明四禪中的初禪至第二禪之特質，更且在所有經論中，其敘述幾乎是定型的。所謂的「有覺有觀定生喜樂入初禪，無覺無觀離生喜樂入第二禪」即此，雖異於《瑜伽經》將此分成四段，但即使是分成四段，亦具備如此區分之要素，此乃任何人都容易注意到的。

二、對於有心三昧進入無心三昧之方便，本經指出應修信（śraddhā）、勤心（vīrya）、念（smṛti）、定（samādhi）、慧（prajñā）等五德（一，二〇）。此五項是佛教所說的五根或五力，在三十七助道品中，是占有重要地位的德目，但《瑜伽經》以此五德作為到達無心三昧之方便，顯然是極不調和的利用法，此應予以注意。

附帶一提，基於認為入定方法有方便緣（upāyapratyaya）與生所緣（bhavapratyaya）等二種，因此，本經（一、一九）提出「生所緣」之說明，此亦與佛教的禪定觀有關聯。此因佛教將「禪定的狀態」視為依修行之方便所達之境，同時也認為是依據業力的一種「生處」，至少此乃契經阿毘達磨化以後之通說（例如中阿含四三，分別意行經；參見 *M. 120 Saṁkhāru-ppatti-s.*）。

三、入定之障礙的排除法，本經揭出應修慈（maitrī）、悲（karuṇā）、喜（muditā）、捨（upekṣā）等四德（一，三三）。此與佛教所謂的四無量心相當，尤應注意的是，本經對於四德的說明，完全與佛教相符，尤其是阿毘達磨流之定義。亦即所謂慈，是對幸福之同情，悲是對不幸之同情，喜是對他人善行之隨喜，捨是對加諸於己的非行不介意。其所採用的是與阿毘達磨相同的解釋。

四、如同佛教等等，本經將無明視為一切迷妄之本源，但應予以注意的是，其對於無明的說明。佛教對於無明給予種種說明，但阿毘達磨特將此視為知性的，解為顛倒心，更且常說為此乃四念處所修之相反的常樂我淨之見。本經（二、五）採用相同的說明，如「將無常、不淨、苦、無我，視為常樂我淨，即是無明」之說。就筆者所知，其他學派不曾作此說明，由此顯示出佛教與本經之間的密切關係。

尤應注意的是毘耶舍之《瑜伽註》。毘耶舍論述無明之本質，認為不僅是消極的無知，更是一種特有的積極的存在（vastutattva），此如其「以喻示之，恰如 amitra」之說，更作如次解說：「所謂恰如 amitra，並非無親友之義，亦非只是『知人』之義，而是與其（友人）正相反的敵者之義。」（二、五註）此因 amitra，在字面上雖是「無友」之意，但實際上是用於指敵人，而「無明」，在字面上，雖是無明知，亦即無知之意，但實際上更具有盲目的意志作用（？）之意。徵於佛教，明白揭出如此意見的，是有部，尤其《大毘婆沙》──《俱舍論》，正是使用此「無友」之比喻。茲就《俱舍論》所引見之──「明所治無明，如非親實等。」解曰：「諸親友所對怨敵親友相違，名非親友，非異親友，非親友無。……如是無明別有實體云云。」（俱舍第十卷，國譯論部第十一卷，頁五九八）──不只本文相同，連註釋也與佛教的解釋一致，此絕非偶然。

五、業與其果報的關係，本經如次指出「業習以煩惱為本源，此果報是順現受或非順現受」、「既有本源，有其果報。如是，產生生、壽命與經驗之差異」（二、一二─一三）。亦即藉由以煩惱為根源的業習之力，受種種果報，其果報或於現世（順現受）受，或於未來（非順現受）受，據此，有情受種種不同的命運。僅從本文看來，雖無佛教特有的特徵，但若徵於毘耶舍之《瑜伽註》，在此問題之下，前揭三時業之外，毘耶舍又論述定業（niyata）與不定業（aniyata），論及一業引多生，或多業引一生之問題，其全體極相似有部所說，尤其是《大毘婆沙》（第一九─二〇）所論。筆者曾將兩者作精細比較，雖未能獲得兩者所說全然一致之結果，但就筆者所知，印度諸派的種種業論之中，並無與《大毘婆沙》與瑜伽派所說近似的。

六、本經也主張一切苦，此與佛教、數論相同，但特應注意的是，對於苦的分類法。數論派中，就其偈頌而言，僅提出依內苦、依外苦、依天苦等三苦，是以此為其定規，而本經所說與彼相異，所採取的是，與佛教相同的方式。亦即本經（二、一五）曰：

壞苦（pariṇāma-duḥkha）、苦苦（tāpa-duḥkha）、行苦（saṁskāra-duḥkha）故，三德作用相互衝突故，對於賢者，一切皆苦。

三德衝突之說，是數論所說，但苦苦、壞苦、行苦則是佛教的分類。更且以此為主而論述一切苦，故特應予以注意。

七、本經所提出的三昧修行所得之結果，即是次第出生趣向解脫之智慧（prajñā），尤其指出此間有七段階級（二、二七）。對於此七段，註者指出：（一）應捨（苦界）已熟知，更無應知。（二）應捨之原因（煩惱）已盡，更無應盡。（三）依滅定已捨之道實現。（四）捨道之分別智修得，無更應修得。——以上四者，稱為慧解脫（vimukti prajñāyāḥ）。（五）完成覺之任務。（六）三德休止其活動，更無再生。（七）神我離三德之繫縛，成為自照無垢之獨存體。——後三者名為心解脫（citta-vimukti）。徵於佛教，佛教將無明之解脫稱為慧解脫（aññā-vimutti），將渴愛之解脫稱為心解脫（ceto-vimutti），如此的論述始自原始佛教時代，直至部派佛教時代（解釋多少有別）並無改變。本經將智慧分成七段而說為慧解脫、心解脫，不能說與此絕無關係。不只如此，前揭七段中，後段的所謂的心解脫，顯然是依據數論的立場，但前段的慧解脫，與佛教所說的盡智（kṣaya-jñāna）、無生智（anutpāda-jñāna）類似。此因所謂的盡智，在四諦之法門中，是指「已知苦斷集證滅修道」的自覺產生；所謂的無生智，是指自覺於其上，無更知、斷、證、修之必要（例如品類足論第一卷，參照俱舍論第二十六卷等），此與《瑜伽註》之說明與精神頗為相符。

八、本經的立場，在某種意義上，可說是三世實有法體恒有論。本經對此亦予以論述（三、九—一五，四、一三等），尤其第三章的說明是其代表。至少透過毘耶舍的註釋看來，顯然與佛教說一切有部的主張共通。在種種方面，對於最應予以深思的題目予以特別詳細之論究。

九、獲得神通力（siddhi）之因，本經（四、一）提出五種方法。即：生得（janma）、藥品（oṣadhi）、咒文（mantra）、苦行（tapas）、三昧（samādhi）等五種，徵於佛教，所說也相同。例如《俱舍論》第二十七卷云：

> 神境五。修、生、咒、藥、業成故。

亦即依據修行（苦行、三昧），依據先天的異常能力，依據咒術力，依據特殊藥品，進而依據業力而成就神境通力。「業力」之說不見於《瑜伽經》，但大體上，二者相同應是不爭之事實。就筆者所見，此未必只是佛教與《瑜伽經》特有之說明，而是當時修行社會一般通行的觀念被兩方採用，但無論如何，仍可當作兩者類似之例的文獻（俱舍論所載此神境智通獲得之五法，應是出自大毘婆沙，但從現今的文獻不得見之，故附記於此）。

十、本經（四、七）將業之性質作四種分類。（一）黑業（kṛṣṇa），（二）白黑業（śukla-kṛṣṇa），（三）白業（śukla），（四）非白非黑（aśukla-akṛṣṇa）。此一分類已見於佛教初期時代，尤其到了阿毘達磨時代的業論中，此乃必定提出的一種說明法，是頗受重視之分類。

十一、本經（四、二九）將解脫即將產生時的定，稱為法雲三昧（dharmamegha samādhi）。在佛教方面，此乃菩薩十地階級中的第十地的名稱。就此而言，筆者未必認為此能成為本經出自佛教的有力證明，但此間互有連絡，應是無可懷疑。

十二、本經為主張作為其立場之實在論，故抨擊所謂「無所緣論」（nirālambana）的一種無宇宙論的觀念論（四、一四—二二）。依據毘耶舍與 Vācaspati miśra 所述，此乃佛教唯識派所主張，剋實而言，確實與否，猶有研究之必要，但暫且沒有予以否定之理由。因此，耶可畢教授、伍茲教授藉此推定《瑜伽經》之製作年限（J. A. O. S. 31, p. 42f ; *Yoga System of Patañjali p. xvii f.*）。若是如此，則此非本經與佛教思想類似之例，而是本經與佛教間互有交涉之證據，是應予以注意之記事。

上來參照註釋，更且就經文中作為其註之根據的文獻，指出其中最為主要的相似點。相信若予以更精細地檢討，必定可以得出更多與佛教類似之主張。尤其在毘耶舍之註釋中，即使與經文未必有密切關係的說明中，也可窺見諸多佛教的要素。例如作為瑜伽派之主張，諸多學者早已注意的與輪迴解脫有關的醫學的考察，亦即有關輪迴之現狀（苦——病狀）、因（集——病因）、解脫（滅——預後）、方法（道——療法）的四諦論，雖不見於經文，卻表現於毘耶舍之註釋（二、一五註）中。此外，在術語上，在引用句上，在哲學上的議論法，可視為是佛教的，或其變形的，相當多，就全體的考察而言，比起經文，其註釋是較為佛教的。此因不只是佛教，毘耶舍亦通曉種種學說，更且對於應駁斥的，即予以駁斥，應予以利用的，多少亦予以利用，用以大成瑜伽派之教理，對於經文中與佛教類似的方面，特別予以注意，遂有前揭的表現。對於毘耶舍本人的立場，今尚無暇深論，且留待他日以「毘耶舍論」之題目再作詳論，但現今最應予以注意之一例，是就巴丹闍利——毘耶舍（Patañjali-Vyāsa）的三世實有論與說一切有部思想的密切關係，後文將就此略作論述。

要言之，瑜伽派與佛教的關係，不僅從《瑜伽經》的經文上可以看出，透過註者毘耶舍將更為顯著，此乃必須切記勿忘的。

第二節　關於三世實有法體恆有論

如是，《瑜伽經》中含有與佛教思想共通的諸多主張與說明，此中最應予以注意的是，前揭第八項所說的三世實有論。在佛教中，此乃說一切有部的特殊主張，此一主張與瑜伽派所說合致，即暗示兩派之間有密切關係。就筆者所知，尚未有人指出此一事實，故在此特將兩者的主張詳予比較。首先在順序上，先介紹說一切有部之主張，而後再及於《瑜伽經》。

第一項　有部之主張

說一切有部的主張雖有種種特徵，但最根本的，是「三世實有法體恒有」之思想。亦即令萬有成立之要素的諸法是三世存在的，但顯現其作用的，只是現世，而法體自身無論現在或過去或未來，絕無滅去。「說一切有部」（Sarvāstivādin）此一名稱，不外於出自於此一主張。探尋其本源，雖出自三世業力不滅之思想，但其後加上認識論的根據，最後終於提出諸法全體皆三世不滅之主張。若是如此，諸法是以何等形態而三世實有；若是三世實有，則現在、未來、過去的區別何在，如此的問題相當難解，此乃不爭之事實。對於如此的主張，大眾部一流的唯象論者盛加抨擊，同時，有關實有論之本質，在同樣的有部人之間，成為種種不同解釋之因，亦不足為怪。依據《大毘婆沙》第七十七卷所載，同樣的有部學者中，對此提出四說。此與此處之問題最有關係，故揭其要如次。

第一，法救（Dharmatrāta）所提之類（bhāva）說。——法救認為諸法於世轉時，是由類有異（有三世之異）非體有異。（喻）如破金器等作餘物時，形雖有異而顯色無異；又如乳等變成酪等時，捨味勢等，非捨顯色。如是，諸法從未來世至現在世時，雖捨未來類，得現在類，而彼法體無得無捨；復從現在世至過去世時，雖捨現在類，得過去類，而彼法體亦無得無捨。

第二，妙音（Ghoṣaka）所提之相（lakṣaṇa）說。——妙音認為諸法於世轉時，是由相有異而非體有異。一一世法有三世相，一相正合，（其他）二相非離。如人正染一女色時，於餘女色不名離染。如是，諸法住過去世時，雖正與過去相合，然於餘二世相，不名為離。住未來世時，正與未來相合，於餘二世相，不名為離。住現在世時，正與現在相合，於餘二世相，不名為離。

第三，世友（Vasumitra）所提之位（avasthā）說。世友認為諸法於世轉時，由位有異，非體有異。（恰）如運一籌置一位名一，置十位名十，置百位名百，雖歷位有異，而籌體無異。如是，諸法經三世位，雖得三名，而體無別。

第四，覺天（Buddhadeva）所提之待（apekṣā）說。覺天認為諸法於世轉時，前後相待，立名有異。如一女人待母名女，待女名母，體雖無別，由待有異，得女母名。如是，諸法待後名過去；待前名未來；俱待名為現在。

（**評曰**）：彼師（覺天）所立，世有雜亂。所以者何？前後相待，一一世中有三世故。謂過去世前後剎那，名過去、未來，中間名現在。未來三世類亦應然。現在世法雖一剎那，待後待前及俱待，故應成三世。豈應正理。說相異者（妙音說），所立三世亦有雜亂。一一世法彼皆許有三世相故。說類異者（法救），離法自性，說何為類，故亦非理。諸有為法從未來世至現在世時，前類應滅，從現在世至過去世時，後類應生。過去有生，未來有滅，豈應正理。故唯第三立（世友之位說）為善。諸行容有作用時故。（婆沙第七十七，卍版三二二枚。大正二七，三九六）

所作的說明，都是抽象論與比喻混同，故其真意不是很清楚，但大體上，前揭四說其意如次。第一的類說，是專就諸法變化中的種種狀態，若將某種狀態稱為現在，在此之後的可能態，即稱為未來，此特定狀態結束，變成其他狀態，名為過去，雖有種種狀態生起，然其主體不變。就此而言，如世親於其《俱舍論》（第二十卷）對此所作批評，此說類似數論之轉變說（pariṇāma-vāda），但眾賢於《順正理論》（第五十二卷，冬五，五一a）予以救釋，謂此類似第三之位說。就其觀察著重在特定之狀態而言，也與第四的待說有所相通，由於"bhāva"（類、狀態、存在）之意不甚清楚，故其真意不能瞭解，總之，可以認為其觀察著重於狀態之變化。第二的相說，其所說的「相」的意義不甚清楚，因此也是無從瞭解，此係將所謂三有為相的生住滅三相之觀念及於過、現、未三世，依某一規定而產生三世之區別，然其三相並非離其法體而別存，就法體而言，雖是三世，然實有性不失。第三的位說，其語意也是不明，依據《大毘婆沙》編輯者的解釋，此係專就「作用」（kāritra）而區分三世，是將處於潛勢態的，名為未來；處於現勢態的，名為現在；處於發散態的，名為過去。若從所揭的算盤珠之例而言，此間暗含第一之類說、第二之相說、第四之待說之意。最後第四的待說，是指出雖說為三世，終究只是觀點的差異而已，較傾向於主觀說，從有部的立場言之，是稍嫌過分的論述。

前揭四說，在文獻上，以《大毘婆沙》所載為首見，爾後，作為有部實有論之代表，無論是法救的《雜心論》，或世親的《俱舍論》、眾賢的《正理論》與《顯宗論》等，皆予以介紹。至於被視為正義的，如同《大毘婆沙》所見，都是世友的位說，對於法救的類說，如同前述，世親視之為數論之亞流，故予以破斥，但眾賢認為其說與位說相近，故表示贊同，如是，諸師所見略有歧異。但大體而言，爾後的祖述者對於前揭四說並無特別詳細解釋，大抵完全引用《大毘婆沙》之文句而已，其確實真意，依然不得明朗，故就斯學之研究而言，不得不說是令人遺憾的。

第二項　瑜伽派的主張

大體上，瑜伽派是以數論思想為背景，對於一切予以觀察。從而其世界觀與現象範圍有關，是所謂的轉變論（pariṇāma-vāda），亦即萬法是以動搖（cala）為相的三德（＝自性）所開展出的，故變化流轉無從避免。既然以此作為法之自性，亦即法體（dharmin），其根基之自性諦（prakṛti）既是不生不滅，則其開展的諸要素也是不生不滅，變化的，只是其形、相、勢用而已。更且如此的變化轉變無非只是法體本已蘊含之發顯（此稱因中有果論），從三世論之立場而言，結論仍是「三世實有，法體恒有」。就筆者所知，數論派對此問題不大觸及，但瑜伽派對於前揭之結論極為重視，其《瑜伽論》（三、一四）如次明白說道：

法體順靜法（過去）、現法（現在）與不可說法（未來）（śānta-udita-avyapadeśya-dharma-anupātī dharmī）。

就此言之，瑜伽派的三世實有法體恒有論，終究是以數論的因中有果論作為基礎的轉變說所導出的。應予以注意的是，數論派認為此轉變的範圍只是自性、覺、我慢、五唯等四項，其下所屬的五大、十一根等，不是轉變之主體，反之，《瑜伽經》認為此等皆為實體（dravya），故提出種種的轉變說。更且就與此等有關的轉變觀看來，可以看出與有部的主張有密切關係，此乃數論派所不得見的瑜伽派的特徵，值得特加注意。

若是如此，有其特徵的轉變觀又是如何？

《瑜伽經》首先揭出心體(citta)有三對轉變。第一對是顯行（vyutthāna-saṁskāra）與隱行（nirodha-saṁskāra，法變？），第二對是散心（sarvārthatā）與一向心（ekāgratā，相變？），第三對是前後不平等心（atulya？）與前後平等心（tulya，位變？）。各對的轉變，是前方隱而後方起，亦即以此與心體有關的轉變說作為吾人所以能次第進入無心定之根據（三、九－一二）。此中雖有種種轉變，但只是同一心體顯現方式不同，因此，心體三世恒有，同時，其顯現方式，至少就其可能態論之，都是心體所具備的。《瑜伽經》如是的考察不只應用於心體，更包括物質、諸根的作用與狀態之轉變，可說是與有部四說關係最深之文獻。《瑜伽經》（三、一三）曰：

據此說明物質與（諸）根之法（dharma-pariṇāma）相（lakṣaṇa-p.）、位（avasthā-p.）的各種轉變。

亦即依據《瑜伽經》所述，轉變有法變、相變、位變等三種，此等乃心體、諸根、諸大等所具，更且由於不同的轉變，同一的法體（dharmin = dravya）產生具體的種種差異。就此論述言之，若除去所說的「相」與「位」等二者，似乎與有部的類、相、位、待說無特別的關係，但若就毘耶舍的註釋觀之，其內面關係之深實是驚人。從而本應將其註釋全部譯出，但恐增加篇幅，故僅摘其要點如次。

（一）首先從大體論觀之——依據註釋所載，法變、相變、位變等三變是法體為取其具體相而逐漸特殊化之順序。所謂的法變，或稱為有法（亦即法體），是就在相對樣式（瑜伽註名此為固有能力）的「有」之中，其中之一顯現而其他隱藏而命名，故也可以說是指法體固有能力的顯現方式。相對於此，所謂相變，是就其顯方（隱方亦然）予以時間的規定，給予過現未之地位；第三的位變，是令其過、現、未更加成立之規定，主要是指剎那剎那之變化。毘耶舍對於此經過是以如次之喻表示：

1. 由實體的泥土而相續產生之法（顯方），最後成為瓶之形態，此為法之轉變。
2. 瓶之形態捨其未來相（可能態），取現在相（現實態），此為相之轉變。
3. 瓶時時刻刻有新古之經過，此為位之轉變。

就此而言，相對於有部四說中的彼此互不相容之歧異，瑜伽派的法、相、位等三觀實是次第且具體的對於經過予以考察所成。

（二）如是，毘耶舍為三轉變定下大致之方向，進而再朝向各論推進，從中可以窺見與《大毘婆沙》一致之處。首先是對於法變之說明，所謂法變，在三世中，法體作為其現在法而有一定之存在，亦即有所謂的異類（bhāvānya thātva），但並非其法體本身有變化。此恰如破金皿，變造成其他特殊的存在（類），然金本身並無變化。亦即法變同於法救之類說，甚至連比喻也相同。至於第二的相變，可以窺出與妙音所說頗為一致。曰：

法遍三世，（例如）過去者是與過去相結合之結果，但不離現在與未來相。恰如一男子染一婦人之際，不能言（全然）離染其他婦人。

無論說明，或比喻，都與《大毘婆沙》所揭全然相符。

其次，關於第三之位變，毘耶舍指出此乃有關三世相的更詳細規定，並提出二個比喻。其一是前文所揭的「籌」（rekhā）的比喻，置於一位的是一，十位的是十，百位的是百；另一喻是女與母之比喻，同一婦女依其立足點的不同而有稱為母，或女，或姐妹的差異。亦即將世友所出之比喻與覺天所出之比喻，都用於說明位變。

附帶一提，前揭的籌之例（就日本而言，例如算盤），《瑜伽經》之譯者伍茲教授認為印度十進法的最古紀錄是西元後六世紀，因此揭出此例的毘耶舍，必然是六世紀以後的人（Prof. J. H. Woods : *Yoga System of Patañjali*, p. xxi ; ibid. p. 216 note），但顯然此為錯誤之說。此因揭出此例的《大毘婆沙》其編輯時代大約在西元後二世紀，因此，最遲，此一時代已有十進法的使用。此不僅有關毘耶舍之年代論，更是印度文明史的問題，故應予以注意。

（三）如是，毘耶舍對於法、相、位的三轉變，提出近似有部四說的說明，此外，應予以注意的是，他派對於各轉變觀之駁擊，以及該派對此之答辯，同樣都收錄於其註釋中。此中也有認為法以外，無須另外承認法體的佛教徒（？）之說，最應予以注意的是，對於相變觀，作「三世相與一切結合，恐遭世相雜亂（adhvasaṁkara）之弊」之非難。就《大毘婆沙》觀之，對於妙音所說予以破斥，是由《大毘婆沙》之編輯者（評者）所提出，恐是毘耶舍知曉《大毘婆沙論》中之非難，更且也認為對此將有予以非難的。又，對於位變說，是採取作用（vyāpāra）其位之意，更且也提出或謂「如此將導出法體、法、相、位等等都是三世常住」之結論，就筆者所知，有部並沒有提出與此全然相同之非難，但若就與此類似的看來，世親曾立於經部立場，在《俱舍論》第二十卷破斥世友之位說（亦即作用說）。曰：「若此作用非去來今，而復說言，作用是有，則無為故，應常……。」（俱舍第二十卷，旭雅本四－五）似乎與此類似。雖然如此，猶未能確定，故不能視為兩者類似，總之，將世相雜亂之非難視為取自《大毘婆沙》所說，應無大過。

茲將上來所述，揭其大要如次——

（一）有部的四說是各自獨立之考察，其中之一說既已足夠，而瑜伽派的三轉變說是由粗至細之規定，故三者缺一不可。

（二）《瑜伽經》的經文所述能與有部的四說相符的，只有相觀與位觀等二種，毘耶舍雖將法變解為類變之意，但瑜伽派仍無與「待」（apekṣā）相符之說。

（三）瑜伽派的三世實有法體恒有論，是以三德（就本源而言，是自性）作為基礎之觀察，而有部所揭，是五位數十法（俱舍是七十五法，唯識是百法），更且基於此等（無為除外）都是剎那剎那生滅而樹立其立場。

前揭三點是兩派間的主要差異，但就毘耶舍而言，至少有如次的一致。

（四）雖是欠缺「待」，但其他的類、相、位之說明，有時連文句都與《大毘婆沙》一致。

（五）有部對於類、相、位、待，分別提出金器、女色、算盤、母女之比喻，而毘耶舍全部予以採用。

（六）毘耶舍所揭的敵者的難詰，顯然是取自《大毘婆沙》。

（七）不只如此，法變、相變、位變等三段的規定型式，毘耶舍認為無非是對於法體本具的轉變力的觀點（apekṣā）不同。法變中，有時含位變與相變；位變中，有時含法變與相變；同樣的，相變中，含法變與位變，但最後歸著於一轉變，此徵於毘耶舍於《瑜伽註》云：「依第一義諦言，唯一轉變。」即可知之。就此而言，可以說瑜伽的三轉變說包含著有部的四說，同時，有其中之任一，即已足夠。

依據上來所作比較，與此一問題有關的，雖然《瑜伽經》所述不能說是很清楚，但至少毘耶舍的說明方式，是受《大毘婆沙》或其系統所屬的佛教論書的實有說影響，此終究是不容懷疑的。

第三節　關於將瑜伽派的思想視為佛教先驅的意見

上來以二段的論證揭出巴丹闍利與毘耶舍的瑜伽派如何受到佛教影響，但剋實言之，此中仍存在著問題。此即佛教其實也受瑜伽派影響而發展。就年代而言，巴丹闍利或毘耶舍雖都較晚於佛教，但其思想系統未必較晚，反而是瑜伽之先驅思想較古，佛教是受古形之瑜伽思想影響而成立。就佛教而言，佛教在成立當初，承自當時瑜伽社會的，實是不少，更且有充分理由相信，在佛教發展的途中，無論是種種修行方式，或說明方式，也有取自於其他教派的，切莫因於瑜伽派與佛教相似，以及佛教成立時期較古，就認為都是受佛教影響。若依前文所揭十餘條的類似，一一尋其來由，縱使此乃佛教中的有力教條或德目，但未必得以斷定都是佛教獨有，也可以推想是佛教於成立或發展之際，取自於他派的。就此而言，與三世實有論有關的四說，也不例外。此因前揭四說其實多所曖昧，遠不如法體恒有觀（以數論——瑜伽流的轉變說為依據）之容易理解，或者吾人可以從中獲得暗示。

若如是思考佛教思想之來由，更思及數論——瑜伽思想之原型較古於佛教，則佛教縱使不是直接出自《瑜伽經》，但至少是脫化自其先驅思想，此依《瑜伽經》與佛教間的類似，即足以證明，此乃近代印度思想研究家最為喜好的主張。就筆者記憶所及，法國的協納教授是最早提出此一見解的人，"*Yoga Aphorism*"（Bibliotheca Indica）的出版者拉先多拉拉密多拉教授於其序文中，也提出此一主張。近時耶可畢教授也傾向此一意見，此從筆者與彼之論議，即可知之（Die Nachrichten der K. Ges. d. Wiss zu Göttingen : *Phil. -hist. Klasse*, 1896, Heft I），進而貝克的意見也與此相近，此徵於彼於《佛教》一書中，所論述十二因緣之起源，即可知之（Dr. H. Beck : *Buddhismus II*, S. 99）。反之，強烈主張瑜伽派是受佛教影響的人，恕筆者寡聞，尚未得見，至少就目前學界現狀而言，大多是藉由佛教與瑜伽派思想之類似點而說明佛教思想的起源。

但是筆者不能贊成此說。其理由有幾分是從前文所述導出的，茲述之如次：

第一，首先是年代上的差異。今假定《瑜伽經》的作者是西元前一百五十年前後的人，此一時期的佛教，在教理上，至少所謂的小乘教業已成立。況且如筆者所主張，《瑜伽經》的完成時期是在西元五、六世紀（印度六派哲學第四篇，第三章第一節；Woods : *Yoga System p. xvii. f.*），此一時期，不僅是小乘，也是大乘教成立之時期。

況且就毘耶舍而言，將毘耶舍之生卒年訂為西元六五〇—八五〇年的伍茲教授，縱使其之論述（*Yoga System p. xx*）未見完善，但終究指出毘耶舍的年代最早不能溯及西元五〇〇年前後，而此時正是佛教的圓熟期。此一時期製作的經文或註釋，縱使其中含有大量古傳統的要素，但若不將佛教考慮在內，則對於其中與佛教類似的思想就無法解釋。

第二，從佛教而言，佛教於成立與發展的過程中，雖曾受到某種瑜伽思想影響，但佛教採用其獨有的方式予以改造，此乃佛教極為顯著的特徵。尤其到了阿毘達磨佛教，其獨有化的程度最為顯著。《瑜伽經》及註釋所顯示的與佛教之類似，就佛教而言，大抵是與阿毘達磨之思想相近，據此言之，可以認為瑜伽派是取用已獨有化的佛教。況且如前所述，其類似之處，至少在現存文獻上，除了佛教，他處不得見之，因此，與其假定系統不明的瑜伽派是佛教的先驅思想，不如直接說是《瑜伽經》受佛教影響，才產生前揭的類似，如此的解釋才近於事實。

第三，特就三世實有論而言——此一問題尚未有人論及——四大論師所說不徹底，似乎是取自於他人，但若從另一方面看來，有部的實有論並不是四大論師突然提起，而是四大論師對於既已成立的教理，以一定之形式提起，故斷然非取自於他人。況且不只是對此問題，對於有部教義的各個方面，四大論師也都提出意見，故就此而言，彼等所提四說仍是就有部特有的教理，以各自負責的方式解釋。從而不只是《瑜伽經》所揭與彼等所說類似，毘耶舍顯然更是予以取用，因此，瑜伽派的說明是受到前揭四論師影響。

第四，進而徵於《瑜伽經》之全體組織，《瑜伽經》分為四品，各品各自論究一定之題目，但此僅只是大致之分類。實際上，種種題目相互交錯，頗為亂雜。因此柁暹教授認為《瑜伽經》是眾多經群之集成（Deussen : *Allg. Gesch. der Ph. 1, 3, S. 508 f.*），縱使此一推定未能獲得學者認定，但無可懷疑，異於《僧佉耶偈》等，《瑜伽經》是採取種種要素，逐漸發展而集大成的。從而如此種類的經典受到當時最有勢力，更且關於禪定論擁有極為發達教理的佛教影響，亦不足為奇。尤其毘耶舍此人是採取其他種種學派之優點而大成瑜伽派的人，彼對於佛教特加注意，可以說也是極其自然的。

基於以上數項理由，筆者確信佛教於其古時代雖曾受到其他的瑜伽派影響，但對於巴丹闍利——毘耶舍系的瑜伽派，佛教是給予影響的，因此，對於佛教是受其先驅思想影響，或佛教與瑜伽派是由同一源泉出發之說，至少就特殊教理而言，筆者無法表示認同。

第四節　巴丹闍利——毘耶舍所學的佛教及其利用法

對於巴丹闍利與毘耶舍所學是何等種類的佛教，更且是如何利用，前文對此已有片段觸及，在此予以彙整如次。

若以《瑜伽經》（四、一四—二一）對於唯識佛教的駁斥看來，巴丹闍利已學過第二期大乘佛教。但此僅只是作為駁擊對象，並不是積極的利用。從積極的採取而言，如前所述，巴丹闍利所學主要是阿毘達磨佛教。且是相當進步的程度，此徵於前文所揭的類似點，即可知之。若其所力說的三世實有論（數論沒有餘力述說的），是受有部影響，則巴丹闍利所學應是有部論書。剋實而言，其經句所述相當簡單，故無法清楚了知，——但既然認為是受佛教影響——首先應認為正是有部論書。尤其就註釋者毘耶舍而言，如前所述，其所學是大毘婆沙系，應無可懷疑。此因對於外道，所謂的毘婆沙師（Vaibhāṣika）正是佛教中的代表，同時，其實在論的世界觀與瑜伽派所述有所共通，其對於緻密的法相的處理方式，在種種方面，有助於瑜伽派之樹立。問題是，毘耶舍究竟是研究《大毘婆沙》，或是依據《俱舍論》？若慮及毘耶舍之年代，更且從對於先前所言及的三世實有論（以作用說為依據）所持的反對說看來，筆者認為應是依據《俱舍論》，但頗為遺憾的是，筆者對此尚未有決定性之準備，故不能作任何斷言。總之，彼了知《大毘婆沙》之圓熟思想，更且大量利用，是可以確定的。

應予以注意的是，雖然如此，但不能認為巴丹闍利或毘耶舍是完全採用佛教的某種述說方式。從彼等利用佛教的方式見之，如先前文一再例示，應是蹈襲大體之形式或解釋，將之納入於其組織內容中，大抵上，是以某種程度之變形而與數論思想相結合。例如在述說有心定的心理進展時（一、一七），所揭的尋（vitarka）、伺（vicāra）、歡喜（ān-anda）與自存（asmitā）的順序，其前面的二項若對照有尋、有伺、無尋、無伺的分類，應是佛教之立場，後面的二項則是數論之立場，是結合兩方所成。同樣的，在說明苦時（二、一五），指出「苦苦、壞苦、行苦故，三德相互衝突故」，前段是佛教的，後段是數論的。類此之例，不勝枚舉，尤其徵於毘耶舍對於法、相、位等三變之解釋顯然是利用佛教，但偶爾又提出三德說，即可知之，如此混合式的說明法，隨處可見。尤應注意的是，毘耶舍對於《瑜伽經》（三、二六）所述而提出的世界有情論之例，是將往世書等所見的婆羅門教世界觀結合可說是佛教的世界觀，如此所成立的瑜伽派之世界觀，在佛教、耆那教、婆羅門教以外，略占一席不算大的地位。如是，無論是巴丹闍利或毘耶舍，雖然都是充分了知佛教長處，但在採用時，卻難於與自己的立場調和，同時，又擔心受佛教的感化太表面化，故特意予以變更。瑜伽派雖受佛教影響，但不易探尋其一絲根跡之原因，實基於此一理由，此不能忽視。

附記　此文大抵是以令讀者大體理解瑜伽派思想為主，更且是為拙著《印度六派哲學》之瑜伽部作補充，因此，對於一般教理之說明盡量予以限制。（**大正一五、九、一一、思想**）

第六章　佐田介石的視實等象論

○

基於某種研究之必要，筆者曾經探索佐田介石有關天文地理之著述以及其所設計的視實等象儀（須彌山儀）。今因於在《東京朝日新聞》撰述「探しているもの」此一專欄之機緣，承蒙種種特志家，尤其是吉野作造博士與淺草傳法院建議筆者對此再作探究。雖未能作全部之研究，但對於佐田介石最為得意的視實等象論，將稍作論述如次。此間實有某種值得注意的思想存在所致。

○

佐田介石是肥後人，文政元年生，卒於明治十五年，享年六十五歲。初屬真宗本派，後轉入天台宗，在教界內並不是相當得志。盡其一生所致力的是，相對於當時新輸入的西洋文明，吾人應如何維持與發展東洋在來的文明，其所掛念的是如此的天下國家之問題，故區區的宗派關係不納入於其眼中。更且在所謂的國粹主義上，佐田最為特長的，並不是僅只消極的提倡排外運動，而是徹底提出積極的方針。亦即並不是完全維持在來的思想、組織、物件而與西洋文明對抗，而是意欲予以改良發展，因應時代之要求而發揮國粹。佐田為達此目的，組織種種團會，發行機關雜誌等，大自國家問題，小至燈、傘的問題，對於種種題目都予以探究。就今日而言，其中固然不無滑稽之感，但對於其志向與努力實應大表敬意。

○

佐田曾處理種種問題，但最致力的是，學術性的樹立「以須彌山為中心的天動地靜論」。佐田的著述中，與此有關的，數量相當多，不只如此，從佐田自號「等象齋」看來，完全是出自於為證明此天動地靜論而提出其視實等象論。依據佐田所述，西洋流的地動說是違反常識，此說一旦成立，將破壞佛教的須彌山說，最終導致破壞佛教，故佐田傾其全力於反對地動說，確立天動說。亦即柯白尼初始提出地動說之主張時，羅馬教會所感到的憂慮，正如同佐田對佛教教界所感到的憂慮。因此，佐田「栖卜地白晝閉戶，點燈瞑想十餘年」，取名無晝庵，對於天動地靜說的物理根據下極大工夫。白晝閉戶的下工夫，對於天地之運行，則無所謂視象（現象）之煩，因此，得以專致於理論的考察此一實象。

佐田是於何時將其注意力置於此一問題，不甚清楚，但徵於文久二年（佐田四十四歲），彼有《鎚地球略說》三卷之撰述，抨擊新地球論，可知早已注意於此問題。但正式提出佛教的須彌山論與創世說之主張的，依據文獻所顯示，是在明治時代。其《須彌地球孰妄論》（一名米利堅教師復天象地理之疑問——世益新聞第七號所載），是明治九年之著述，明治十年增加《視實等象儀詳說初篇》（一名天地共和儀），須彌山儀（視實等象儀）在博覽會展示時，彼自當說明之任；十二年，撰《佛教創世記》；十三年，《視實等象儀詳說》上下二卷完稿。亦即在明治之前，業已注意天文地理論，但對於須彌山說之根據的確定，恐是明治五、六年以後。對此，筆者曾去函詢問千馱谷的尾佐竹猛，據其所述，佐田對於須彌山說給予物理的根據是從明治四年的十二問答中獲得啟示，可惜的是，所謂的「十二問答」，筆者並不清楚，故無法置評，或許確有此事。且待日後再作研究。

○

佐田的天文地理論中，最具特色的是，前文所述的「視實等象論」。亦即雙眼所見之天體（此稱視象天）與實際之天體（此稱實象天）兩者之間有區別。其區別之產生有一定法則，若掌握其法則，即能令實象天與視象天有連絡。因此，佐田相信依據其天動地靜論，即能顯示須彌山之存在。對於所說的法則，佐田嘗試作種種說明，主要可歸納為二條。亦即垂弧法則與縮象法則。所謂垂弧法則，是指蒼天本是平面，但作為視象，以觀者頭上為中心，東西南北垂下，恰如半圓。換言之，以頭上為中心所見的弧形天體，實象上，卻是平面，此徵於各處都是相同現象，即可知之。第二的縮象法則，是指實象廣闊的天，往下（地面）逐漸縮狹，反之，看似縮狹，實際上卻是廣闊。今依前述二種法則圖示實象天與視象天之關係如次。（見下一頁）

據此可知，吾人眼中所見之天，是與吾人最接近的垂弧縮象線，而實象天之真相，只是理論，只能依心眼而見，此乃佐田視實論之要點（**參照視實等象儀詳說上卷七—八丁**）。

據此，佐田首先依日月而作說明，就實象而言，日月其實是在天空之左右迴轉，卻呈現東湧西沒之狀。亦即日月左右迴轉時，在吾人視野所不及之處，依垂弧法則，恰似從地平線下湧出，畫出半圓，進而沒於地平線下，但在實象上，其間並無高低。佐田據此進而指出就吾人的世界（南贍部洲）而言，天體是以北極星為中心而迴轉。亦即依據佐田所述，北極星專屬於吾人之世界（南贍部洲——地球），相較於與其他世界有關係的日月，其位遠在下方，但基於縮象法則，卻呈現日月在北極星之下，以彼為中心而轉迴。實際上，實象天之日月另有其迴轉中心。亦即佐田將日月迴轉的真正的中心歸於須彌山。日月之光不僅及於南贍部洲（現今所說的地球），也及於東西北等其他世

日月實象天

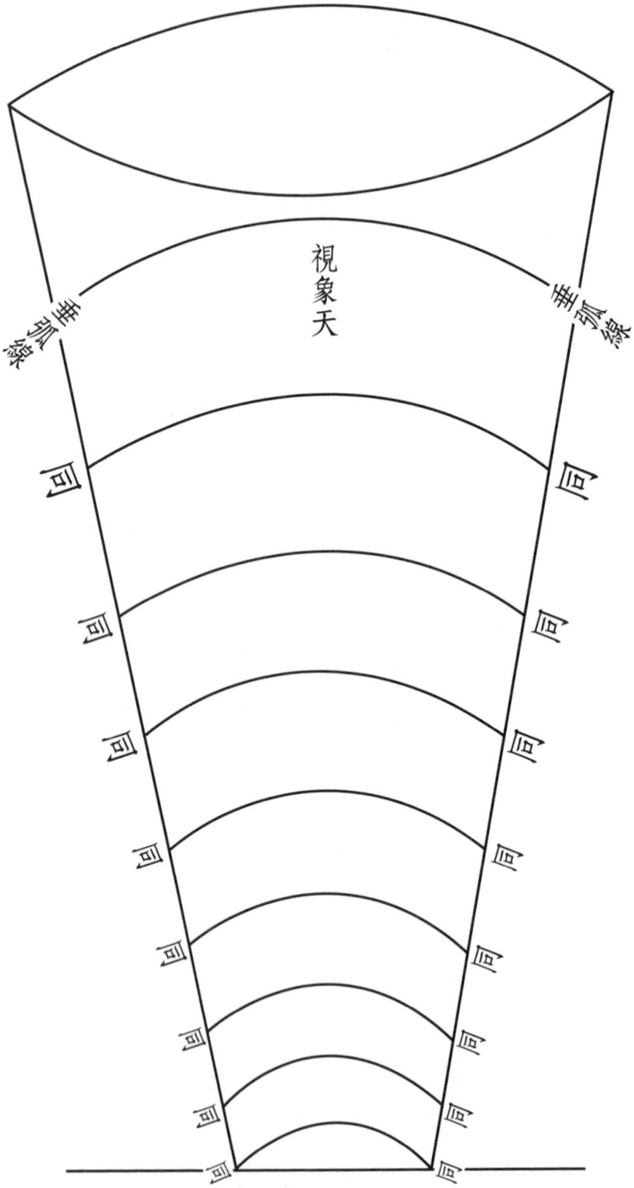

界（加上南贍部洲，稱為須彌四洲），晝夜之別不僅只吾人之世界，與其他世界也有關係。此四洲之中心是須彌山。就吾人之世界而言，僅只能見及北極星，卻不能見須彌之所以，主要是因於垂弧縮象之法則，位高的須彌的視象的中心與位低的北極星重疊所致。

無論是垂弧法則或縮象法則，追根究柢，只是經驗之法則化，其理論極為粗糙，故終究不能說是科學的。但樹立如此的理論，用以守護須彌山說，就筆者所知，無論是印度或中國，可說佐田是獨創的。佐田自己也誇口此乃「千歲未發的視實之理」，就此而言，可以說是對於印度所出的須彌山說給予進一步開展。

將前揭理論以模型表示的，即是有名的視實等象儀。如前所述，此係明治十八年博覽會之展示品，藉由此一儀器而得以實驗視察（書肆淺倉屋之店主所言，借用吉野博士於其詳說之卷所記）。其構造如圖所示（見下一頁），基底以圓輪表示風輪、水輪、鐵圍山等，海中配須彌四洲，各洲皆為視象天所蔽（雖是地球形，然此非地球之視象天。四洲是在視象天之內部）。在南贍部洲之上，標示以北極星為中心的日月運行圈，進而於四洲之中心，以棒表示須彌山，其頂上（嚴格說來，相當於須彌之半腹），置實象天的日月與二十八宿之運行圈。

為能窺見圖表所顯示的「須彌頂上日月以北極為中心而迴轉，進而常識上所以認為東湧西沒之理」，故佐田採用所謂的媒象器。此係應用垂弧縮象法則，將須彌、北極星與日常之視象天予以串聯，令見者得以了知其之所以然。此乃佐田最為得意，並且稱為視實等象的「等象」之所以。佐田的等象儀不僅能靜態的顯示其天文地理觀，更能自動迴轉，顯示彼此的種種關係。亦即在圓盤中，有類似時鐘的機械。藉由此機械表現二十四小時內的實象或視象天之自然迴轉，自然能清楚了知視

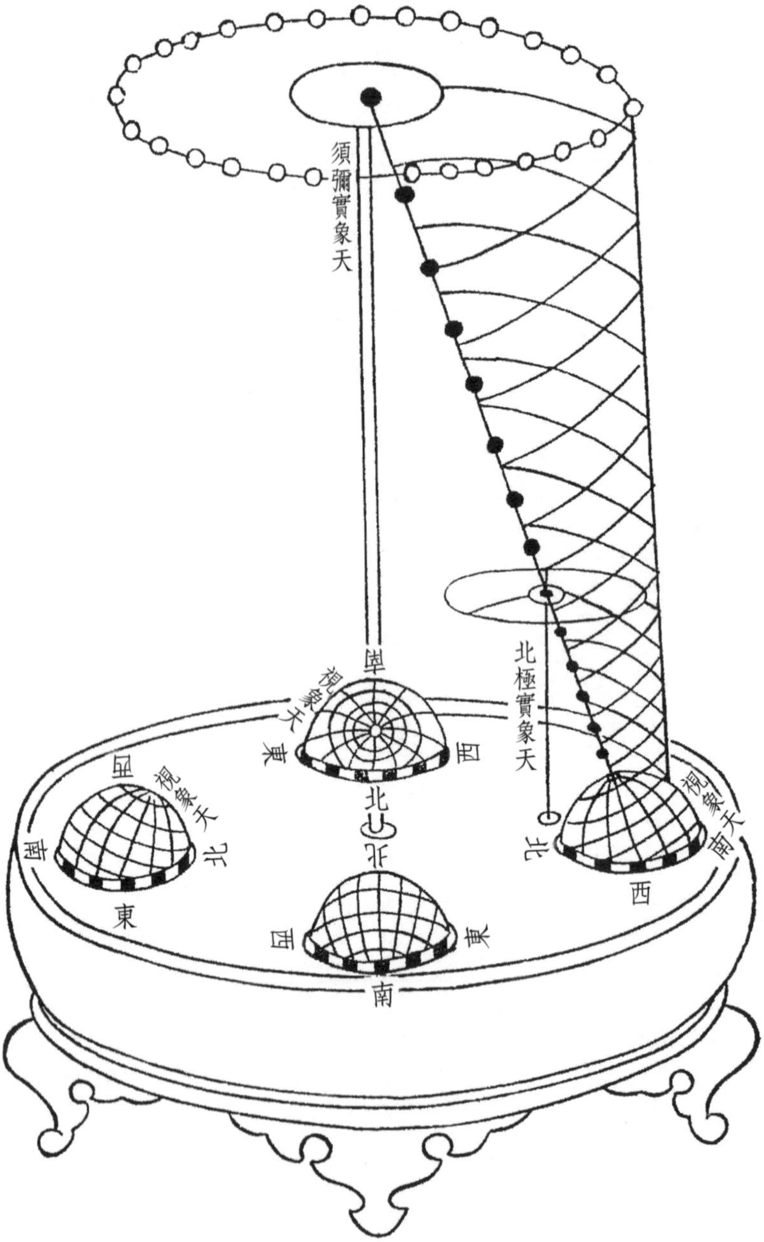
須彌實象天
北極實象天
視象天
南
東
西
北
視象天
南
北
東
視象天
北
西
東
南
視象天
北
南
西

實之關係與各洲晝夜之差異。亦即其內部之構造相較於外表所見，可說是相當複雜，雖是愚蠢至極，但相信任何人都得承認彼所下苦心。從而其製造之費用想必也相當鉅大，貧困的佐田下如此巨大苦心之舉，至今仍令人感佩不已。

○

對於此等象儀之製作其數總共多少，今難以瞭解，恐是不多，應不超過四、五座。最多也在十座以內。傳法院所藏之外，增上寺也有一座，押上的某寺也有一座（震災燒毀）。據山形縣輕部恭順所述，該縣的楨氏人家也保存一座。總之，今已成為不容易入手之珍品。就此而言，筆者建議擁有者善加保存此等機械，以助日後參考，同時，若有可能，盼望能贈予博物館或大學，以便於一般的視察。就今日言之，等象論或等象儀等雖甚為可笑，但至少是明治初期文化史的材料之一，同時，在佛教方面，更是護教運動的一種紀錄，總之，是學術上應特加注意的。無論大學之史料編纂承辦處將此視實等象儀予以攝影保存，或政治史專家吉野作造博士大量蒐集佐田之著作，都是鑑於此乃明治初年史之資料而進行的，而筆者就此問題特費數言之所以，除此之外，另有此乃宗教對學術關係的一種材料之意。

○

對於此一問題的材料之蒐集，必須感謝的人很多。《東京朝日新聞》學藝欄記者、吉野作造博士、淺草傳法院執事壬生舜雄等三人尤甚。特記於此，致上感謝之意。

解說

水野弘元

一

阿毘達磨是梵語 abhidharma 之音譯，在意義上，是由“abhi”（對）與“dharma”（法）組成，故稱為「對法」。此處所謂的「法」，是指佛之教法，釋尊所說教法的阿含經典，就是「法」。教法中，含有若干不予以說明，則無法瞭解的語句與術語，因此為經典作解釋，將其中的教理學說予以彙整之舉，在釋尊猶住世時，其優秀的弟子既已行之。如此的經典教理的研究，稱為「阿毘達磨」。

佛滅後，阿毘達磨之論究愈見興盛，初期時代的阿毘達磨，是作為註釋經或法數經，被含括在經典中，到了後期，則採取與經典樣式不同的論究樣式，遂有阿毘達磨藏（亦即論藏）之成立，其上若加上輯錄佛之說法的「經藏」、出家教團生活規定之「律藏」，即是所謂的「三藏」（經律論）聖典。

論藏之形成與成立始於原始佛教（佛住世至滅後百餘年）時代及於部派佛教時代。由十八部或二十部所成的所謂的部派佛教中，各個部派都擁有各自的經律論三藏，因此各個部派都有阿毘達磨論書之製作。

現今所傳的根本阿毘達磨，有三種類：（一）說一切有部（略稱有部）的七論，（二）南方上座部巴利語的七論，（三）漢譯《舍利弗阿毘曇論》，有部與南方上座部更有眾多的根本阿毘達磨之註釋書與教理綱要書流傳。

中國與日本素來對於阿毘達磨之研究，是以小乘有部為主。此中，最常見的，是世親之《俱舍論》，此論作為佛教哲學之基礎，也被大乘佛教各宗派的人學習。最後甚至形成欲入大乘深奧之教，入門之基礎理論必須依據《俱舍論》之趨勢。因為此中匯集了佛教的通俗教理。

明治以後，錫蘭、緬甸、泰國等等南方佛教所傳的上座部巴利語聖典被介紹傳入日本，此南方所傳部派的經律論三藏被完整無缺的傳承，其阿毘達磨亦因七論等之存在而為人所知。從而若欲進行學問的論究阿毘達磨，不只是漢譯阿毘達磨論書，巴利論藏亦應一併研究。

東京大學學生時代的木村泰賢先生同宇井伯壽先生等人，是在本鄉森川町栴檀寮，聽寮主梶川乾堂講授《俱舍論》。梶川是俱舍與唯識專家，出版有《俱舍論大綱》、《唯識論大綱》等優秀的參考書。爾後木村先生在國民文庫刊行會所刊行的《國譯大藏經》中，與荻原雲來博士共同負責《俱舍論》之日文翻譯，進而也負責述及諸部派分派史與學說的《異部宗輪論》之日譯。如是，木村先生在《阿毘達磨論之研究》撰述之前，對於阿毘達磨的相關研究早已進行。

但有關阿毘達磨學問的研究完全是未曾開拓之狀態。首先在進入教理學說研究之前，必須對阿毘達磨論書作文獻學的研究。從來中國與日本的佛教研究，並無文獻或思想發展與成立的客觀考察，完全是信奉傳統所說。為了進行新的學問性的研究，不只是漢譯文獻，包括南方佛教的巴利文獻也應一併予以比較考察。

基於如此需要而撰述的，是此《阿毘達磨論之研究》。而有關阿毘達磨教理學說之研究，在木村先生生前並沒有問世，而是於其歿後，以《小乘佛教思想論》之名刊行。從而此二書應一併閱讀。

二

《阿毘達磨論之研究》一書是由第一部「阿毘達磨論成立經過之研究」、第二部「關於阿毘達磨教理的種種問題」等二部分組成。前者是大正十一年，以「阿毘達磨論之研究」之名而出版的部分，後者是從先生發表於雜誌的論文中，取出與阿毘達磨有關的，在木村先生過世後才添加的。

如木村先生在序文中所述，其第一部之原稿是木村先生留學於英國時，亦即大正九年時所撰，共有五篇。木村先生以此作為學位申請論文，向東京帝國大學提出，並獲得通過，大正十二年獲得學位。此中收錄前人未說之新研究。以下依序予以介紹與解說。

第一篇的「阿毘達磨論之成立及其發展之概觀」，由三章所成。第一章，概述阿毘達磨的研究方法與文獻樣式的發展，乃至爾後形成為論藏；第二章，眺望作為論藏的阿毘達磨文學是經由如何階段而發展；第三章，具體考察阿毘達磨中問題處理方式的變遷。此係貫串阿毘達磨全體形式的一般論述。據此可以了知阿毘達磨具有如何的樣式與性格。

第二篇論述漢譯《舍利弗阿毘曇論》與南方巴利佛教之論書，特別是與《分別論》、《人施設論》之關係。

關於漢譯與巴利論書之關係，西洋學者基於南北七論其名稱之類似等，故推測兩者相同。然而此乃無法閱讀中文的西洋學者所作之推量，實際上，兩者並無相關，完全不同，高楠順次郎博士為此曾於西洋之雜誌撰文發表。因此，學界中都有漢譯與巴利論書並無關係的印象，知曉兩者實是有別，但在論究的方式上與問題等，對於南北論書之間的類似點予以論證的，即是本篇。

類此之論究，椎尾弁匡博士既已行之，但木村先生是依據其獨自之立場而作論述，木村先生是在返國後，才得以一讀椎尾之論文（四二頁以下）。

作為南北論書類似之具體例子，是取自漢譯《舍利弗阿毘曇論》與巴利七論中的《毘崩伽》（分別論）與《補特伽羅施設論》（人施設論）。此南北論書與此處所論究的題目大體一致，又，在各題目論究說明之樣式，兩者一致類似之處頗多。在論述煩惱與人（凡夫聖者等種種人）時，也是一樣，木村先生一一舉出其統計的數字，並論其異同。

進而關於兩者的差異是如何，並檢討其理由何在。教理學說的互有異同，是因於部派的差異與分派之親疏，如同分派系列是彼此有親近關係之部派，聖典與學說所以關係疏遠，因為差異甚大。就此而言，對於《舍利弗阿毘曇論》的教理學說與哪一部派最為相近，木村先生予以如次之檢討。

首先《舍利弗阿毘曇》與有部的教理有何異同？二者既有極大的類似點，但也有完全不同之處。剋實而言，在教理上，《舍利弗阿毘曇論》的立場可說是立於有部七論與巴利七論的中間。《舍利弗阿毘曇論》是某一部派之根本阿毘達磨，與有部、巴利之根本阿毘達磨（七論）相當。關於其所屬部派，日本從來的學者依據傳統所說，一般是視為犢子部或正量部所屬，本書大致持相同看法，但猶以存疑視之。近年法國佛教學者主張《舍利弗阿毘曇論》是法藏部所屬，應是無誤（參照 A. Bareau : *Les origines du Çāriputrābhidharma çāstra*, *Muséon*, *t. LXIII*, *1-2*, Louvain, 1950, pp. 69-95 ; A. Bareau : *Les sectes bouddhiques du petit Véhicule*, *1958*, *pp.193-200* ; 水野弘元，〈關於舍利弗阿毘曇論〉，《金倉博士古稀記念印度學佛教學論集》，昭和四十一年，頁一〇九—一三四）。

三

第三篇是有關《施設足論》之考證。有部七論的漢譯大部分都出自玄奘三藏之手，唯只《施設足論》在玄奘示寂後三百五十年才得以漢譯。更且此漢譯並非完整的譯本。慶幸的是，另有藏文譯本存在，此藏譯本係由世間施設、因施設、業施設等三大部分所成，漢譯本僅只是其中的因施設一品。以「施設論」為名，有部諸論書所揭引用文及於七十餘種，但見於漢譯《施設論》中的，並不多。與藏譯相當的也很少。大約有半數的引用文不見於現今的《施設足論》。依據木村先生所推測，無論漢譯的部分或藏譯，都不是本來的《施設論》之完整翻譯。相傳《施設論》之原典有一萬八千偈，若全部予以漢譯，篇幅將是藏譯《施設論》的二倍以上，更是漢譯《施設足論》的八倍大，因此前揭的三種施設之外，應另有煩惱、智、定等施設，二種譯本不得見的引用文正是此佚失的部分。可以說此係有關《施設論》之卓見。

第四篇是有關《大毘婆沙論》結集的因緣。作為有部之根本阿毘達磨，尤其是作為有部之中心的《發智論》之釋疏的《大毘婆沙》，是有部諸論書中篇幅最大的。現存漢譯本有二百卷、六十卷（元來百卷）與十四卷等三種。依據古來所傳，佛滅後四百年迦膩色迦王時，西北印度召集五百阿羅漢，註釋三藏聖典，其中論藏之註釋書正是《大毘婆沙》。但此傳說的疑點不少。

例如依據《大智度論》或《世親傳》，雖然述及《大毘婆沙》之編集，但此結集與迦膩色迦王無關。此外，言及迦膩色迦王與結集有關的多羅那他《印度佛教史》中，並沒有提及《大毘婆沙論》之編集。

又，傳統說中言及三藏及其註釋書之結集，但實際上，所編輯的只是《大毘婆沙論》。進而在諸傳中，《大毘婆沙》完成編集後，秘藏於迦濕彌羅王宮，僅歸屬迦濕彌羅之有部，不令其他地方的有部人見之，但統領諸地，欲向各地佛教表示好意的迦膩色迦王不可能獨厚迦濕彌羅的有部。又，《大毘婆沙》中，亦曾言及迦膩色迦王是往昔的人，此亦足以證明此王在位時曾編集本論的傳統說違反史實。

《大毘婆沙》中，得以見其主張的論師，被認為是參加結集的五百阿羅漢中的數人，其主張被引用最多的是法救、妙音、覺天、世友等四人，此四人被視為婆沙四大論師，如同議長的脇尊者與書記的馬鳴，都是會場的代表性人物。但彼等的主張完全是被當作第三者所說，更且也有引用其他論師著作且被當作過去的人之情況。

若仔細思考此一事實，可以發現五百論師齊聚一堂之會議其實並不存在，應是迦濕彌羅的有部人知曉其他眾多論師之著述與學說，予以引用，並依據自派立場予以批判論破而製作此論。不僅只是說一切有部內的異說，其他佛教諸部派乃至教外異學之主張也同樣予以引用並評破之。

要言之，將《大毘婆沙》視為是迦膩色迦王時，結集五百阿羅漢編集而成，是違反史實的。木村先生對於其動機與目的，以及編集的實情等予以考察，並提出其成立應是迦膩色迦王之後的西元一百五十年前後之結論。

《大毘婆沙》的二百卷本與六十卷本之間，學說略有差異，爾後分別出現迦濕彌羅有部與犍陀羅有部所屬之學說，但此與本書之論述並無矛盾（參照渡邊楳雄「關於新舊大毘婆沙論間之差異」——有部阿毘達磨論之研究第四篇二四五–四九四頁）。

第五篇是關於《俱舍論》述作之參考書。依據古來的傳說，屬於犍陀羅有部的世親偽名前往迦濕彌羅，研究秘藏於王宮的《大毘婆沙》，歸國後，為弟子講授，並將每日所講結成一頌（偈），經六百日，得六百頌，進而以散文為其偈頌作註釋，所成之論，即是《俱舍論》。本書對於有關《俱舍論》製作的傳說予以否定，並揭出真相。

現存有部諸論書中，繼《大毘婆沙》之後，有法勝《阿毘曇心論》（略稱心論）、優波扇多《阿毘曇心論經》（略稱心論經）、法救《雜阿毘曇心論》（略稱雜心論），最後是世親之《俱舍論》。就本篇之結論而言，《俱舍論》確實是以《大毘婆沙》作為參考，且直接參照《雜心論》等而撰，此依種種證據即可知之。德川時代的俱舍學者林常曾言及《心論》與《俱舍論》之關係，但未作徹底的研究（二一九頁以下）。

首先就《心論》等成立的理由見之，《大毘婆沙》篇幅相當龐大，極其複雜，且不具組織，初學者學習頗為不便，因此產生予以簡略組織化之運動，此即《心論》、《心論經》、《雜心論》等一類論書之撰述。最後的《雜心論》是頗為整然的優秀論書，此論是在《心論》的二百五十偈之上，增加三百五十偈而成六百偈，在組織上，也是承繼《心論》，包括其未經整理的部分。世親除去此「心論系」之缺點，繼承其大體的組織，對於未整理的，亦予以完全的整理，在偈頌方面，則製作與《雜心論》六百偈完全不同的六百頌。若將《雜心論》與《俱舍論》予以比較，無論在組織方面，或內容方面，都可以見到相當的類似對應，對於其類似對應予以具體詳細論究的，即是本篇。

以上是有關本書第一部分的解說。木村先生對於有關阿毘達磨論書的古來傳統說予以批判，將南方佛教巴利論書與北方佛教漢譯論書作比較，嘗試作出新的學問的考察，誠是學界首見，且具有劃時代的業績。將枯燥無味的阿毘達磨煩瑣哲學以平易的方式表現，可說是本書之特色。

四

第二部是刊於雜誌的有關阿毘達磨教理的五篇論文之集錄。第一章是考察在部派佛教之中，南方上座部的阿毘達磨教理居何等地位？由於資料不足等，此一方面的研究並沒有太大空間。但在資料方面，今日已有南方論書及其註釋書類的原典出版，日文翻譯方面，《南傳大藏經》中，論藏及《清淨道論》、《攝阿毘達磨義論》等重要的論書也已譯出，故極為便利。

第二章所述的是，《大毘婆沙論》等種種阿毘達磨論書中，載有所謂分別論者的主張，此並非十八部或二十部之部派名，關於此分別論者屬何部派，古來所傳或近代學界並無定論。木村先生在本書的第一部分第五篇中曾觸及分別論者，但沒有提出確定之說，對此，大谷大學赤沼智善教授依據種種資料，指出分別論者應屬化地部。木村先生見此論文後，基於分別論者依時代、地域及論書的不同，其所指應是種種部派，因此，不能如赤沼教授所說的，確定是指某一部派，木村先生為此揭出其典據與理由。對此，學界並無異論，本書所說被認為是妥當之論。

第三章論述佛教心理論發展之大觀。印度哲學諸派中，組織性的，且詳細處理心理的問題的，可以說只有佛教。此因佛教認為從生死輪迴之迷至菩提涅槃之悟，以及信仰實踐之修行道，完全是心的問題，因此佛教所處理的，廣義而言，完全是與心理有關的討論。

就狹義的心而言，部派佛教將心的構造，分成（一）機械論的（無生命的），（二）生機論的（生命的）等二方面予以考察。前者是發展煩瑣阿毘達磨的上座部系諸派所行，後者大多屬於大眾部系之部派。前者是有部及南方上座部的心理說，彼等將心分成主體（心法）與部分的作用（心所法），依此等心法與諸多心所法的離合集散而有具體的心之作用，並且論及此等現象間的同時與異時之關係，對於心識，給予極其詳細之考察。

反之，後者是考察輪迴業報之主體的心，對於此主體性的心，各個部派給予根本識、有分識、窮生死蘊、非即非離蘊我等種種名稱，到了大乘瑜伽行派，則發展成為阿賴耶識。此外，在部派時代，曾論及六識等與其識體之同一或別異，以及心法與心所法同異的問題，認識是眼等之根（感覺能力）所行或知覺所行，心之本性是否清淨等等，與心有關的種種問題被提出，對此，木村先生一一予以列舉，並提出佛教心理論的問題點。

第四章是論述心的部分作用的心所法的分類與發展，首先是從原始佛教阿含經中種種的心的作用之項目予以論究，進而及於部派佛教之心理論，尤其對於部分的心之作用的心所法，予以總體的論述，進而就各各論書中，其心所法之分類組織具有如何的具體發展與變化，亦即依據有部諸論書、大乘瑜伽行派（成唯識論）、巴利論書（攝阿毘達磨義論）等所述，予以詳細考察。在當時而言，此乃是新的研究，頗值得予以注意（參照水野弘元「以巴利佛教為中心的佛教心識論」）。

第五章是有關印度佛教與瑜伽哲學之交涉。佛教的修行法與哲學說等的成立與發展，是從釋尊時代就受數論、瑜伽等外教影響，此乃西洋與印度的東洋學者頗為一致的看法，在某一方面，此確實是事實。但到了後世，當大小乘的佛教教理大為發展時，反而是佛教之教理給予瑜伽派影響，本文即是對此予以論證。

亦即六派哲學中，瑜伽派的根本聖典的《瑜伽經》中，與佛教學說共通的，頗為多見，對此西洋學者亦予以承認，但少有將此視為是受佛教影響的。毘耶舍為《瑜伽經》作的註釋書中，含有《瑜伽經》不得見的種種學說，其之所述與佛教學說頗為類似。如此的一致並非偶然，必然是某一方承受自另一方。

從毘耶舍之《瑜伽註》與大小乘佛教學說成立年代看來，佛教的學說遠早於毘耶舍。就此而言，可以說《瑜伽經》，特別是其註疏的學說是受佛教影響，木村先生為此揭出具體的例子予以論證。此誠然是前人所未說之卓論，獲得極高的學問評價。

第六章是佐田介石的視實等象論。佐田認為相較於西洋近代的地動說，佛教的世界形態說（須彌山說）較為合理。為顯示佛教所說的天體運動而製作的視實等象儀，是活躍於幕末至明治初年的佐田介石畢生之作品。惜其學說與作品業已佚失，故木村撰此文介紹於世。雖與阿毘達磨無直接關係，但也是值得一讀之文。

出版於本書之後的阿毘達磨相關主要參考文獻

《國譯一切經》　毘曇部一—三〇，論集部一—三，以上諸論書之解題

《南傳大藏經》　阿毘達磨七論（四五—五八卷）、《清淨道論》（六二—六四卷）、《攝阿毘達磨義論》（六五卷），此外，與阿毘達磨相關的，有《無礙解道》（四〇—四一卷）、《義釋》（四二—四四卷）、《彌蘭王問經》（五九卷上下）。

水野弘元《南方上座部論書解說》，昭和九年（佛教大學講座）

渡邊楳雄《有部阿毘達磨論之研究》，昭和二十九年，平凡社

佐佐木現順《阿毘達磨思想論研究》，昭和三十三年，弘文堂

佐佐木現順《佛教心理學之研究》，昭和三十五年，日本學術振興會

金岡秀友譯《小乘佛教概論》，昭和三十八年，理想社

水野弘元《以巴利佛教為中心的佛教心識論》，昭和三十九年，山喜房佛書林

福原亮嚴《有部阿毘達磨論書之發展》，昭和四十年，永田文昌堂

J. kashyap : *The Abhidhamma Philosophy*, 2 vols. 1942–43, Benares.

André Bareau : *Les sectes bouddhiques du petit véhicule, 1955*, Saigon.

E. R. Saratchandra : *Buddhist Psychology of perception, 1958*, Colombo.

阿毘達磨論之研究 新譯本／ 木村泰賢 著；釋依觀 譯. --
初版. --新北市：臺灣商務，2018. 02
面； 公分. --（OPEN 2）
譯自：阿毘達磨論之研究

ISBN 978-957-05-3127-5（平裝）

1. 論藏

222.62　　　　106024420